RED ARCHIVES 04

地下潜行
高田裕子のバラード

高田　武

社会評論社

生活《クラシ》——祝言《シュウゲン》の晩

痩へだ体コくつけでも
なんも温《ヌ》ぐぐねジヤ
ああ俺達《オラダツ》二人ア
日《シ》あだりぬすむ蠅コど同《オンナ》しだ
明日がらお前《メ》も紫《ムラサギ》の袴《ハガマ》コはいで黒いまんとコかぷて役所サ行《エ》グのガ
貧ボ臭《クセ》い婿《ムコ》と花嫁だ
泣グな
泣グな
なんも怖《オカナ》グね
あれア風《カジエ》ア吹いで
ドロの樹アジャワめでるんだネ

津軽『方言詩集　まるめろ』高木恭造（抜粋）

地下潜行／高田裕子のバラード＊目次

第一部　野暮な男が新左翼運動に

第一部

野暮な男が新左翼運動に

1972年4月27日、「自衛隊の沖縄派兵」に反対して決起した
現職5自衛官と小西誠三曹（東京・芝公園）
出典：小西誠著『反戦自衛官』（増補版）社会批評社刊

第一章　武が上京した

一　京浜工業地帯でプレス工に

一九六一年三月、二二歳の武が上京した。同じ時、同級生が大学を卒業した。高校に三月通い、写真館に二年間丁稚奉公し、自衛隊に入りわずか七カ月で除隊し、父親の写真館を継ぎ三年、それを打ち壊わして出立した。

青森県津軽の弘前駅から二〇人ほどの就職者と夜行列車に乗った。武には「集団就職」の感覚はなく、冷めた上京だ。朝の上野から川崎市塩浜のプレス工業の職員寮まで、弘前へ迎えに来た人事課職員が引率した。工場の事務所で、食堂や寮について説明をうけた。

寮は、八畳くらいの部屋を二、三人で使っていた。その部屋が四つほどある棟が四棟ほど連なって工場の脇にあった。隣の棟に古参の職工の気配がして「職工の寮」らしい秩序をかもしていた。工場のある塩浜は、かすかに潮の香りがする。

武が配置された工場は、トラック用の車輪を回転させる大きな部材である車軸（シャフト）に車輪を取り付ける部品（チューブ）の溶接をしている。シャフトはいすゞ自動車に納入されている。中央が、楽器の琵琶のように大きく膨らんだシャフトが、ローラーのついた台の上に積まれている。シャフトの両端にチューブを溶接する。チューブは長さ三〇センチ余り、直径一〇センチ程の金属筒だ。このチューブにタイヤのホイールをはめる。「負荷のかかるところだから溶接は難しく、チェックも厳しい」と強調され、一日に一〜二本のやり直しがでていた。チューブを溶接するベテランの高木さんは寡黙で一日置かれている。少し若い久保さんがていねいに仕事を教えてくれる。この時、クリスチャンスクール六年生の裕さんは、いすゞ自動車の鶴見の社宅から、ピアノの稽古に通っている。

シャフトの溶接は、武が一人前に肉をのせられるようになるまで続かず、夏の終りと共に、辞めることになる。突然、〝三交代制で深夜勤務もやる〟という。当時、日本経済がどう変わろうとしていたのか、岸政権から変わった池田政権の「所得倍増計画」がどういう意味をもつことになるのか、なりたてのプレス工には分からない。六〇年安保闘争の翌年、夏。川崎の自動車部品工場は増産体制に入った。

・京浜協同劇団の研究生

武は、上京してすぐ、地元の「川崎協同劇団」の面接にいき六月から第四期の研究生となった。週三日、発声や歌唱指導、演劇の歴史や戯曲の勉強もあった。中間発表でやったエチュードは、人物像や状況設定がおおまかに決められ台本はなく、会話を自分で考えて語り合う。武は工場労働者となり、相手は同じ四期生の佐野さんで、ベンチに座っている女工さん。どんな状況が設定されていたか覚えていないが、四期生のマドンナを相手にしどろもどろ。みんなの笑いを誘った。半年間の期生のあと、劇団員になった。この劇団は、自らを「業余劇団」として、昼間会社に勤めながら夜、演劇をやっている。「職業としての演劇ではない。労働者として飯を喰い、演劇に生きる」という自負をもっている。疎外労働者であることが舞台表現にリアリティーをもたらし、社会の矛盾を体現し、あるべき社会を求める演劇創造を通して未来社会を築いていく、と語る。だから、夜勤は鬼門だ。芝居ができなくなる。演劇をやるなら、三交代勤務に変わる工場は辞めるしかない。東京に出てきて、いきなり工場をやめる。その選択の恐ろしさは、わかっていても、ためらっていられなかった。日を置かず、工場にいた同郷の工員が、横浜の藤木企業に誘ってくれた。武がプレス工業にいたのは、三月から九月までのわずか五ヶ月でしかない。

・沖仲仕が、ハッチをのぞくと

藤木企業は、港湾の「荷役会社」。港横浜の海岸通りや大桟橋の顔役である。海岸通りは港横浜のオフィス街。そこで、沖仲仕を集め、組をととのえ船の荷を、降ろし積む。横浜では一番大きい荷役会社だ。一九五〇年代、かなり大きな反対運動になったため、米軍の地対地戦術核ミサイル・オネストジョンの本州での陸揚げを、横浜をさけて、名前を忘れてしまった西日本のどこか、四国だったかに、藤木の作業員を送りこんで隠密裏に陸揚げした伝説がある。政治の意を受けて「スト破り」をやってのけた会社だ。先代までは、レッキとした博徒の組だったというだけあって、水戸黄門のような年寄りの大目付が社内の空気をキリッと引き締めていた。横浜港の大桟橋に接岸し並んでいる巨大な貨物船に、藤木が四隻同時に荷役の組を送り込んで荷役作業を独占してもいる。一隻にハッチが四口あれば四つの組、ギャングと呼ばれていた作業班が乗り組む。四隻なら一六組とか、それ以上にもなる。藤木の荷役は大桟橋だけではない。山下埠頭でも、ノースピアでも、六〇年代の港横浜で、肩で風を切っていた。

米軍ノースピアでは、キャタピラに肉片が。藤木企業が請け負う荷役の元請けは、三菱倉庫。三菱倉庫は、海岸通りにあって日本郵船をはじめ国内外の船会社の、貨物の積み降ろしを受けている。米軍専用のノースピアでは軍事物資の積み降ろしを三菱、藤木が一手に引き受ける。六〇年代前半のノースピアは、すでに血なまぐさい空気に包まれ、ベトナムの戦場から戻った戦車のキャタピラに人肉が挟まっていた、という話も聞いた。資料をみると、南ベトナムへの米軍の介入は六一年五月から本格化する。六一年一月に就任し、六三年一一月に暗殺されたケネディー大統領任期の、二年一〇ヶ月の間に米軍の介入は、飛躍的に拡大する。六〇年には六〇〇人余りだった軍事顧問団が六三年には一万六千人余に増大している。六一年に、クラスター爆弾、ナパーム弾、枯れ葉剤作戦が始まる。六二年には爆撃機や武装ヘリ、戦車や重火器が送られる。六三年六月にはサイゴンのアメリカ大使館前で坊さんのドック師が抗議の焼身自殺をする。ゴ・ディン・ジエム大統領の弟の、ヌー夫人が「あんなもん単なる人間バーベキューだ」といったニュースが流れる。

武が藤木企業にいた六三年の時期、米軍専用埠頭のノースピアに、人肉を巻き込んだ戦車が修理のために陸揚げされても、だれも驚かなくなっていた。

武が船倉に入って汗を流したのは、二週間もなかった。プレス工業の寮から通う新人が、藤木企業の船内課に呼ばれ「試験を受けてみな」といわれる。その日を、沖仲仕の仕事にありつこうとする人は、朝早く、会社の門内に集まり、組長代理や世話人に声をかけてもらい、その組に入る。それぞれの組には、常連の組員が大半いるので、朝、門内で不足の人員を補う。毎朝、三〇組、いやそれ以上だったか、会社の前で組が編成され、岸壁や港内のブイに停泊する貨物船に向う。玉掛けした荷の動きを熟知した組頭代理が微妙な手首の動きで、指で、サインを送り、ウインチマンが呼吸を合わせて、何十トンもある重量物や高級車を絶妙な動きでハッチ中央に引き出し吊上げる。積み荷では、船倉の隅に計ったように引き込んでいく。組長たちの技能に合わせて船を割り振っているのが、船内課だ。

船内課にフォーマンがいて、船舶が停泊する日程に合わせ貨物の降ろしと積み込みを計画し、作業班の配置を決め、揚げ荷、積み荷の作業の流れを監督している。フォーマンには、どういう順序で降ろし積むのか、積み荷のバランスや位置、揚げ荷や積み荷を運ぶ艀の寄せ方など、安全と効率と作業の流れの手際の良さが求められている。三菱倉庫が請けている荷役作業は外国船も多く、航海士との打ち合わせが英語になる。船や積み荷の知識をもち、英会話のできる元航海士が、フォーマンになっている。

武が試験をうけた翌日、船内課に呼ばれた。「おまえ、船内課のフォーマンになれ」という。「英語のテストは、何も書かなかったのですが……?」と言ったら、「国語や算数からして、英語もできるだろう」といわれた。「えっ、船の知識もないし?」というと、「見習いからやってみろ」と言われた。履歴書に、中卒と書いているのに、意にも介していない。

フォーマン見習いは、すぐ翌日からはじまった。三菱倉庫のフォーマンにピタッとくっついて歩く。外国貨物船の積み荷は、長崎、大阪、神戸で降ろし、横浜で空になる。横浜で積み荷を始めて、名古屋、神戸、大阪で積んで、それぞれ航路に向かって行く。船会社は、ヨーロッパとアメリカが多く、フィッリピン人の船乗りが目立った。武は、荷役作業の打ち合わせも、トラブルも、相手の航海士に招待された船での食事も、三菱倉庫のフォーマンの陰に張り付いていた。

六一年一〇月。武は、二三歳。藤木企業の船内課フォーマンは、航海士の経験者が五人と、荷役の素人が武ともう一人の二人で、七人だった。船内課の課長は、年配の元日本郵船の一等航海士で、紳士だ。三菱倉庫の意向で、フォーマンの仕事をすべて三菱から藤木に移管することになり、藤木企業が船内課にフォーマンを置いたのだ。陸に上がって藤木のフォーマンになった若い船乗りたちは威勢がよかった。昼間、三菱倉庫や船会社との打ち合わせの合間に麻雀をやり、仕事から上がると飲みにいく。武が一度、麻雀に誘われた。生きていく通過儀礼だと思って断らなかった。北海道時代、武の父は、麻雀で徹夜していた。武は、座ったことのない雀卓で、黙ってパイを取り、捨てた。すぐ、武が上がり方も知らないことがかれらに分かった。たしか五〇〇円くらいだったか、負けた金を出した。うどん一杯三〇円、コーヒーが六十円くらいの時代。二度目の声は、なかった。

見習いフォーマンの給料は、よかった。横浜中華街から元町に向う松陰町にアパートを借りた。一〇分も歩けば会社に行けた。今は近くに石川町駅がある。当時、京浜東北線は、桜木町止まりで、芝居が終わると桜木町駅から歩いた。あとで語ることになるが、川崎協同劇団の創造面のリーダーだった郡山勝利夫妻がしばらくこのアパートに転がり込んだ。六畳一間に三人で暮らし、苦になることもなかった。

この見習いフォーマンになって、家へ仕送りができた。世の中では、高卒の初任給が一万円になっていなかった。高卒公務員が一九六五年で八千三百円。藤木企業では、二万円くらいだと思う。成り立てのプレス工にまともな送金ができるはずがなく、藤木に雇われるまでのあやふやな間、母と妹の暮らしはどんなものだったたか。プレス工業では、三〇〇〇円か、五〇〇〇円の金を工面するのにシャツをもって質屋のまえを行ったり来たり。川崎大師の商店街をうろうろして売血もした。血が薄いといわれて採ってもらえなくなった。津軽に残した家族を思ってもどうにもならない。母と妹の捨てられた悲しみを、こうして振り返り書くまで考えることはなかった。質草が流れるまえに、質屋に「二、三日待ってくれるか」と聞きに行った。主人が「いい」という。安心して二日後に行ったら、「もう期限が過ぎたから流れた」という。えっ、いいと言ったじゃないか、と思ったが、ことばを飲んだ。「世間のむごさ」を絵に描いた話しだと思った。文句を言ったら「あったから」と持ってくるかもしれないと思った。好きなシャツだったのに。でもいいや、これが世の中だ、二枚舌の質屋のおやじ、ろくな死に方しないさ。

見習いフォーマンの仕事は、ハッチを回りながら作業をチェックし、重量物や高級車のうるさい積み荷は組員たちとともに一喜一憂する。外国船でも大概のことは組頭の身振り手振りで処理される。予定外のことやトラブルがあったとき航海士との交渉がやっかいだ。英語が話せなくても、交渉する。ちょっとしたことなら、組員の方がしぐさや言葉を持っていた。三菱倉庫のフォーマンの腰巾着をぬけて一人でやれる展望は、なかった。一度、かの水戸黄門さんに声をかけられ小料理屋に連れて行かれた。三人ほど組頭が付き添っていた。武は、黄門さんの横にいて話を聞いていた。突然、組頭に張り倒された。黄門さんが取りなし、女将さんが組頭をなだめていた。いまなら、「てめい！だれにため口をきいているんだ」ということのようだ。若かった武は、殴られても黙って食べた串の銀杏がうまいと思った。

三菱のフォーマンにくっついて歩いているうちに、入船してから出港するまで、昼夜通して泊まり込みで船内作業を監督することになった。その頃の荷役作業なら、ほぼ三昼夜通して荷役される。雨や嵐で延びる。英語ができないうえに、通して船にいると芝居ができなくなる。仕事としても、経済的にも、魅力的な沖仲仕の監督業だが、あきらめることにした。このとき、川崎のプレス工業にいた青森の斉藤が、港区の空調設備会社で働かないかと誘いにきた。決めかねていたら、斉藤と一緒に社長が藤木まで来て「藤木企業と同じ待遇で迎えるから」と言う。えぇっ、こんなに、うまくつながるのと、不安をかき消して、この話に乗ることにした。大卒の初任給が六十年に一万六〇〇〇円で、六五年で二万四〇〇〇円ほど。藤木の給料は、二万円を超えていた。武は、社長の話から中二日おいて「誘いに乗る」と伝えた。一九六三年九月、わずか二年で藤木企業を辞めた。船内課には当てにはされていなかったみたいで、課の女性二人が惜しんでくれた。

・組合つくって馘になり

空調設備会社「熱研タワー」は、港区の虎ノ門近くにあった。社長と設計技術士、営業の伊能さん、経理の女性、工事を斉藤やユタカさん、セイやんの三人に武が加わり、四人とも郷里が同じだ。武と同じ年のユタカさんが妻帯者だ。セイやんは若く、どこかの組にいるやーさんからその筋の話題をもらい、よく現場で組の話しをした。空調設備の仕事は、神奈川が多く、箱根の別荘の工事現場に日帰りで通った。セイやんが「武さん、現場は俺たちに任せて、芝居の勉強してればいいよ」と言ってくれた。斉藤もうなずく。また、「武さんは、やくざになったらいいよ」とも言った。武が「けんかならあんたの方が強いがね」と返すと、「いや、腕じゃなく、仕切れるから」という。武は、笑う。現場に、同郷の若者たちの緩い空気が流れた。

熱研タワーに桜木町から通い、劇団で汗をかき、松蔭町のアパートで眠った。社長がなぜ自分に声をかけたのか、よく見えないうちに、ここにもいられなくなった。その兆しは、最初の給料の時にあった。渡された給料が一万円切っていた。

武は、斉藤に確かめた。

「『藤木と同じ待遇にする』って、言ったよね」。

斉藤は、「うん」と答えた。

社長に「約束、守ってくれますか」と、努めて、ていねいに言った。

鈴木社長は、経理の女性に指示した。それで渡されたのは一万五〇〇〇円程だった。それ以上言わなかった。斉藤はもちろん、家族持ちのユタカさんも、そんなに貰っていない。それが、翌月も続いた。また、社長にいった。また、掴み銭のように渡された。三回目は、もう言わなかった。もうやり合う気がなくなっていた。それに「年末のボーナスは、でない」という話が流れていた。なにも期待しない、一二月も半ばだった。こういう社長は好きじゃないので、武は、真っ向から喧嘩することにした。

奥さんと子どもの家族がいる伊能さんは、年末一時金がでないという話しに青くなっていた。ユタカさんを委員長にして、武が書記長になり、組合規約を作り「年末一時金について」の団体交渉の申し入れをした。設計技師氏は、管理職だから組合には入れないと自分でいった。経理の女性は社長の「お妾さん」で、みんなも誘いたくないというので、声をかけなかった。社長は、南部労政事務所や港区労協に相談に行った。労政事務所に川崎協同劇団の中沢研一がいて、「社長は、おろおろとうろたえていたよ」と知らせてくれた。中沢研一は劇団のブレーンで、武のアパートに転がり込んだ演出家郡山勝利の早稲田時代からの友人だ。社長は南部労政事務所や港区労協から、「組合の結成は問題なく、団体交渉の申し入れも正当だから、ちゃんと対応しなければいけない」と言われた。団交が行われ、一時金の回答があった。数千円だった。その回答といっしょに武の解雇通告があり、押し問答をした。話し合いが成り立つ土壌がない。社長はメンツもなく、はじめからやけくそで居直っていた。黒い高級車に乗っているだけの気の毒な男だ。

解雇になって、武は港地区労に挨拶に行った。港地区労には三人の書記がいて、経理の五藤さんと石川さんと土屋さんのオルグが二人。土屋さんが武の件を担当した。満二五歳になった一九六三年一二月は、解雇で暮れた。なにか、もう、止まらない車のように、走り始めている。

二　いきなり、「イスト」を渡されて

港地区労の事務所は、日比谷公園から浜松町へ向かう、東京地評と同じ芝の「平和会館」にある。土屋さんたちは地評と地区労で武にカンパを集めてくれ、土屋さんに、お昼をおごってもらい、生活費を援助してもらった。そして、慈恵医大の労働組合に書記の仕事を紹介してくれた。六四年四月、土屋さんといっしょに慈恵医大労組委員長の田代さんに会いに行った。田代さんは慈恵医科大学の図書館館長の仕事をしていた。事前に話しがなされ、挨拶程度のあと書記にやとってくれた。

組合本部と生協のある事務所に、本部書記の中根さんと生協の岩国さんがいた。思えば、地区労の土屋さんは、失業した若造をいきなり、中根、岩国という、反日共系新左翼の活動家たちのところに連れていったのだ。東京女子大出だと聞いた中根さんが、つっけんどんだった。武は、戸惑った。京浜協同劇団だから日共党員だと思われたのだ。武は、まぁあ、これが新左翼なんだ、これがマルクスル主義者なんだと、あまりにも短絡的に運ぶことに驚いた。

武が組合書記の仕事をすることになった慈恵医大労組・港支部の事務所は、一階にある大学本部脇の、大きな石の階段の陰にあった。書棚に囲まれた二畳ほどの空間が武の世界になった。六四年の四月だ。

そして、いきなりだ。中根さんから機関誌『共産主義者』を渡された。新聞の『前進』ではなく季刊の冊子だ。あの組織では、この機関誌『共産主義者』を「イスト」という。共産主義者がコミュニストなので、その語尾のイストをとっている。一般に会話で「かれはイストだよ」というときは、「主義者」という意味で、コミュニスト（共産主義者）を指している。この『イスト』を通勤の行き帰りに読み、劇団の

稽古場でも読んだ。一一期生から劇団員になった野川というどこかの大学生が、「中核派の機関誌を読んでいるの?」とのぞき込んだ。稽古場の隅で武は、「面白いね」と応えた。彼は「これは、トロツキストの本、悪魔の本だ」とつぶやいた。へぇ、党派の出版物に敏感なんだと思った。日ごとに稽古場の空気が変わり、党員たちの目線が硬くなった。〝あの東女の美女が悪魔なの。それはないだろう〟中根さんには、武は慈恵の労働運動に進入してきた日共党員だとおもわれて「つっけんどん」にされていたのに。「悪魔か!」、面白い。あっさりと、日本共産党的なものと決別した。警棒で殴られながら日韓条約反対の街頭デモをする学生らに悪魔もへったくれもあるもんか、かれらを悪魔呼ばわりする共産党に、敬意はいらない。こうして武も、政治が帯びている心情のワナに嵌まりこんでいく。

それまでに、川崎協同劇団の四期生の担当だった川上が、四期生の武を民青の学習会に誘っていた。民青とは言わず、「学習会に参加しないか」といって。「もう少し勉強してからね」と応えた。「ちょっとまってね」と言っただけなのに彼らは、目をそらしはじめた。その狭さがいぶかしく、大田区の雪が谷に住んでいた郡山さんを訪ねた。演出家郡山さんは、研究生からすれば雲の上の人だ。訪ねた夜、彼は、酔っていた。武は、酔ってする話しじゃないと思って「じゃあ、また出直してきます」といった。彼は、「いや、話しがあるなら泊まっていけ」という。泊めてもらうことにして、川上から学習会に誘われたこと、もう少し待ってと返事したことを話した。郡山さんは、「いずれ、党には復帰しようと思っている。そのときはいっしょにやろう」といった。いわゆる日本共産党の五〇年問題のとき、彼は国際派でそれ以来日本共産党から離れたままだと言った。上京のとき頭に描けたのは、劇団を媒介にすれば日本共産党につながっていけるだろうという筋だ。代々木の本部を訪ねても、相手にしてもらえないことは分かる。なら劇団から、だった。でも劇団の党員たちは、狭く排他的だった。くらべて、慈恵の「悪魔」たちはまぶしかった。

中根さんに、手伝ってくれといわれて、池袋の六つ又ロータリーの前進社でガリ切りをした。ガリ切りなんて、いまはどこでもやらないが、ヤスリのうえで油紙の原紙に鉄筆で文字や線画を刻むのだ。いきなり革命運動の根拠地に入ることになった。後でわかるのだが、「安保粉砕—日帝打倒」の日本革命の戦略を決定した革共同第三回大会の議案書作りを手伝ったのだ。革共同にとって、または日本の革命運動にとって、この大会がどういう意味を持っていたのか、ガリ切る武には知るよしもなかった。まずやれることからはじめていくという生き方があるだけだ。

武が革共同全国委員会に加入するのは六九年の第一次「一一月決戦」の直前だ。それまでに武は、日韓闘争のデモに参加するようになり、マルクス主義青年労働者同盟（「マル青同」）に加入した。六五年のはじめだ。「マル青同」加入の推薦者は中根さんと岩国教子さんだった。

・なぜ、革命が可能なんですか？

六〇年安保闘争は、お前はどう生きるのかと、えり首を掴まれ空中に投げだされた衝撃だ。「トロツキストは、悪魔だ」といわれて、ためらわずに中核派に決めた。でも、革命運動への「決断」というと、港地区労の土屋さんの話しになる。彼は、学芸大の学生運動にふれ、トロツキー主義の運動にかかわってきた。彼から慈恵労組の書記を紹介され、それが中核派のど真ん中に入ることとなった。彼は、党派の違いにこだわっていない。その明るさに惹かれ、革命というものの、核心を聞いてみたいと思った。

「なぜ、革命が実現できるんですか？」。かれは、応えた。「たたかうアジア人民と日本の人民が連帯すること」でだという。連帯することで、アジア人民のたたかいが勝利し、日本革命にも勝利し、そしてその勢いで世界も変えられる、という。この素朴な答えが、素晴らしく、深い感動をおぼえた。なるほど、他にややこしい説明はいらなかった。どこに居ても、なにをやっていても、いつも「連帯」を反芻した。世界中で民衆は植民地支配とたたかい、アジアでも民族解放・独立のたたかいの勝利がつづいていた。アメリカの喉元キューバにおける一九五九年の勝利は、昨日のことのように感じられた。国連の議場でも、アジア・アフリカ会議でも、伝えられる民族の独立を求める声と運動には、明日にも世界が変わるような勢いがあった。インドのネルー、インドネシアのスカルノ、中国の周恩来、エジプトのナセル。かれらのコトバが胸を熱くした。土屋さんの「アジア人民との連帯」が、世界を動かす革命の勝利のたしかさとして、心に沁みた。「アジア人民との連帯」は、後述する七・七批判をうけた革共同の〝血済の思想〟となり、世界革命勝利の琴線に触れたように確信した。


「虐げられ、たたかう者のつながり」

「多数者が心を通わせ、支え、助け合う」。

「国境の壁をこえて人びとがつながっていく」

革命の現実性というとき、武のなかで、そんな言葉が共鳴した。


「たたかう人間を信じ、ともにたたかう」。これは、武の中で〝生き方、生きる道〟になった。マルクスのいう「万国の労働者よ、団結せよ」という、当時なら誰でも知っていたことばの「魂」のように思った。ああ、これなら誰にでもわかることだ。いま生きている人びとにつながる。そのたたかいなら命をかけられる、命をかけていいと思った。世界のひとびとがそれぞれたたかい、それぞれたたかうひとたちが、おたがいのために命をかける。たたかいの方法は後からついてくるにちがいない。それが世界革命だと。それなら、勝てると考えた。

これは、人間の歴史というか、人間の運命だと思えた。運動の教本では、革命の勝利は、人類史の科学的必然だといわれていた。人間がお互いの幸せのためにたたかうことは、人間の本性だと思えた。人間の本性として、革命は必ず実現できると。人間の未来がこのアジアと日本人民の団結にあると、思えた。ここに勝敗をかけていい、「自分は、かく生きる」と、心に刻むことができた。喫茶店の片隅で、土屋さんが語る「たたかうアジア人民との連帯」という言葉に、戻ることのない道に踏み出せると思えた。土屋さんにはその後、会えていないけど、いまも心から感謝している。

・二足のわらじを脱ぐ

プレス工業から藤木企業に変わり、熱研タワーをクビになって慈恵労組の書記になっても、川崎協同劇団の活動は変わらない。劇団は、年二回の定期公演を「本公演」として、並行して演劇行動隊で小規模な上演活動もおこない、地域の文化祭に参加し、「東京働くものの演劇祭」とか、国民文化会議の文化行事にも参加していた。武の劇団活動は、同じ四期生で生涯の友人になった山口修司とともに、やはり四期生の藤井康雄を主役にした『歌え！わかもの！』（六二年六月、第五回公演、作黒沢参吉、演出田中万代）に若者の一人として出演して始まった。

当時の働きながら演劇をする左翼文化運動が、どんな夢を抱き、そのためにどういう作品やテーマをあつかっていたのか、新左翼の登場にどういう影響を受け、どんな問題を抱えていくのか。この時代、一九六〇年代の、京浜工業地帯川崎での、地方の演劇集団の姿を語るのはふさわしい論者に任せることにする。

川崎協同劇団から京浜協同劇団へ名前を変えた劇団とのかかわりは、武が〝トロツキストの運動にかぶれ、悪魔とされ、劇団活動に熱心でなくなった〟ということでは終わらなかった。一九六七年六月、「郡山問題」が起こった。期生から劇団員になっていたSさんと郡山が男女関係をもったことで、劇団の共産党組織が、劇団代表の黒沢参吉、郡山の親友であった中沢研郎と一緒に、郡山の排斥を決めた。武に「共産党に入るときは一緒に」と言ってくれた郡山勝利が劇団を追放され、京浜協同劇団は、分裂した。存在感のある役者、野口行男・志摩明子夫妻、恩田正和・酒井今子夫妻、山口修司の五人が劇団を辞め、黒沢や郡山の信頼厚かった演出家の田中万代と、共産党になじまぬ武（武の劇団名は隆村太郎）、そして武と結婚していた日高淑子さんが六九年暮れまでに劇団を除名された。京浜協同劇団は、郡山排除を強行したことで、創立以来の主要なメンバー、核になる演出者、なくてならない役者たち、「三度の飯より芝居が好きな」担い手たちを失なった。彼らは、劇団を去り、郡山とともに六八年に「青年演劇集団アトムの会」を結成した。武は演劇と革命運動の二足のわらじを脱いで、助走に入っていた「一一月決戦」に向った。劇団代表の黒沢参吉も演出の郡山勝利も故人になって久しい。

三　「七〇年一一月決戦」へ

・破防法の発動

六四年春に、中根さんに日共党員だと思われ、冷たく、つっけんどんに迎えられた武の革共同中核派とのかかわりは、一気に深まっていく。中根さんは、郡山問題について、「道義的に人を判断してはいけない。男女問題は個人の問題。組織は介入してはいけない。」といった。「穢らわしい。腐っている。許せない」と劇団総会で泣き顔でうったえる、日共系団員に〝マルクスだって、女中さんとの間に子どもをつくっていたのに〟って言ったら、彼ら彼女らはどんな反応をしただろう。

武が結婚し子どもが生まれ劇団に在籍していた六六～六七年ころの上演合評会に神奈川の労働者黒部さんがきて、温かい舞台評価を語ってくれた。黒部さんの語る労働者観は、目から鱗のように新鮮だった。その後、黒部さんとは七〇年代から八〇年代半ばまで、非公然活動を共にした。武の知る革共同の人間で、彼ほど繊細な人間を知らない。

一一月決戦に向うなか、武の家には、妻の日高淑子さんと娘の民子と、青森の浪岡から上京した母と妹が一緒に住んだ。革共同神奈川常任の昇平さんや教師をしていた女性活動家と医師が演劇論を語りにきた。政治局員の陶山さんが慈恵まで二度三度ときてくれ、今思えば、革共同の温かさに包まれ、手や足をとってもらっていた。そんな中根さんの差配のなかで、日韓闘争の街頭デモからはじまった武の政治生活は、革共同にはぐくまれて、たたかいにあけくれていく。新左翼の運動は、革共同中核派が主軸になって担っていた。六五年の日韓条約反対闘争から、六六年の革共同第三回全国大会で、日帝打倒の基本戦略を決定し、日米安保と沖縄返還とベトナム反戦闘争を大きな課題にした。六七年「佐藤訪ベト阻止、一〇・八羽田闘争」で山崎博昭君が死亡した。武は血まみれになり、なんとか家に帰った。六八年は、エンタープライズ寄港阻止佐世保闘争、王子野戦病院闘争、米軍タンク車輸送阻止の新宿騒乱でくれ、東大闘争で幕を開けた六九年、慈恵労組狛江の第三支部事務所のテレビで安田講堂決戦を観ていた。こころは、準備を始めていた一一月決戦にのぼりつめていく。

たたかいが、「一〇・八羽田闘争」、「一〇・二一新宿騒乱闘争」、「一一月決戦」と七〇年決戦へ激しく高揚していく中、六九年四月の沖縄奪還闘争で革共同に破防法が発動され革共同書記長本多延嘉が逮捕され、階級闘争の様相が一変した。革共同は、「破防法の適用は、自分たちのたたかいが国家権力を追いつめ、たたかいの前進がひきだしたものだ」と位置づけ、さらにこの実力闘争の道を行く、とした。国家と彼我の関係が、「戻ることのない、倒すか倒されるかの段階にはいった」と規定した。「破防法弾圧には、より破壊的な戦いを！」日本のカルチェラタン神田が連日学生の実力闘争を展開し、全国の大学でたたかいが高揚するなか、その勢いで、デモに変わって角材や鉄棒をもった労働者がくりひろげる「一一月決戦」が展望された。

破防法を適用され本多書記長を拘置所に囚われた中核派は、この六九年の第一次「一一月決戦」に組織の総力をかけた。「沖縄奪還、安保粉砕・日帝打倒」「日帝のアジア侵略を内乱に転化せよ」とのスローガンをかかげて、学生とともに労働者も武装闘争に決起した。「一一月決戦」は、一〇・二一の国際反戦デーに首相官邸占拠をかかげ新宿から首相官邸に攻めのぼるたたかいを前段に、一一月一六〜一七日の佐藤訪米阻止闘争で蒲田から羽田空港進撃をめざした市街戦を後段にしてたたかわれた。

この前者〝一〇・二一の一一月決戦〟に向けて武は、三石さんと中根さんの夫黒川さんの立ち会いで革共同加盟の決意書を書き、南部反戦の闘いを準備した。前進社から状況を掌握しにきていた中央のMは、二〇〇二年に武が革共同を離れるきっかけの一つになった「こけ威し」の総括をした因縁の人物だった。

・看護婦さんら一六人逮捕された

この武装した労働者の南部軍団に慈恵医大から一七人の看護婦さんたちが決起した。鉄パイプを手にした南部の部隊は、目白駅から山手線に入り、北部軍団、東部軍団とともに高田馬場駅にむかって線路を進撃した。だが、新宿までは行けず、高田馬場で阻止され逮捕された。

新左翼党派全体では、この一〇・二一国際反戦デー闘争（前段）で一五〇〇人余の逮捕者を出し、後段の一一月の佐藤訪米阻止闘争で二五〇〇人近い逮捕者を出し、前後合わせた「一一月決戦」で四一〇〇人近い逮捕者を出している。

そのうち中核派で起訴され被告人となり裁判闘争を戦うことになった人は、前後会わせた「一一月決戦」で、労働者が二四九人、学生と高校生が一一九人になる。慈恵の女性労働者たちは、武も含め一六人が逮捕され、九人起訴された。「第二の一一月決戦」は、七一年にたたかわれることになる。

武は、七〇年の暮れ、ほぼ一年の拘留から保釈された。慈恵医大の反戦労働者は、品川、太田、港地区の東京南部の被告団として裁判をたたかった。劇団の合評会にきてくれた温和で道義に厚い黒部さんは一一月決戦被告団の事務局長を担った。武の一年間の拘留は、すべて未来を開く通過儀礼だった。

第二章　出会い

一　府中拘置所

一九六九年一〇月二一日、大量逮捕で築地警察署の留置場は混乱していた。数日後、勾留理由開示公判が東京地裁で行われ、「拘留が相当である」とされて府中拘置所におくられた。府中拘置所というのは、府中刑務所の建物の中に設けられていた。この最初の逮捕で、武が拘留された期間は、六九年一〇月から七〇年の一二月までの一年余りだった。

府中拘置所では、庭に向って窓が開いた三畳弱の独房に入れられた。窓際に洗面所とそれに蓋をした机、その腰掛けの下に便座があった。窓には鉄格子がはめられ隣の棟が見える。房には、廊下に開く鉄の扉がある。鉄扉には、廊下側から目の高さに銃眼のような「のぞき口」があり、廊下側から看守が、目隠しを押しあげて房内を覗けるようになっている。ドアの下部には、食器口といわれる開口部が在り、食器や手紙、書類や差し入れの品が渡される。発信する手紙の依頼、体調が悪いとき、「報知器」の紐を引き、担当の看守が「のぞき窓」から「なにか用か!」と聞く。

窓は、外に開かれていて、命が息づくところだ。鳥がきて、草や木の季節を感じる。三度の飯がくる。

週一回、土曜日だったかに大ぶりな堅焼きパンがでた。府中にいる外国人受刑者のためらしい。運動場は、扇のような裾広がりの空間を一人分ずつ板でしきり、となりは見えず話しもできない。手紙は、週二通まで。風呂は、週二回。すぐ冬になり、暖房がなく、手や足がまたたくまに霜焼けになった。

そのころ、ベトナムの「トラの檻」(注)が話題になり、拷問つきの捕虜収容監獄の手記が本になっていた。この時代の、日本の留置所や拘置所の管理は、聞いていた戦前などの、たとえば小林多喜二の築地署の虐殺などにくらべれば、そのベトナムの拷問監獄にくらべれば、ぬるま湯にちがいない。房内のスピーカーから流れるラジオニュースにさわぐ周りの房の声に応えて武も叫び、二度、懲罰房に入れられた。ドアの外に看守が立っているのは分かっていたが、一度は懲罰房を体験しておきたいと思ってもいたし、騒ぎにつきあうのも仁義の内だった。「懲罰をうけるようなことはするな」という指導はなかった。懲罰房では、本も読めず、手紙も書けず、もちろん机もなく、便座のない、むき出しで水を溜めている便器があるだけで、水も自分では流せない。窓が高くなり庭が見えなくなった。それぞれ、一週間入れられた。若いから懲罰房暮らしもなんてことなく過ごせるが、二度目に逮捕された七四年は、声を上げるのをやめ、懲罰を受けなかった。

(注「トラの檻」) 日々世界を揺るがしていた戦火のベトナムから伝えられた「トラの檻」は、今ではリゾート地になっているコンダオ島にある。一九四〇年にフランス植民地政府がつくった「フートゥオン」(有名な「虎の檻」)を含む四つの収容所と、六〇年代に入り南ベトナム政府がつくった女性専用の虎の檻「フーアン」やアメリカの虎の檻「フービン」(三八四もの檻がある)などの四つの収容所で、全体で八つの収容所がある。収容所というとシベリア流刑とかナチスのアウシュビッツとかを連想するが、檻は基本的に四つん這いの状態で入れられる。アメリカの檻なら、アメリカで死者の棺を埋めるときに掘る穴ほどの大きさと深さしかない穴を地中に掘り、コンクリートで固め、鉄の格子で上から蓋をしている。トラの檻と呼ばれているのは、そこに入ること自体四つん這いになるしかなく、入れられることが拷問を意味しているからだ。宗主国の感性は、人を人として扱っていないことに表れる。そして、その感性は、ベトナム政府軍による同胞「ベトコン」への仕打ちになると、宗主国者にもまして残虐になる。悲しいものだ。

武が、この最初の拘留から保釈になったのは、七〇年一二月。拘置所も監獄も組織的位置づけは、学習するところだ。中で購読できる読売新聞を読み、差し入れられる党の文献に目を通し、マルクスやレーニンの基本文献を読んで一年がすぎた。そんな平凡な男の獄中暮らしでも、権力に捕らえられれば、ものの考え方も人生の歩みも整えられていく。この一年の拘留で精神に刻まれたことがいくつかあった。

・小西三曹の決起にうたれた

ひとつは、府中拘置所に移管されて革共同中核派の機関紙『前進』をまとめて受け取り、小西さんが決起した意義の深さと大きさに驚いた。「一一月決戦」につらなる一一月の内に、小西誠という航空自衛官が自衛隊の治安出動に反対し、治安訓練を拒否するたたかいを自衛隊員に呼びかけ、たたかっていた。新潟佐渡の駐屯地で、東京の空がはじけた一一月決戦に時を同じくして、国家の治安の要をなす自衛隊の中から自衛隊員が決起した。すごいことをやる人間がいるものだ。おなじ自衛隊員でもやることがちがう。こういう生き方がありなのか。自分に直球でかえってくる衝撃があった。府中拘置所の独房で空気が澄んでいった。

一二年まえの一九五七年四月、武は、青森県八戸の陸上自衛隊に入隊した。そこで、前期三ヶ月、後期三ヶ月の半年間の新隊員教育を受ける。その新隊員教育を終えた、まだ後期教育隊の編成が解かれていないうちに、父の病気で家に呼び戻された。わずか七ヶ月ほどの自衛隊暮らし。それでも、自衛隊という組織のなかで訓練に反対してたたかうことが、どういう緊張を生みだすか、わかる。自衛隊と向きあえる力、国の軍事組織の、国家権力の暴力装置の、その全重圧と対峙する精神力をもっていなければ、たたかいの意思も決断も、イメージもでてこない。武は感嘆するというか、うめくというか、人間の違いを感じていた。

衝撃のなかで意識が変わる。自分を手段に、たたかう。そんなことができる。自衛隊が階級闘争の戦いの場になる。なにか、意識も、自分を包む気配も、違ってくるのが分かった。自衛隊経験者にたいして、左翼の世界は敏感だ。劇団代表の黒さんが「隆村が、もし、スパイだったら恐ろしいな」と言い、郡山が笑って、稽古場帰りの酒の肴にされた。革命や反戦運動の対極にある違憲の自衛隊。そこをくぐってきた人間が革命運動にかかわる。実際は、それでいいも、わるいもなかった。自衛隊コンプレックス、これがいま、武の頭の中から飛び去った。そのことだけは、たしかで、その意味は大きかった。

自衛隊に入ったとき手紙をやりとりしていた女性の友人がいた。北海道の小学校から中学校へ一緒だった落合恵理子さんという女性。武が中学二年のとき美唄から青森に転校してから文通していた。手紙のやりとりは、自衛隊にいってからもつづいた。武が自衛隊にはいった四月、彼女は北大に入学した。青森の双葉写真館に丁稚奉公していたとき、彼女たちが高校の修学旅行の帰り、青森駅で会っている。手紙でやりとりしたテーマで、おぼえていることは二つ。一つは、「違憲の自衛隊に入ることの意味」だ。もう一つは、彼女が学友たちと話題にしていたという「男と女が恋愛抜きの友情を築くことができるか」だった。

落合さんは、六〇年安保を大学四年生で迎えている。彼女たちが高校から大学へと、学生生活を送っていたとき武は、五四年の暮れに写真館に奉公し、五七年に自衛隊にいき、すぐに津軽の浪岡にもどり、六一年に上京する。自衛隊のなかで彼女に、とまどいながら返事を書いた。「自衛隊のなかにいると考えが変わる。外にいるときは、戦争で人が死ぬ悲しさ、殺し合うむごさを考える。中にいると、その愛する人たちを守ることを考える。家族とその暮らし、国民や国を守ることを考える。戦争は、頭で考えるものではなくなり、自分の手で守るかどうか、ということになる。殺し、殺されることが良いか悪いかではなく、やるか、やられるかになる。担うか、逃げるかになる。戦争は、誰かが、自分がやらねばならないことになる」と書いた。自衛隊にいると反戦は空虚な夢想になる。ただひとりのペンフレンドだった若い彼女に、「自衛隊にいてものを考えると、愛する人びとを守ることが必要だと考えるようになる」と書いた。「非戦」でいいと思ってきた武が、自衛隊の中にいると、非武装、かつ反戦の考えは、現実的にはなりたたないと思うように変わっていく。この、自分のなかの変化。理想と現実、夢想と担い手としての相克。この葛藤を引きずっていた拘置所の武に、小西さんは風穴をあけてくれた。革命のための軍事、革命後の絶対平和への道があると。

落合さんは、成績のよい子だ。親が小学校の用務員で学校の用務員室に住んでいた。用務員室には、大きな木製の整理箱がたくさん置かれていて、その一つに武と船田君の剣道の道具を入れさせてもらっていた。武にとって剣道は、小学校時代に世間の大人たちにかかわった思い出であり、子ども時代の唯一〝ものごとが完結した〟体験だった。戦後、剣道の解禁は、一九五二年のサンフランシスコ条約発効後。美唄では、一九五〇年から大人たちが、小学生相手に剣道の講習をはじめた。そのころの美唄の大人たちも敗戦のひずみの中にいたのだろう。小学五年生の武に屈折はわからない。船田浩三君といっしょに参加した剣道の講習会の初日は、美唄小学校の広い講堂に一五〇人を超える小学生が集まっていた。武が、この講堂に通ったのは、五年生の春から六年生の夏にかけてだった。ひと夏とかではなく寒い冬も通して一年は、通った。はじめたとき、剣道の先生たちが一五人くらいいたか。剣道について話をしてくれた高齢の先生は柔らかな威厳があった。週に一回の稽古がはじまった。

〝礼、構え、前へ、後へ、面、小手、突き、直れ、礼〟などの基本動作から、やることすべてが面白かった。欠かさず通った。しだいに、来るものの数が減り、先生の方が多くなり、終いには武と船田君の二人になった。「最後に、試合をやろう」といわれて、ふたりが真顔になり竹刀を構えた。一本目を武がとり、二本目は船田君がとり、三本目を武がとった。そして、落合さんに防具を預かってもらうことも終わった。

落合さんの思い出がもう一つある。六年生の修学旅行に武は行かなかったが、同級生を見送りに駅までいった。担任の浅沼先生が「おい、タカダ。大人になったらいくらでも行けるからなぁ！」といった。駅に吸い込まれていく列を見送り、家にもどる途中、新設された陸上競技場の四〇〇メートルトラックの芝生に寝転んだ。涙があふれた。給食費が払えず給食を食べない。田岡書店で本を万引きして叱られた。四年生のとき、三歳の妹貴美枝をときどき学校へ連れていく。貴美枝は、武が五年生の八月に疫痢で死んだ。そんなこと、あんなことがあっても泣くことはなかった。浅沼先生にことばをかけられなかったら、涙腺は破れなかったろう。こころって不思議だ。分っていることでも、他人がそこに触れると裂ける。そんな破れ方をしたのに、こりずに、武少年は、修学旅行からかえってくるみんなを迎えに駅へ行く。落合さんが家族と並んで、いっぱいの笑みで帰っていく。誰にも顔をあわせずに帰った。

最後に剣道試合をした船田君と武は、町の中心から北東二キロ弱のところに戦後最初に建てられた三〇戸の町営住宅に住む「住宅の子どもたち」だった。一五人ほどの子どもたちがいて、どこへ行くにも、なにをするにも一緒だった。山に大人たちに売る門松用の松の枝をとりに行き、実ったスイカを食べに農家の畑に入った。犬に追われ逃げ、「住宅の子どもたちが……」という農家の人の憤りを大人たちが神妙に聞いていた。船田君が北大に行ってからもらった手紙に感心した。かれは中学生になって書道を習いはじめた。便箋に万年筆で書かれていた。いい字だった。品があると思った。そう、つづければ字もうまくなるんだ。かれの手紙を自衛隊のグランドの芝生に寝転がって空にかかげた。空が一年前の弘前高校のグランドにターンする。

わずか三月ほど通った高校で、講堂に剣道部の稽古を見にいった。「やってみないか」と声をかけられ、防具をつけて竹刀をまじえた。部室に戻り部長に、入部を勧められた。入ると言えなかった。とにかく腹が減って、フラフラでしゃがんだまま動けなかった。弘前の観桜会がある五月、クラスで運動会に出てと言われて一五〇〇メートルを走った。二周した後、トラックの内側に倒れ込んだ。誰も気づかないみたいだった。ぐるぐるまわる空がさびしくて高校生活になんの未練もなくなった。

自衛隊で、腹が減ることはなかった。弘前高校で同じクラスだった的場が、同じ新隊員教育隊に来ていた。彼は大学に行かなかったのだ。班長に笑われながらおかわりして食べた。教育隊の宮崎隊長は、幹部宿舎に住んでいる二尉で、訓練場で野外食の豚カツを武の食器に入れた。宿舎に呼ばれ、奥さんの手料理をご馳走になった。自衛隊のグラウンドで仰向けになって読んだ船田君の手紙の教訓は、〝なにごとも、三年はつづけろ。さすれば字もうまくなる〟だった。でも、この自衛隊も、七か月で除隊することになってしまった。的場は武のことを覚えていたが、武はすぐやめるとは思っていなかったので、彼と話す時間をもたなかった。

・陰が陽に変わる解放感と三島由起夫の反動

陰が陽に変わる解放感。小西誠さんがもたらした衝撃は、表面の氷が割れ、水底から外へ光景がひらけていく、さわやかさがあった。呪縛からの解放か。獄中で意識できたのはそこまでであった。小西決起が、この革命運動のなかで何を生みだし、自分がどんなかかわりをしていくのか、具体的に想像することはできなかったが、歴史の流れが自分たちに加勢しているように感じられた。小西さんは、佐渡基地にまいたビラに「全自衛隊革命的共産主義者同盟—赤軍—」と書いていた。いま、調べてみたら、この「—赤軍—」のあとが、つぎのようにつづられていた。「この赤軍は、革命の政治的任務を遂行するための武装集団である」と。小西さんは、何を目的に、どう実現していくのか、過程のイメージを持っていた。

武が、「反軍闘争」にかかわることになるのは、七二年の春になってからだ。保釈をまえにした府中拘置所へ、もう一つ衝撃が走った。七〇年一一月二五日の三島由紀夫の割腹自殺だ。小西衝撃への対岸からの波動だ。小西決起に三島が敗北表明した。自衛隊をめぐって左から右から流動がはじまった。自衛隊内部からのたたかいが革命的左翼の運動と結びついた。暴力革命論が革命の水路を現実に切り開くたたかいになっていく。あの時代、機関紙『前進』も勇躍し、誰もが、そう確信した。とりわけ、拘置所で七〇年を迎えた武には、七〇年代の革命運動の風景が形を整えつつあるように見えた。

・わが血でつぐなう「血債」

拘置所にもたらされた衝撃のいまひとつは、「七・七自己批判」という大きなテーマが浮上したことだ。七〇年七月七日、後に「七・七問題」といわれるようになった出来事。在日中国人青年のたたかう組織「華青闘《かせいとう》」が、新左翼を糾弾した。日本人は、自ら犯した侵略と抑圧の責任をどう償うのか、と。革共同中核派は、「おのれの、日本民族の歴史的責務を自らの血をもってつぐなわねばならない」と受け止め、「血債の思想」として、民族的な迫害を受けた人びとが納得できる形で償うと宣言した。これこそ、革命の道筋であり、回天のテコであるとした。過去の誤りをアジア人民から許してもらえるようにたたかうと。武は感動した。これで革命の勝利は間違いないと思った。日本民族の侵略を受けたアジアの被抑圧民族人民、とりわけ朝鮮人民、中国人民が受けた災禍にたいして、その責務をわれわれ日本人民は、おのれの血をもって償わねばならない。すなわち、身体を張って支配階級を打倒し、他民族抑圧の歴史の責任をとる。日本の近代がおびている他者にかかわるおのれの責務をこれほど鮮明につきつけるものはないと思った。負の歴史を償う＝血債のつきつけに応えるか否か、それこそ、日本革命に課せられた日本のプロレタリア人民自身の問題だと。地区労の土屋さんがいった、「日本革命はアジア人民との連帯にたすけられて成し遂げられる」という彗星のようなことばが、新左翼といわず、日本人民すべてが、なすべき課題として浮上したのだ。たたかいの展望が、抑圧と非抑圧の歴史への、相互のかかわりのなかでひらけていくように見えた。

・「七〇年八・三海老原殺害事件」のトゲ

三つめには、七〇年の八月三日、法政大学で中核派の学生が革マルの活動家を殺害した事件が起こった。いわゆる「八・三海老原リンチ殺害事件」だ。中核派の機関紙『前進』は報じなかったので、中核派の考えを在監中は知らなかった。革命運動のなかで人の死はさけられない。人の死にひるんだら革命はできない。殺せば、殺される。人の死は、自分の死だ。自分がもう戻ることのない一線を越えたことを突きつけられた。しかし、それは、いったいなんだろう。主張がちがう、理論や路線がちがう。「ちがい」が人を殺している。機関紙『前進』が、相手をどんなに批判しても、やり合いの先にはなにも見えない。哲学者梅本克己が『朝日ジャーナル』に書いた『何を革命するのか?』を読んだ。君たちの運動が「既存の革命運動であるスターリン主義をのりこえる新しい革命だというなら、これまでの革命が人を殺したりするようなものだった政治的属性をのりこえたものであるべきで、そういう新しい革命的なものの内容を語るべきである」と書いていた。現実には殺し合いが始まっている。でも、武は、「スターリンの誤りを克服する革命」なんだから「人の道を踏まえた革命であるに決まっている」とほとんど意に介さなかった。つまり思考の停止だ。

でも、その後の経緯は梅本氏が望んだものとまるで違うものになった。梅本氏が「超えるべきだ」と指摘した、党派間の殺人や、組織内の査問やリンチや粛正が、中核派でも、他の党派でも、より激しくなっていった。武が拘置所から保釈になって出ると同時に、いわゆる「内ゲバ」は一挙に苛烈になっていった。革命勝利にとって、この内ゲバがどう関わってくるのか。革共同・中核派は、「革マルは、反革命だ。ファシストだ。革命の敵と戦わなければならない。革命の勝利のためには、党派闘争はさけられない」と主張する。党にすべてを託した武に見えていたことは、権力の打倒は暴力革命によるいがいにないという暴力革命論が、ものごとのすべてを包んでいる光景だった。こういうときの武は、「ものごとはなるようになる。一喜一憂しない」ことにするのだ。

いつでも、どこでも、
血の海を渡れば勝利がある、渡らなければ勝利はない、
という軍神の声がひびいている。
暴力革命の亡霊の叫びだ。

・際立つ「慈恵反戦ニュース」

四つめには、感動がやってきた。七〇年八月、『慈恵反戦ニュース』が見事に変身していた。当時、ビラや冊子は、みなガリ刷りだった。ワープロに手がとどくのは、早くても八〇年代後半から。前半は、まだ、ヤスリのうえで原紙とよばれた油紙に鉄筆で文字を書く「ガリ切り」をして、その筆耕した原紙を謄写版でインクのついたローラーをつかって印刷していた。「ガリ刷り印刷」は、粗雑なものから、精緻な職人芸のものまで、左翼でもピンキリだった。八月、房にはいってきた『慈恵反戦ニュース』に目をひきつけられた。机の上において、みとれた。読むまえにこころが伝わる。たたかいの前進を告げていた。だれがつくったんだろう。岩国さんの人作り、運動作りの成果なのだろう。だれか、筆耕の学校に行かせたんだ。だれが行ったんだろう。おみごと、慈恵の反戦派労働運動が力をつけた。きれいにカッテングされたニュースは、なによりの激励であり、美しい紙面にこころをゆさぶられた。保釈が楽しみになった。

武は、七〇年の暮れに岩国さんが集めてくれた保釈金で出た。

慈恵の看護婦さんたちはみんな釈放されていて、慈恵では最後の保釈になった。歓迎会で、一年ぶりに慈恵の人たち、港区や南部の人たちと、顔を合わせた。岩国さんが、拘留された被告の支援や裁判闘争、職場復帰を支えていた。

前任のキャップだった中根さんは、革共同中央へ移籍していた。新しい人、奥村裕子さんが受付にいた。岩国さんから、あの『慈恵反戦ニュース』をつくっている人だと紹介された。聞けば、慶應を二年で中退して革命運動のために労働者になる決意をして、慈恵の反戦派労働運動に身を投じたという。すごい選択をしているのに、どこまでもあどけない初々しい人だった。あとから、お父さんが自動車会社の重役だと聞いた。彼女のいた日比谷高校から、おなじ慶應にいったＣさんという、許婚がいる、ということも聞いた。

そして、武は、慈恵の歓迎会のあと、妻の日高淑子さんから三行半をつきつけられた。出獄の直後だった。ほぼ一年の間を置いて一九七一年に娘民子の親権を放棄することになった。学研に勤め期生から劇団員になっていた日高さんと六六年に結婚して川崎市浜町の川崎協同病院近くのアパートに住んだ。ここで、六七年五月に民子が生まれた。淑子さんの扇町のお母さんのところが近かったから、ほぼ毎日民子を預かってもらっていて、お母さんにはなにもかもお世話になった。その年の山崎博昭が死んだ「一〇・八」羽田闘争のときも、血をぬぐっただけで六畳一間の浜町のアパートにもどった。川崎は、武にとって、演劇の情熱や革命運動の気質をはぐくんでくれた活動の場であり、最初の結婚と子育てを包んでくれた街だ。

一一月決戦にでかける前年、六八年の春、青森から母と妹を呼び、武と淑子さんの夫婦と民子の、五人で新蒲田にうつり住んだ。六畳と三畳の和室と四・五畳の洋室のりっぱなアパートだった。ここ新蒲田から、妹・須美子は港区労協につとめ、京浜協同劇団の期生になり、反戦デモにもでていた。高揚するたたかいの流れのなか、慈恵の反戦労働者の会議もここ新蒲田でやっていた。七〇年暮れに出獄した武は、ひとまず新蒲田で家族みんなに迎えられたが、日高さんと別れることになり、すこしのあいだ娘民子と武の母と妹の四人で暮らした。

保釈の後、なりゆきで、一一月決戦の南部被告団の団長になったりして、娑婆の七一年の生活が始まった。慈恵では一六人もの逮捕者がでて、事後のたたかいはたいへんだったと思うけど、岩国さんの指導で、逮捕にかかわる解雇もなく、大学病院とのあつれきも過ぎて、激震のような変動がなかったかのような「のどかな日常」があった。武にとっては〝嵐の後の日々〟だ。慈恵労組書記の仕事は、辞職扱いになり、組合が退職金をだしてくれた。

すでに京浜協同劇団からは除名通知があって、郡山排除問題で劇団を離れた人たちは新しい演劇集団「青年演劇共同体アトムの会」を結成していた。武が劇団の四期生だったときに、家に呼んでくれ、お母さんの手料理をごちそうになり、吉本隆明の『共同幻想論』を貸してくれた野口英さんが慈恵医大の研究室の職場にいて再会をよろこんでくれた。

ベトナム戦争は、一九七一年に入るとインドシナ全体を戦場にして激しくなっていた。一月に、北ベトナム軍が犠牲覚悟で米軍や南ベトナム軍への全面的な反撃作戦を展開し、その兵站線である「ホーチミン・ルート」を遮断するためにアメリカ軍と南ベトナム軍がカンボジア、ラオスに侵攻して、インドシナ全体を戦場にしていた。第二次世界戦争後もつづく、欧米列強によるアジアの植民地支配へのアジア人民の解放戦争の帰趨が、このベトナム人民のたたかいにかかっていた。犠牲を怖れぬベトナム民族解放戦線と北ベトナム軍が一歩一歩前進し、巨象アメリカがきりきり舞いしている感覚を、世界のすべてのひとびとが感じられるようなっていたと思う。

七二年に、アメリカ大統領ニクソンは講和条約にむけた裏工作を展開しながら、その条件作りのために、北ベトナム全土を焦土と化す「北爆」を決定した。大局的判断として負けることがハッキリしてから、北ベトナムの軍民を問わず無差別に爆撃する第二次世界戦争以来最大の「戦略爆撃」攻撃に踏み切ったのだ。アメリカという国がだ。北ベトナムはライフラインなど徹底して破壊された。どれだけの兵士や民衆が死んだのだろう。政治というものの、その先の、戦争の行き着くところに現れる人間の、為政者が犯す悲惨だ。政治を司る者の「統治者感覚」というものの根源からの非道さだ。中世の君主であれ、帝国主義者であれ、スターリンまたは今日の「ＩＳ」的戦争指導者であれ、どの時代の政治であっても、統治か、抵抗かの違いがあっても、政治家が国民を動員して行う戦争の悲惨に変わりはない。

あのころの感覚では、すべての政治的課題が日米軍事体制の強化を許すのかどうかということにつながっていた。一九七二年の、沖縄施政権返還にかかわる米軍基地撤去や沖縄返還が、ベトナム人民の民族解放戦争に連帯するのか、それともその抑圧に手をこまねくのかという形で、たたかいの前進が問われていた。戦後二七年、六〇年安保から一〇年余りすぎて、非戦の憲法をもつ意味と、日米軍事同盟を強化していく自民党政権に対して、日本と日本人の進む方向が、沖縄問題をめぐって問われていた。

この課題に革共同全国委員会（中核派）は、資本のための戦争への加担ではなく、抑圧からの解放の道としての日本の革命を、革命論として深めていた。日本とアメリカのベトナムへの侵略戦争政策を「革命的内乱に転化するたたかい」として、その道筋のなかに、日米の戦争政策に荷担させられる沖縄を、人民の手にとりもどすたたかいを展望し、その内容を「沖縄奪還論」として論じた。

のどかにも緊迫する日々。慈恵から連れだって集会やデモに参加した。みごとなカッテングをしている奥村裕子さんは、岩国さんがしきる生協の売店で働いていた。彼女が、三里塚現地闘争で港反戦として発言し、白いヘルメットをかぶり、白いタオルを首にまいた細い長身の体で、力みもなく素朴に語る姿が印象的だった。まだ民子が新蒲田にいたとき、慈恵までたびたび連れていった。慈恵の講堂で反戦集会を開いているとき、会場のわきで奥村さんが民子の相手をしてくれていた。面倒見がよく、民子がよくなついていた。

武たちの時代の意識は、戦後最大の激動であった六〇年安保を超えられるかという緊迫の中にいた。中核派は、ベトナム、沖縄、三里塚を課題にした七一年の第二の一一月決戦にむかっていた。夜、電柱や壁などへ三里塚闘争のステッカー貼りをしていた。警察官に追いかけられ捕まった。A五の紙を三枚縦につなげたような宣伝用の張り紙を「ステッカー」といって、それを街の電柱や塀に貼っていた。その紙の束を追いかけられながら塀の内側に投げ入れて止まり、捕まった。

角を回ってきたら、いっしょにステッカーを貼っていた看護婦さんたちが目の前を走っている。自分が捕まるのがいいだろうと止まった。彼女たちは追われなかった。愛宕警察署で、「うーん、慈恵か！」といって深夜、釈放された。慈恵反戦の事務所は、通称「青医連」といわれ全国の医科大学で組織されていた青年医師会連合会の、慈恵医科大学内のプレハブの青医連事務所を使わせてもらっていた。仕事を終えたメンバーが集まりデモに行く。会議とデモとビラと。デモからもどってビラの原稿を書き、奥村さんがカッテングした。書き終わるとカッテングも終わる。刷って、眠って、朝、みんなといっしょに大学病院前でビラをくばる。あるとき闘争の帰り、みんなと離れた奥村さんが、歩道橋を渡る武の後を付いてきた。いじらしかった。そんな、〝穏やかさと緊張の反戦運動の日々〟がつづいていた。

二　ランチにさそって

武は、おっさんだった。七一年の初夏、奥村さんをお昼にさそった。はにかみながら彼女は、満面の笑みでついてきた。このとき、裕さんは二二才。武は三三才だった。慈恵の西隣にあったレストランでランチをたべた。なにを話しても全身で話を聞くひとだ。素直な目で人を信じ、ことばにも、振る舞いにも、陰がなかった。人に挑む活動家タイプの雰囲気がまるでない。心地よい。その心地よさに惹かれて、大井町の寿司屋さんに誘った。この二度の、たった二カ所の外食体験だった。それを、いつも話題にした。「なにを食べたんだろう」と、思いだせないことを話題にした。レストランの名前も思いだせなかった。

「カウンターで食べた寿司、おいしかったね」

最初のランチで、彼女は、慶應大学から慈恵生協の職員になることに決めた思いを語った。「革命運動を本気でやろうと思ったの。労働者の中に入ってやっていこうと思ったの！」と。「日比谷の教室の窓から、毎日学生の反戦デモを見て自分がどうするか考えていたの！」と。馬込中学時代、貧しい子がクラスで辛い目にあっていて、その子のためにできることをやった話し。「世の中には辛い思いをしている人たちが居るんだよ。いつでも、その人たちのことを考えるんだよ」といつも母が言っていた。「私は、人が幸せになれるように社会を変えたいと思うようになったの」と。

寿司屋のカウンターで「出獄歓迎会で出会った武は、おっさんだったよ」と、その後、「家族面会」のたびに話すことになった奥村さん。おっさんの武は、大井町の寿司をほおばりながら「藤本医院の兄妹が残したリンゴ」の話をした。

「藤本医院の兄妹が残したリンゴ」の話しは、武が北海道の美唄小学校四年生のころ、小学校の近くにあった藤本医院の母屋で、同級生の藤本と遊んでいたときのこと。剥かれて櫛形に切られたリンゴが二きれ皿のなかに残っている。武は、リンゴが残っていることに感心する。藤本君とかれの妹は、残ったリンゴにまるで関心がなかったからだ。武は、それに手をつけない二人と、自分と自分の弟妹と比べた。自分たちなら残ることはない。奪い合いこそしなかったけど、たべものはいつも、すばやく順当に消える。けど、この二人は、食べ物を残している。それが、すごく「美しいこと」に思えた。この風景が忘れられず、武少年の胸に刻まれている。食べ物に卑しくないと人は、美しいんだと、豊かさと心の美しさを考えた。奪い合う必要がないから、奪い合わない。それが、美しいと、少年は理解した。貧困から解放されたら人は、「美しいこころ」になれる。これが、幼いころの記憶になった。二〇〇〇年に浮上して、美唄を訪ねたとき同期生の土井さんに会った。藤本君のことが話題になり、北海道医師会の会長さんをやっているとのことだった。武は会わなかった。

七一〜二年の〝穏やかな反戦活動〟の日々がつづく。奥村さんの家が馬込だったので、帰りはいっしょになった。慈恵から田町へ出て都営地下鉄にのり西馬込で降り、国道から坂をのぼり本門寺そばの彼女の家までおくり、別れる。武は、そこから東急池上線の本門寺駅から蒲田にでて、六郷土手の家まで歩いた。ふたりが地下鉄にのった時間はわずかでも、ふたりの世界になった。大江健三郎の『われらの時代』の友情と連帯の話をしたのをおぼえている。

大江健三郎は、「友情とはそれに命をかけられること」だと書いた。青年は、アラブ人青年との友情のためにフランス留学のチャンスをすてた。武は、たたかうアジア人民と日本の労働者人民との連帯に革命の勝利がある、命をかけて戦えばアジア人民の信頼をかちとり、その連帯が世界を変える力になると話した。この『われらの時代』、一九五〇年代後半の若者たちが抱く〝出口のない閉塞感〟とか、〝倦怠からの脱出〟とか〝もがくような絶望感覚〟とか、〝行き場のない暴力衝動〟とか、こういう若者の時代感覚は、強烈な性描写とともに、武にはほとんど共感できなかった。石原慎太郎の『太陽の季節』のような青春のエネルギーの爆発にも、嫌悪感だけ。『われらの時代』では、弟がバンドをやることができて、兄が大学で仏文学なんかを勉強できて、それでも、行き場がないだの、不幸だのといっている。人間とは、生きるとは、大切なものとはなんなのか。人は、なにを求め、なにに悩むのか。ちゃんと食べられて安心して眠れればいいわけで、武の水準では、いい女と出会い一緒に生きていければ上出来の人生になる。なにゆえの悩みなのかさっぱりだった。閉塞だの、倦怠だの、絶望だのという感覚が、本当に分からなかった。自分の中の何が大切だというんだろう。「時代の閉塞感」といわれるようなことは、だったらだれもが革命に向かって立ち上がればいいだろうと単純に思っていた。

・「先輩が、なんで人の女を盗るんだ」

この七一年の秋、奥村さんと許嫁のCさんが、新蒲田へおふくろの手料理を食べにきてくれた。三人で遅くまで話し込み、ごろ寝した。それからまもなく、奥村さんと武がCさんによびだされた。慶應大学の学生組織のキャップだった太田さんと三人でCさんに会った。Cさんも慶應の中核派に所属していた。そこは、東京南部で、太田さんの家の近くの公園で立ち話をした。Cさんは「先輩なのに、なんでおれの女をとるんだ」といって武の襟をつかんだ。武は「言い訳はしない。ただ、彼女の気持ちをだいじにしたいんだ」といった。Cさんが声をあげて、武を二三度揺さぶったとき、警官が二人「どうしました。なにかありましたか?」と声をかけながら寄ってきた。二人が組んだ体をはなし、四人が口々に「いや、なんでもないです」といった。太田さんが「ちょっと話しているだけです」という。警官は、すぐ、「ああ、そうですか」といって引いた。その夜、奥村さんと武が太田さんの家に泊めてもらい、朝食をいただいておいとました。しゃれた東京人の暮らしに触れ、慈恵にむかい、岩国さんに経過を話した。この話が蒸し返されることはなかった。他人の恋人だった「奥村さん」が、「裕さん」になった。

七二年春から、武が小西事務所に入り、まもなく前進社に詰めるようになる。七三年の春から彼女は慈恵から離れウラの軍事組織に移行した。二人が関わる活動が一挙に慌ただしくなった。一緒に暮らした生活が終わった。ふたりのデートは、「家族面会」という組織体制のもとで行われるようになった。「家族面会」というのは、組織用語で、地下活動などで個別に会うことができなくなった夫婦や子どもたちを組織の運行で面会することを指す。家族のつながりを組織が支えていくことになった。この七一年から七三年春までの、わずか二年余りの、ままごとのような暮らしの思い出が、ふたりのウラ・オモテに分かれた活動の中で、大切な旋律になった。

最初の記憶。武の子ども時代の話しは、裕さんと家族面会をするたびに、ぽつぽつと話した。武の最初の記憶は、男の人の背中から見た夜空に散る花火だ。どうやらこれは、母の話しから、紀元二六〇〇年(一九四〇年)の祝賀花火だった。まだ満二歳の誕生日がきていなかった。若い男の背に負ぶわれて橋の欄干から夜空の花火をみた。武が双葉真館に見習い奉公したとき、はじめて写した逆光の写真がある。同じ堤川の橋から、青森港にそそぐ川面を、国道の橋上から見る風景は絵になった。船に立つ男が川上の光に向かって櫓をこぎ、西日で陰を光が包んでいた。

三歳か四歳のころか、徴用ででかける父のためにいろりで焼いていた「大きなおむすび」。炭火の上のおむすびの焦げた網目がきれいだった。母が「これは、お父さんのお昼だからね」といった。徴兵された大陸から戻った父は、青森の製材所に徴用されていた。いろりのおむすびは父の徴用につながっている。四、五歳のころ。その製材所に武はひとりで、出かける。こどもを見て、声を上げる大人たちが積まれた丸太の上にユラユラと動く。そのなかに、父が怪訝な顔で現れる。なぜ、どうやって行ったのか。揺れる大人と父の顔を見たことしか覚えていない。

敗戦まぎわに美唄に疎開。思い出の中の父は、寡黙だった。徴用から二度目の招集を受けて北海道旭川の部隊にいた。昭和二〇年七月、母が武と妹と弟をつれて、北海道の美唄に疎開した。美唄は、父武雄の親高田徳間とその妻ミサが駅前でそば屋を営んでいる。終戦間際の青函連絡船から函館本線へ乗り継ぎ、人が折り重なるように混んだ列車で美唄まで。列車の窓から子どもにおしっこさせていた。せっかく作ったおにぎりが食べられず、「みんな腐ったね」と母には心外だった。そして、陽が暮れるころ「丸勝」という名のそば屋に入り、武だけ、祖父母の元に残り、母と妹と弟は第一町内の借家に行った。母と子どもたちが、旭川の部隊に父を訪ねている写真がある。

北海道に疎開する前の青森の莨《たばこ》町小学校一年生のときの記憶が「いなごの佃煮」だ。道路のアスファルトに埋もれた釘をひとつひとつほじくって、教室へもっていく。「いなごの佃煮は、クズ鉄拾いの褒美だ」と、女の先生が言う。天皇夫妻の写真と教育勅語を入れてある奉安殿が校門のそばにあって通るたびに最敬礼した。敗戦直前の校庭は、鉄くずが山のように積まれていた。

武が思い出すのは、たべもののことばっかり。美唄小学校四年生のころ、おなじ町内だった美術の岡田先生の家に呼ばれてピカソの画集を見せられた。顔が三つになっている人とか、でかい鼻の男の絵とか。なんのために描いるのか分からない、人のやることって、何でもありなんだ、と思った。紅茶の香りがこちよく、そんな香りのする缶が家にあって、懐かしい気がした。

岡田書店で本を万引きしたのは、小学校四、五年のころ。国語辞書を盗み、店を出たところで男の人に止められ、「きみはどんな人間になりたいのか」といわれた。今日のように、親にも、学校にも知らされることはなかったが、この万引き、誰にも話せず頭の中に住み着いて、裕さんに話したがあまり驚いてくれなかった。

・岡田君のおにぎりを盗んだこと

裕さんには話せても、運動から離れたあとも、だれにも話せないできたことがある。小学校五年生か、岡田君がのこしたおむすびを盗んで食べた。彼が真っ白なおむすびを食べて、もうひとつを壁に掛けていたオーバーコートのポケットに入れた。その流れが、目に焼きついて、誰もいなくなった教室にもどり、コートのポケットから海苔に巻かれたおにぎりを手に、一気に食べた。レッド・アーカイヴズ第二集の『近過去　奥浩平への手紙』で、顕さんが拘置所の話しで、用務をする懲役の人がもらった羊羹をかまずに飲み込む様子を書いていたが、岡田君のおむすびも味なんか分からなかった。「こどもの闇」を手放さずに終わるのかなぁと思っていて、話したらサッパリしたけど、今の子どもたちには無縁かな。

サッパリするからといって無垢になるわけじゃない。生きていくということは、思うようにならないことが重なっていくものである。こうして書いてしまうと、まちがいなく、ヒリヒリとした感覚がはなれていく。顕さんとこの話をしたとき、「乾物屋の岡田君の顔は、忘れない。親切に『少年時代』とか、『少年クラブ』を毎月見せてもらっていた。かれは、盗まれたことを知っていたのかなぁ。かれは、『おむすびがなくなった』って騒がなかったんだよ。おれは、彼がおっとりしていたから無くなっても気にしてないんだと思っていたんだよ」といったら、顕さんは「いや、かれは、知っていたんだ。知っていて黙っていたんだよ」といった。二〇〇〇年に北海道に行き「岡田乾物店」まで行ってみた。お店はなかった。岡田君、どこにいるだろうか。

・「駆け落ちしてください」

武は、劇団時代に結婚した家庭をいとも簡単に壊してしまっている。男と女と革命と。時代のなかで人が出会う。裕さんと出会うことになった武は、どんなことになるのか。とりあえずは、惹かれあったところからの出発だった。

武が上京するいまひとつのきっかけである一人の女性がいた。武は、一九五七年暮れ、自衛隊をやめて倒れた父の写真館をひきつぎ、六〇年安保闘争のほてりにのぼせて、翌一九六一年の三月に上京した。写真館をひきついで浪岡町にいたのは、三年間だ。病死した父を弔い、写真をなりわいにしながらの、母と妹との三人暮らし。妹で長女の富美子は青森のお茶屋さんへ、そこから石川県の紡績工場へ。弟の厚は東京の精密機械工場で働いていた。全逓の職員間山さん、図書館の主事月岡氏、特殊学級の田所先生、弘前の『陸奥新報』の記者畑中さん、元国会議員の秘書だった佐藤さん。この人たちにつながり、演劇集団の立ち上げにさそわれたり、「うたごえ運動」でロシア民謡を教わったり、町内野球をやったりの、走馬燈のような津軽の青春をおくっていた。

赤と黒のかぶり布に覆われた写真機のなかの女性。レンズを通った光がむすぶ肖像に見とれた。暗箱に入った光は、磨りガラスに転倒した像を結ぶ。そのころの感覚で、上下左右が逆に結ばれた像をみていると、その人物がわかるような気がした。自衛隊から戻って二年ほどたった一九六〇年の春だった。幾日かのちに、仕上げた写真を彼女に渡した。この女性、川野さんが、浪岡町警察署の電話交換手に就職して、そのための写真だった。記者の畑中さんが「あの子、写真を写しに来たでしょう?」といった。

川野さんに駅前の喫茶店「ロア」に呼び出された。いきなり、「あなた、私のこと、好きでしょう!」といわれた。面食らい、返すことばがでてこない。父の知人だった畑中さんが、彼女に惚れていた。彼女は、武に、「畑中さんのことで相談がある」からと呼び出したのだ。たしかに、暗箱の中で、息をのむように見つめていたけど。そしていま、「私のこと好きでしょう」と決めつけられている。たしかに、〝こんなきれいな女の人、見たことない〟と思った。自分から男に詰めよる女性が津軽にいるのかと感心した。「あなた、私のこと好きでしょう!」。〝うん、決めつけられてもいいかぁ〟この瞬間、武は、青年から大人になったような気がした。彼女は、二つか三つ、年下なのか。ふたりで青森へ話題の映画『ウエスト・サイド物語』を見に行った。畑中さんは、なにもいわなかった。

それから、友人の間山さんとふたりで川野さんの家へ、「お嫁さんにください」と三日にあけず、ひと月ほど夜、自転車で通った。よそ者だし、小さな町で貧乏暮らしは知れわたっていたし、小学校の校長をやっていた川野さんの父親は、絶対にだめだと頑なだった。策を考えることもなく、人にすがる知恵もない武は、かなわぬ家と社会に向き合い悶々とした。

彼女は、月が大きく冴えた秋、集落の神社の石段にしゃがむ武にいった。「駆け落ちしてください」。母と妹をすてて家から消えることは、二一歳の長男には想像もできず、選択肢にならなかった。好きな女にくどかれても一緒になれず、「駆け落ちして」といわれても、応えられない。かなわぬ運命に抗えず、自分の人生はどこにもないようにおもえた。小学校の特殊学級を受け持っていた田所先生が言った言葉がよぎる。冬の職員室で「男たるもの、なにごとか為さんとするなら、女、子どものことは考えるな！」と。これは〝男なら何かやるもんだ〟と聞こえた。

諦めたのかどうか、わからない。ネガの修正をする武の耳に、ラジオの安保反対の学生デモの怒声とニュースの声が重なる。となりで、東京農大から帰省した大屋が話す。「毎日デモに行っているんだ。となりの東女の女子学生に話しに行くんだ。勉強なんかだれもしていない。みんな、街頭に出ているんだ」。いんだぞ。社会主義になってみろ、自分のやりたいことが、できなくなるんだぞ」と、武は精一杯けちをつけた。だが、かれは、つぎの日、「おれが、まちがっていた。もう、学生運動に頭を突っ込まない」といいにきた。次の日に、だ。そして、かれは、急ぐように東京へ戻った。甘い気持ちで学生運動なんかやるなよ、といったのに。なんで、結論がひっくり返るんだ。「学生がやっているうちは世の中変わらない」という言葉がかすめる。後に、この大屋氏、武が二〇〇〇年に浮上して電話で「会わないか」と言ったら、彼は「会わない」といった。

ネガの修整をしながら、大屋との議論を反芻した。革命家をひとりつぶしてしまったのか。取り返しのつかないことをしたのか。目の前の設問、「男ならなにかやるもんだ」がひびく。歴史にかかわるのか。この国と人びとの未来がどうなるのか。自分のかかわりのないところで、ものごとが決められていく。おれはどうするのか。「男はなにごとか為さんとするなら、女、子どものことは考えるな」「学生がやっているうちは、……」が頭の中でくりかえす。

・準急から飛び降りた

その年、六〇年の暮れ、青森発弘前行きの最終、浪岡駅には停まらない準急にのった。それほどの緊張もなく、止まった列車から降りるように流れるホームに足を降ろした、一瞬、足がなぎ払われ、身体が宙に舞った。手に持っていた四つ切りの額縁のガラスが包装紙のなかで砕けていた。なんとか立てた。改札口を通り、駅員が幽霊を見るような顔をして見ていた。タクシー会社までよろよろ歩き、町立病院までいってもらった。「精密検査は明日にする。今夜は傷の措置をしておく」と若い当直医。左の膝頭の下の突起部が複雑な剥離骨折していた。両方の靴先がえぐられた。左膝、右の手の平、右の肘と肩、右のほおから目の端に傷があった。身体が一回転した。ほぼ、一ヶ月入院した。川野さんが見舞いに来た。

「もう、ダメなのね」といわれた

なにもいえなかった。

津軽につながるものを失ったみたい。

あのとき、列車から身を投げたのは、「なにもできない自分」への苛立ちだったのか。東京のデモ、自分のあずかり知らないところでものごとが決まっていく。修正する鉛筆の先で鬱々と膨らみ、噴出し、破れたのか。落ち着かぬ暮らしはもどかしく、外世界に意味があると思ったのか。でも、そこに家族の暮らしがあり、勝手な想念の爆発は人を巻き込む。外の世界と自分しか見ていない男に、母や妹の悲嘆が見えるはずもない。

棄郷か。翌六一年三月、写真館をたたんで武は川崎にむかった。母も、妹も、捨てた。晴れない恨みを、口にしえない嘆きを、こもらせていた。そのときも、そのごも、二人は、この別離をまったく話題にしない。でも、武に罪の自覚はなかった。この故郷離脱、棄郷の話は、これを書くまで裕さん以外に誰にも話せなかった。あの病院でも、友人や町の人たちも、だれも、話題にしなかった。列車から飛び降りたことも、店をたたんだことも、東京に行くことも、だれもなにも言う人はいなかった。このことを思うと、いまでも、町や人の動きが止まり、真空の風景の中にいるような感覚になる。いちど、死ぬことで、誰にも何もいえなくさせた、としかいいようがない。

ひとときの淡い夢は、終わった。好きになってくれた人を守れなかったんだから、大人になれなかったのかもしれない。「男がなにごとか為さんとするなら……」か。それが上京だったのか。そして五年が過ぎ、六六年に京浜協同劇団の期生を終えた日高さんに、手をさしのべられて、結婚した。七一年に裕さんが、いいなづけをふりきって飛び込んできた。どうなるの？　駆け落ちしてくれといわれて応えられなかった男。子どもがいながら三行半を突きつけられた男。二度と結婚はないんだと思っていた男に。

三　一九七二年、五自衛官の決起——小西反軍闘争へ

七一年、裕さんが二一歳、武は三二歳。武が上京して一〇年たっていた。裕さんのお父さんに馬込の家の応接間で会った。お父さんが質問した。武は、日本革命の話しをした。お父さんは「人が暮らしている現実は重いぞ。理想を抱くのはわかるが、人が暮らす社会は容易にはひっくり返らないぞ」といった。武は「人が、命をかけてそうしたいとおもい、それが正しくて、必要なら、実現するとおもいます。人間、

為すべきことのために努力しなければいけないんじゃないでしょうか」といった。お父さんは、革命運動が間違っているとも、ダメだともいわなかった。裕さんがかかわることにも、なにもいわなかった。

そのあと、裕さんのお母さんに、たびたび、会うことになった。電話もせずに突然うかがい、食事や風呂も馳走になった。裕さんのお母さんは、武の娘民子のことを心配した。

七二年の四月、慈恵から小西反軍事務所へ移動した。池袋の喫茶店で本社常任になっていた中根さんにあった。かつて自衛隊員だったことは、京浜協同劇団では、酒の肴にされた。「隆村太郎が、自衛隊からおくられたスパイだったら、かなわないなぁ」と。非戦の憲法と違憲の自衛隊。体制の軍事力と革命の軍事。「元自衛隊員として反軍闘争をやってほしい」。そう話す中根さんの目に、不安はなかった。「負」の体験が、運動に役立つ。革命は、否定を肯定に変えていく。

外に出た。足から伝わる世界が躍動した。地に足がついたように感じた。「四・二七反戦兵士」の決起が準備されていた。新蒲田では、妹のすみ子が結婚して関西へいった。母は東十条に住む弟の元に行った。あわただしい流れのなか家族が変容していった。裕さんと飯田橋に、ままごとのような世帯をもった。

七二年四月、「四・二七決起」のまえに、反戦自衛官・小西誠氏に会った。飯田橋の駅から九段坂下に向かって三分。小西事務所の入っていたビルの一階にある喫茶店「ウインカ」には、ほかの客もいた。小西氏は、「運動を最後までつづけられますか?」といった。武がことばを飲んだ。けげんな顔に見えたのか、彼はつづけて「事務所を任せるので、途中でぬけられると困るんです」といった。武は、この人は徹底したリアリストなんだとおもった。「やるべきことに責任はとります」と応えた。全党派が事務所に出入りするので、武は中核派の顔は見せないと確認した。反軍闘争は、すべての新左翼党派がかかわった。そして、小西事務所は、反戦自衛官の事務所であって、自衛官が事務所を運営する。すべての党派から反軍担当の活動家が集まり、また、党派性を鮮明にした元自衛官も出入りした。四・二七反戦兵士もそれぞれ党派にかかわっていた。

前進社常任で反軍担当の大木さんと武は、四・二七決起の前日、都内で、決起する自衛官・福井一士と小多一士にあった。福井一士は若く利発で、小多一士は思慮深く落ち着いていた。この二人ならなんでもやれる。翌日、この日決起した五人の兵士と小西さんが六本木の防衛庁へでむき、防衛庁長官に面会を申しでて、不在だったので要望書を渡してきた。武は小西事務所で留守番をしていた。防衛庁内を震撼させた空気というものがどうであったか。似た空気をあじわうことになるが、このときはただ空想するだけ。防衛庁へ行った翌日、四・二八沖縄デーの闘争会場である日比谷野外音楽堂に登壇した五人の兵士があいさつした。制服で演壇にならんだ五人の兵士に、会場の学生も労働者も熱狂した。反軍闘争が動き始め、小西決起からわずか一年余りで、四・二七自衛官決起をもって、革命運動を新しい段階へ押し上げた。

押し上げていくはずだった。七二年「四・二七決起」から、武が浮上してくる二〇〇〇年までのほぼ三〇年をみれば、新左翼過激派の高揚と衰退の歴史と反軍闘争の浮沈は、軌を一にしていた。三〇年後の小西さんは新左翼の運動から離れて自分の出版社を経営し本を書いていた。福井さんが革共同を離れ、小多さんが革共同で反軍運動を担っていた。隊内につくった兵士委員会は、消滅していた。武が隊内工作にかかわった市ヶ谷駐屯地で運動していた杉田君は行方がわからなかった。前進社常任でウラへいった大木さんとも連絡が取れていない。そして、武も二〇〇二年に革共同を追われた。その後、小多さんも、二〇〇六年に革共同関西が中央を批判し分裂したあと、革共同から離れ独自に反軍闘争をつづけている。歴史はまわり、かつての反軍運動は拡散してしまった。

・革命的反軍闘争

しかし、ものごとの成り行きは、あらかじめは分からない。ロシア革命でロシア軍の中に組織されたソビエト兵士委員会が果たした役割は絶大だった。兵士委員会のたたかいなしにロシア革命の勝利はなかった。小西決起につづく四・二七決起で、反軍闘争が本格的に歩みはじめた。世界は、あるべきところに流れていると思えた。アメリカでは、黒人の解放運動やベトナム反戦運動が社会をゆるがしていた。フランスの学生たちのたたかいからゼネストに発展した一九六八年の「パリの五月革命」がドゴールの政策を転換させ、その波が世界を沸騰させていた。東大闘争を頂点にした学生の反乱で、大学やこの資本主義的生産システムを変革していかざるを得ないものとしてすすんでいた。二〇世紀末の世界は、植民地主義的な支配から民族解放のたたかいと結びついた先進国の革命が不可避にすすむものとして映っていた。ベトナム人民のたたかいに連帯する先進帝国主義国の労働者人民のたたかいが、「プロレタリア世界革命」を実現して、二〇世紀の「戦争と革命の時代」を終わらせ、人びとが差別や抑圧から解放され自由に暮らすことができると確信していた。ゲバラは死んでもそれでもなお、ホーおじさん（・チ・ミン）も、マルコムXも、キング牧師も、人びとの希望だった。

武にとって一九七二年の「四・二七反戦兵士決起」は、この先進国におけるプロレタリア革命、世界革命の実現性を示したものだった。小西事務所から展開される反軍闘争は、世界革命の一翼として回転していた。反軍闘争は、一月半に一度くらいのテンポでひらかれた新潟地裁での「小西反軍裁判」闘争を軸に回った。裁判支援の新潟現地闘争は毎回全国から動員された反軍担当者や学生・労働者があつまりたたかわれた。自衛隊兵士との接触をこころみるための「基地調査」、反軍闘争の運動を広めるための情宣活動、ニュースや季刊誌の発行、何をやっても砂地に水がしみこむように楽しかった。細心の注意をはらっておこなわれたのが〝革命的入隊工作〟だ。

革命的入隊工作は、自衛隊のなかに自覚的な兵士の革命組織を作るために革命家を酵母菌として送り込むことだった。中核派の革命論は、労働者の団結によるゼネストと結合した民衆の街頭的決起と兵士組織の隊内決起によって、実力で国家権力を打倒し、新たに革命政権を樹立する暴力革命論であった。国の軍隊は革命を鎮圧する暴力装置として位置づけられていた。敵側の暴力装置の中に革命の組織を育成することで、革命を鎮圧する自衛隊の軍事能力を内側から骨抜きにして、兵士の大勢を革命の側に立たせる「解体し・移行させる」運動、それを公然と機関紙誌でうたい、革命的反軍闘争と呼んだ。

反軍闘争は始まると同時に、党派闘争の激しい浪にもまれていった。六九年一月の東大安田講堂決戦で持ち場の戦場を離脱し「戦線逃亡」した革マルにたいする他の党派の姿勢もあいまいなものがなくなった。裏切り者の革マルには、制裁があっていいという気分がすべての党派の空気になった。そんな心情を反映して、七〇年の八月、中核派が法政大学で学生革マルの海老原を殺害した。「八・三海老原殺害」は、革マルへの怒りの表れだったが、しかし、明らかに過失だった。そして中核派は沈黙した。学者や知識人の仲介を無視した。沈黙は、抗争に重大な意味を持った。「やり合うならやり合っていい」という意味を持つからだ。自分がやったことへの居直りと、党派抗争が激化してもいいという意思を相手にも、社会にも伝えたからだ。本多さんは拘置所にいた。残った政治局員に「謝罪」の意思表明は不可能だろう。本多さんが外にいたら「謝罪」できただろうか。「謝罪」の提案は、「話し合い」や「和平」の提案と同じで、日和見主義者として批判されてしまうから、本多さんも自由ではありえないだろう。

・革マルが掲げた「他党派解体」内ゲバ論

七一年に沖縄返還問題を中心に「第二の一一月決戦」が戦われ、全党派あげて暴力的な闘争が当たり前になっていた。街頭で火炎ビンをなげ、日比谷松本楼が炎上した。ただ、革マルだけが政治闘争から逃げ、内ゲバに全力で踏み込んできた。七一年一二月、革マルは関西大学で中核派学生二名と三重県委員長を殺害した。新左翼の歴史が、ここで変わった。これは、直接的には中核派の「八・三の沈黙」への革マルの「報復」であり、対立する党派の存在を否定する「他党派解体のための、党派闘争を目的にした、襲撃」であった。革マルは、他党派解体のための襲撃を、品のない「首根っこ・急所論」として語った。いわく、「権力が中核派の首根っこを押さえている間に、自分たちは中核派の急所を蹴り上げる」と。「権力が中核派の首根っこを押さえる」とは、権力の中核派への破防法攻撃をチャンスとするという意味だ。こうして、革マルは、この「他党派解体のための闘争」として「暴力を行使する」ことを革命論として位置づけ、新左翼の運動を死の淵に導いた。

一九七二年、革マルが、「殺人のための内ゲバ」に踏みきり、連合赤軍が浅間山荘銃撃戦や組織内の「総括」という殺人に突き進んでいった。中核派もまた、七三年三月に内ゲバに反対した政治局員田川和夫を除名して、革マルとの抗争を革命戦略のなかに位置づけ、組織の総力を挙げて内ゲバに舵を切った。内ゲバが人殺しになり、各党派が殺人を目的とした抗争に巻き込まれ、革命運動が変質し、新左翼運動の終りの始まりとなった。

反軍闘争にも内ゲバ。武が反軍にかかわる七二年から七三年の新左翼のたたかいは、そのような凄惨な内ゲバに明け暮れていた。武も、革命勝利のために避けられないたたかいであり、敵対する相手を倒しながら進むしか他に選択の余地のないたたかいだと考えていた。

この二年の間に、反軍闘争にも分裂と抗争がもちこまれた。中核派と第四インターが「小西反軍闘争」にのこり、社青同解放派、構改派（フロント）、ＭＬ派（毛沢東派のことで、俗に「マオ派」といっていた）など、その他の党派が分裂し離れていった。七三年、小西裁判の当日、この分裂を選んだ諸党派（解放派、構改派、ＭＬ派）が、反軍闘争から離脱して運動の基盤を失う腹いせに、小西さんや、元自衛官で中核派反軍担当の荒川君や第四インターの反軍担当や武を、新潟大学の構内に拉致した。小西さんは裁判の当事者なので解放され、荒川や第四インター活動家や武は、いすに縛られて、数時間にわたってさんざん殴られ蹴られていた。荒川が気絶した。こうして、左翼の運動は、アジトや大学や職場を襲撃し、テロ、リンチで殺しあい、大学やデモの帰りが集団激突の場になり、だれでも、どこにいても、なにをするにしても、凄惨な殺しあいにつきまとわれることになった。反軍戦線も内ゲバにのみこまれ、会議も防衛問題に費やされ、なすべき運動どころでなくなった。

・常任らしからぬ風采の上がらぬ男

七三年三月、内ゲバに反対した政治局員田川さんが除名になった。連れ合いの岩国教子さんは組織にのこった。七月には前進社の周囲にあった学生のアジト「中核村」が革マルによって一斉に襲撃された。本多さんをはじめ全政治局員が潜伏することになり、反軍担当の常任だった大木さんがその「ウラ」の防衛にまわった。大木さんのかわりに反軍から武が前進社の常任会議にでることになった。

いやはや、内ゲバにでもならなかったら武が常任会議にでるようなことはなかった。綱領や戦略やに、武は自分の意見をもつような見識はなかったからだ。知らないことでも、「やれ」といわれると、断ることを知らなかっただけのこと。だから、中核派のことを書いている元東部地区常任だった今井公雄さんが中核派の前進社の常任について「こいつが、なぜ、ここにいるのか」と首をかしげざるを得ない類いの人物が、党専従の中にはいたのである、と書いている。当時、武は、前進社の常任会議で彼の発言を聞いていた。彼が首をかしげていたのは、武のことにちがいない。彼が言う「田舎出で、野暮ったく、風采の上がらない男」ってところ。

・ここでは要領を使わない

常任になって初めての任務が忘れられない。七三年の初夏、最初の任務が上野公園で配布するビラを持って行くことだった。常任会議で決まった任務だから、池袋の六つ又ロータリーの前進社から、上野公園までタクシーで運んだ。学生を中心にした教宣部隊を統率していたチューーさんに渡した。チューーさんは、全学連の国際部長という肩書きで発言していた六〇年代半ばから、雲の上の人だった。七〇年の暮れに保釈されて慈恵に戻った武は、港、品川、太田を束ねる南部の委員長だったチューーさんに迎えられた。ビラを運んだタクシー代は、二千円とか、三千円だ。で、チューーさんに聞いた。「タクシー代は、だれに請求すればいいいんですか」と。チューーさんは、ニヤッと笑い、一息おいて「自己負担だよ」といった。そういうことなの。おどろいた。数千円の金は、痛いけど、それ以上に、コミュニストの組織も世間と変わらないんだと思った。そして、上野公園の抜けるような空の下で、心に決めた。おれは、ここでは、絶対に要領はつかわない、と。

いわば、とことん愚直でいく、と。

そうしないと革命運動にかかわる意味がなくなるように思った。革命運動が世間で生きていくのと変わらないなら困るのだ。なぜって、まともであってほしいのだ。要領でいくなら、たぶん自分はたいていの人には負けないと思えたし。要領と狡猾なんて区別がつかないし。この始まりにおいて、革命運動が、その組織が、自分のなかで相対化したのかもしれない。

「軍隊は要領を本分とすべし」。話しは戻るが、武が一九歳で自衛隊の教育隊にはいったとき、三ヶ月の前期の教育が終わり、成績を決める検閲があった。成績といっても、自衛隊員の進級とかの将来にかかわっていく、なにかにつけて影響する「序列」が決る審査だ。前期終了の検閲を受けていた隊員は、二五〇人くらいか。一連の訓練項目の査定の講評で「優秀者六人」の名前が読み上げられた。徒歩教練とか、銃の扱いとか、行軍とか、歩哨とか、体操や発声など。その六人の名前のうち、武が、武器の操作と立哨で、二度名前を呼ばれた。講評で、二回も呼ばれると目立つ。

武の父は、軍隊に二度招集され四二歳で死んでいる。かれが口にした一つが「軍隊は要領が第一だ」だった。例の「軍人勅語」にある「軍人は忠節を尽くすを本分とすべし」を皮肉った「軍人は要領をもって本分とすべし」だ。父は、要領よく立ち働いていたのだろうか。末の妹に言わせると父は、世の中を渡るには、あまりにも繊細な男だったらしい。その親父の言ったことが、身にしみるように分かった検閲だった。それは、能力の違いもあるし、センスのようなものの違いもある。そのセンスは、ずるさと区別がない。だが、それ以上に検閲には、偶然の巡り合わせが運命のように、からんでくる。審査官がそばにいなかったら、どんなに大声出しても、なにも起こらない。立哨していて、たまたま審査官がそばにいて、古年兵三人の偵察隊がでていった。それから立哨を交代して、さらにまた立哨に立ったとき、またまた審査官がいて、しかもたまたま偵察隊が帰ってきた。人数を確認したとき、出て行った人数より一人少なかった。「何かあったのか?」と聞いたが、「なにも変わったことはない」とこたえた。変わっているのに、変わっていないというなら、通すわけにいかない。司令部に異変を伝え、指示を待った。武が歩哨に立ったとき、たまたま、偵察隊がでかけ、審査官がそばにいて、彼らが帰ってきたときも立哨していて、また審査官がいたという偶然の重なりなのだが、世渡りでは、いや左翼世界では、要領は使わないと決めた。

・六つ又ロータリー別れの涙

内ゲバは、凄惨の色を濃くしていく。忘れられない風景が社防だ。社防、すなわち前進社の防衛。組織の事務所は、顔だ。襲撃をうけ破壊されたら、犠牲者がでたら、炎上したら、回復しがたい打撃を受ける。

七二年にはいると、「権力・革マルとの二重の戦争」は、中核派が日本革命の戦略としている「内乱・内戦・蜂起のたたかい」の端初であると位置づけられた。現段階がこの「戦争」の戦略的防御の段階にあるとして、防御から、対峙へ、そして総反攻へ、勝利に向かって、すすめていくものとした。革マルとのたたかいは、蜂起にむけた戦争であるとして、全党の戦争態勢強化をすすめた。

前進社が社防をとった七二年の秋ごろ、池袋の六つ又ロータリーの前進社への革マルの襲撃を想定して、組織員を昼夜動員し二交代の防衛をとった。武も反軍戦線の活動をしながら、前進社に常駐することになった。夜になると地区の労働者メンバーが朝まで社防にやってくる。入り口から二階に向かう階段の片側に棒を手にして寝ずに待機する。冬の夜中は寒かった。闘争は怪我をしても明るいけど、来る敵を待ち受けるのは、陰鬱だ。二〇〇〇年に浮上した社の歓迎会で、編集局の瀧田さんが、この社防の思い出話しをしてくれた。社防のメンバーが「革マルが襲ってきて、屋上で乱闘になったら、どう対応するのか」と質問した。武が「もつれて屋根から転がり落ちるから、そのとき、その瞬間にかならず、相手の体を引き寄せ、ひねって、相手の体を下にして落ちるんだ」と、言ったと。言われれば思いだす。乱闘になる場合、あらかじめ自分のやることを想定しておいた方が有利だと言ったのだ。後に裕さんが八年間の拘留から保釈になって神奈川地区委員会に所属して、相模原の市議選で西村綾子の選挙カーのドライバーをやることになったとき、家族面会で、「かれらが、襲撃してきたらどうしたらいいの？」と武に聞いた。「迷わない。フロントガラスが割られることを覚悟して、車をまっすぐ急発進させて、やつらのもっとも戦闘的な塊へ、突っ込み、ひき殺すんだ。候補者を守ることが第一だから。そうして躊躇しないで現場を離脱するんだ」といった。「アクションドラマみたいな話しだけど、倫理的に迷ったら負けるんだ、やることの極限のイメージを持っていれば、場面に応じた対応ができるのさ」といった。ＪＦＫの暗殺や、ＩＳの戦闘や、オサマ・ビン・ラディン暗殺や、に見られるように、政治は、紳士的、道義的な批判からはじまり、陰の暗殺や、戦争にいたるまで、本質として暴力性をもっている。国家権力は、戦争を公然と正当化する。また、暗殺を行うが公然とは正当化しない。新左翼過激派は、内ゲバを公然と正当化するはめになってしまった。それを正義だといっても空しく響くばかりで、九〇年代半ばになっても、「殺し・殺される」関係を引きずっていた。新左翼没落の要因はいくつかあるが、内ゲバは最大のジレンマだったろう。

「内ゲバ」が進むにつれて、どこの地区の組織でも、見え見えバレバレでつかっていたアジトは革マルに掴まれることを予測し、撤収した。職場にかよっていた労働者も住まいを変えた。小西反軍の事務所も移転して、いわば公然とした反軍事務所はなくなった。裕さんと武も、飯田橋の間借りから池袋に近い板橋へ越した。武は、その板橋のつましく整理された部屋に一度だけ行ったことがある。夕方、社に歩いて戻るとき、裕さんがどこまでも、どこまでもついてきた。そして、もう、二度目の訪問はなかった。寒くなりかけたころの夕方、前進社に裕さんが訪ねてきた。二人は社の向いの建物の前で話した。

「家へ帰ってこれないの?」

「いま昼夜態勢を維持しているから、家に帰れないよ」

「いつまで?」

「わからない……」

むなしい風が身体を抜けていく。いたわりにも、なぐさめにも、語れる言葉がなかった。二時間ほど途切れ途切れに話した。彼女は、涙を浮かべて帰っていった。「戻れないの」、といってくれるだけうれしいかと思った。武のなかでは、〝なんのために生きているの!〟ということは、男・女問題と別なところにあった。「会えない、つらさ」は、二義的で切るしかなかった。大事なもの、失えないものは、男女問題とは別なところにあると、割り切った。社防はやるしかない。自分が変われることで、彼女の期待に応えられることは、なかった。ぎこちなくつれない対応しかできなかった。だから、あの涙に、もうこれで二人は終わりなんだと思った。革命と、殺し合いと、涙と、六つ又ロータリーに冬の風が吹き抜けていく。

集団で銃剣術の訓練。闘争は、陽気な場面もつくる。七三年にはいり、全国から集まった中核派の集団に、集団戦の戦闘術を体験してもらおうと法政大学で、銃剣術の訓練を、二度やった。福井さんや小多さんに模範演技をしてもらい、集団で「突け！突け！」「前へ！前へ！」の訓練をした。もちろん、そんなことを一、二度やったからといって目に見えて変わるわけではない。が、でも、なにかは変わり、なにかが違ってくる。中核派は、闘争の帰り、帰路のコースでぶつかる集団戦でいくども負けていた。

七四年の春、革マルは、法政大学の図書館前に登場した中核派の部隊を襲撃してきた。中核派の部隊は、図書館を背にして並んでいた。チューさんが全体の指揮を執っていた。屋上から暗い視線を背後に感じていたのに、武は鈍かった。図書館に潜んでいた革マルが一斉に襲いかかってきた。隊列を背後から襲った。隊列の後ろにいた武が、真っ先に捕捉された。六〜七人の革マルメンバーが武にのしかかり重なったので、周りから鉄パイプで突かれても武に深い傷はつかなかった。

中核派は校庭から散って、飯田橋にむかう土手に散らばっていった。武が、捕捉から抜け出て、土手まで走り、そこでしんがりで乱闘していた中核派のメンバーと一緒に革マルの幾人かと殴り合った。武は、前進社近くのアジトで治療してもらい、前進社の統括をしていた梶さんが状況を聞きに来た。この日、みんな軽い怪我ですんだ。革マルとしては、かなり意表を突いた襲撃だったのに、ほとんど戦果らしい戦果をあげられなかったわけだ。革マルは、執拗だった。その直後の五月一三日に再度、法政大学に登場したあと撤収過程に入った中核派メンバーを襲撃した。この襲撃で、東部地区委員会の責任者だった前迫さんが殺された。この時、革マルは、集団で集団にぶつかり、蹴散らすというだけの戦闘ではなく、明らかに殺すための特別チームが人物の特定と捕捉と殺害をやってのけた。武は、この戦闘には参加していなかった。なぜか、東神奈川駅とか、鶯谷駅とかの、負けた集団戦に、武は参加していない。その後、革マルとの集団戦闘で敗北の指導責任を取らされて梶さんが前進社で炊事当番をやらされていた。そんな責任の取らされ方があるんだと思った。

この法政大学でつづいた集団戦の前年の暮れ、七三年一二月二三日の東京駅の集団戦で武は、革マルとの集団戦に遭遇した。中核派の部隊は、デモの帰りで、東京駅まできて解散過程にはいっていた。丸の内の北口で、方面ごとに解散しはじめたとき、南口のほうから革マルが襲撃してきたと、戻って伝えにきたメンバーがいた。隊列の前にいた武は、革マルと正対する形になった。革マルをみた瞬間、なぜか、負ける気がしなかった。この戦闘では、革マルの戦闘集団を、集団として組織的に粉砕し、逃げ出した革マルメンバーを個別にあちこちで追いつめ痛めつけた。武が山手線のホームに上がると中核派のメンバーが革マルを殴打していた。

この一部始終を私服が追っていた。そして、公安警察は、このときの革マルを撃破した中核派の反撃の責任を武にとらせることにした。七四年の六月ころ、武は、警察の前進社への家宅捜索に立ち会い、捜索が終わったところで逮捕された。ほぼ一年拘置所に入れられた。このときの保釈が、七五年春。革共同の書記長である本多さんが殺害された「三・一四」の後だ。保釈されて出てきた「七五年三・一四」の後の革命運動の風景は、あのモノトーンの冷たい社防の風景ともちがって、だれからも笑顔が消えていた。

ふたりの世界も大きく変った。七三年二月、彼女は、党の建軍要請に応じて非合法非公然の活動に移行していった。驚いた。『風と雲と火の柱』という非公然の革命軍建設の冊子が発行されたことは聞いていた。裕さんがこの募兵を打診され、応諾したと、裕さんから聞いた。若い女性が、死も厭わぬ軍事活動に従事することになった。応諾の直後、裕さんは武との婚姻届を出している。その胸にどんな思いが、行き来したのだろう。

裕さんは「一日、考えさせてくれ」といった。

そしたら、指導者は「考えてもおなじだ。いまここで決めなさい！」といったという。

で、裕さんは「応じる」とこたえた。

建軍は極秘ですすめられた。募兵に応じた裕さんは、慈恵医大生協の職場をやめて、民間会社に勤めた。裕さんは公然活動の場から消え、組織の影の活動に入っていった。武が、新潟大学で諸党派からリンチを受けたときも、法政大学の集団戦で怪我したときも、前進社のそばのアジトで診察と治療をうけたとき、裕さんが付き添っていてくれた。もう集会やデモなどの場で顔を見ることがなくなった。六つ又ロータリーで別れて変わったのは、裕さんだった。家に帰らない男に見せた涙は、革命の軍事組織という未知の活動に入っていく決意になった。

第三章　独自任務を自己流でこなし

一　眠らない夜

〝対カクマル戦争に、革命の勝敗がかかっている〟七〇年代前半、この標語のもとに中核派は闘っていた。どの党派も革マルを相手に内ゲバに明け暮れていた。中核派は、「内ゲバ」と言われることが嫌いで、「もはや党派闘争ではない。反革命との革命戦争だ。だから内ゲバではない」と、強調した。革マルは、革命運動を闘う一翼ではなく、革命に敵対する反革命だと規定して、闘争ではなく戦争だとして、「対カクマル戦争」を宣言し、「革マル」と書かずに侮蔑を込めて「カクマル」と書いた。闘争と戦争とでは、どこがどうちがうのだろうか。感覚的に見れば、闘争なら、言い争いや殴り合い程度のことか。せいぜいひどくなっても集団で、棒などをもって襲いかかる程度のところか。内ゲバといえていた時代には、まだ、そんな「牧歌的」な風景があった。そんな中で憎しみが煽られ、存在することが許せなくなる。そうなると、生きていくことが戦いになる。家や職場を知られることが恐怖となり、顔を見られることが死につながる。民間でも、国家でも、戦争ともなれば、人びとの生きるという営みから「普通に暮らす」ことが消える。安らぎも憩いも許されなくなる。そんな非日常的戦争状態が、ほぼ二〇年間もつづいた。暴力革命をめざす党派が存続できるのか、どうか。革命組織が人びとの支持を得られたのか、どうか。歴史の試練は終わり、批判を受けるには十分な時間が経った。

この内ゲバが本格化したころ、革共同・中核派は、この「対カクマル戦争」を、日本における「プロレタリア革命の戦略的課題」であるとして、革マルを倒さなければ目指す革命の勝利はないと、為すべき課題の最も高い位置づけを与えた。革命に勝利するためには、避けることのできない、なんとしても勝たねばならない「戦争」であるとしたのだ。そして、七一年一二月の時点で、相互に攻防相半ばの「戦略的対峙段階にある」とした。毛沢東の段階論を用いて、防御段階から対峙段階に至ったとした。さらに、次は「総反攻段階へ向かう」と位置づけた。いわば、「受け身」から、「やり合う」ようになって、最後に「相手を倒す」ところへ向かう、としたのだった。

革マルは、「殺戮による相手党派の解体」を、その理論と実践の中心に据えていた。七一年一二月四日、中核派は、学生活動家と革共同の指導メンバーを殺害され、「一二・四反革命」と名づけ、報復戦を宣言し、殺しには、殺しで応えると宣言した。このとき、新左翼の社会的存在の風景が変わり、日本の新左翼の革命運動は変質した。運動に参加していた人間たちの理念もその心情も変わった。ヒューマンな空気が冷ややかな諦めを帯びた重い後ろ姿に変わっていった。

・内ゲバを戦争に変えた「一二・四襲撃」

しかし、革マルが中核派を襲撃した「一二・四襲撃」の一月半まえ、一〇月二〇日には、中核派が横国大で革マルの美術学校生の水沢を殺している。その一年前の、七〇年八月二日には、中核派の拠点大学である法政大学で中核派が拘束し連れてきた革マルの海老原を殺害している(「八・三海老原事件」)。「一二・四反革命」と規定された革マルの中核派襲撃は、直接的には、水山と海老原を殺害した中核派への報復的行動であった。

この「やり合い」のエスカレートを見たとき、「八・三海老原事件」の直後の八月一四日に、革マル派が法政大学の中核派を襲撃した事件は、その後内ゲバが理性なき憎悪の連鎖に転落していく、憎しみの感情に拍車をかけた事件というほかない。革マル派は、中核派に変装して法政大学に侵入し、中核派学生(二名の女子学生を含む)十数人に凄惨なリンチを加えた。

「硬質ビニールパイプで武装し……陰湿なテロをつづけ……どきつい手口……むごたらしいリンチの現場……駆けつけた救急隊員もあまりの陰惨さに驚くばかりだった……」と報道されている。

「やり合いの」のエスカレートのなかでみれば、「一二・四反革命」は、一面では一個の報復であるが、一挙に多人数を殺すために殺すという、その手法の激しさや憎悪を目標に掲げたことから見れば、それまでの「内ゲバ」の世界を変えた。内ゲバの歴史からみると、「一二・四反革命」は、もう後戻りのできない一線を越えた、憎悪をかき立て合う連鎖に入っていった。両派ともに「相手党派のせん滅」を掲げざるをえない次元へ、踏み込んでいった。両派ともに自らと相手をそこへ追いつめていったのだ。

この時代、新左翼の党派闘争の流れからみれば、六九年、七〇年には、すでに、さまざまな党派が、その中には民青(共産党の青年組織)がゲバ棒をもって新左翼を襲撃する事件もふくめて、おもに大学における学生運動の主導権を争って集団戦をくりひろげていた。そして、それら党派の襲撃が殺人事件を引き起こすようなこともあった。公表されている資料によれば、六九年は発生件数二〇八件、死者二人、負傷者一一四三人であり、七〇年は発生件数一七五件、死者二人、負傷者五二五人になっていた。この七一年には、発生件数二七二件、死者四人、負傷者五二一人になった。党派抗争が暴力化して内ゲバが激しくなっている中で、「一二・四反革命」は、相手党派を徹底した殺りくの対象にしたという意味で、政治的な意志が「敵は殺せ」の暴力に転化していく、決定的な一歩を踏み出したものであった。

なぜ、革マルをして、殺りくとしての殺りくへ、一歩踏み込ませたのか。武の問題意識は、この激しくなっていく内ゲバの結節点は、その前年、七〇年八月に法政大学内で中核派が起した「八・三海老原事件」への中核派の「対応」にあったと考えている。

武は、この七〇年の海老原事件のときも、七五年の本多書記長の殺害のときも、両方とも拘置所におかれていて、こうした衝撃的な事件が組織に与えた影響を、肌で感じることができなかった。組織がどうしようとしているのか、知ることができなかった。拘置所の中で知りうるのは機関紙を通してであったが、「八・三海老原事件」について『前進』は「沈黙」した。中核派の指導部は内外に、自分のやったことに沈黙した。

この海老原事件は、中核派が自らの拠点である法政大学内で、革マル学生の海老原をリンチの末、殺してしまった事件であった。集団戦のなりゆきで死んでしまった事件や、その後はげしくなる「殺す目的で襲撃した事件」とはちがい、この「八・三海老原事件」は、中核派の学生が海老原を拉致し、リンチを加え、何人もの関係者が事態の進行を見ながら、幾人もの人間が手を出していった結果の過失だった。関わった人の話を聞けば「殺すつもりのない事故だった」ことは確かだ。相手に加えるリンチを見ながら、関起こる事態を予想し、どこでやめるか決められる人間が現場にいなかった。殺すつもりがないにもかかわらず、「殺さない」意志を形にできない責任のとれない状態になっていた。「成り行き」で殺害になってしまった。だから、当時の関係者のつぶやきからうかがえるのは、「予期せぬ死」であり、「のぞまぬ殺害」だったということになる。

この「不測の事故」が、革共同政治局員の頭に刺さったトゲとなって、政治局員は判断と行動を停止した。指導部は、起きたことに沈黙し、どうなるか、起こる先を考えないことにした。内にも外にも、為すべきことをしなかった。「ごめんなさい」とも言わず、「これが宣戦布告だ」とも言わず、ただ黙った。事態が引き起こす次の流れ、その選択を、相手にゆだねた。沈黙することの帰結、ここが問題なのだ。武には、「ごめんなさい」と言えるかどうかということは、「相手の話を聞ける」かどうかということと同じく、人間の最も大切な器量が問われるところ、そのひとの修羅場の感性が問われることのように思える。殺しておいて沈黙をもって応えた中核派。この「沈黙」に応じる革マルの回答が、これまでの内ゲバと一線を画す「殺す論理」だった。このことは、双方がお互いに、組織の意志として、相手は話し合いの成り立つ相手ではないとなって、どちらからみてもそうであって、誰かが間に立ったとしても、調整が成り立つようなものでなくなることを示している。

政治局員の陶山さんが革マルとの話し合いの使者に立ったという情報があるが、そうだとしても、そしてそれを革マルが蹴ったとしても、両者に和平交渉のできる度量はなかった。

もう一度、なぜ、「一二・四反革命」が起きたのか。なぜ、革マルをして、殺りくとしての殺りくへ、党派の論理を一歩踏み越えさせたのか。まず、殺すつもりのなかった過失から始まった。この、「八・三海老原事件」の土台ともいえる問題は、それを引き起こした革共同・中核派の組織的な稚拙さにある。政治的対立者を前にすると、プロフェッショナルな秩序や統制を持っていない集団では、感情や見栄や虚勢が状況をすすめていく。こういう場合、プロの組織なら、組織の責任者が、結果にも、起こりうることにも、責任を取ることができる。それが組織なのだ。これが中核派になかった。「八・三海老原事件」に政治局が責任をとらなかった中核派は、未来にも「沈黙」した。これは、起こる事態への責任放棄だ。沈黙と無責任は、あざなえる宿命といえる。沈黙と無責任を貫いているのは、起したことへの甘さであり、「ごまかし」である。潔さがないのだ。潔さのなさは、人間の弱さだ。「八・三海老原事件」への、組織的責任からの「逃げ」と「沈黙」。これが新左翼運動の自己崩壊となった「内ゲバ」の激化の、俗っぽくも俗っぽい人間的な姿であり、そして彼らの好きな言葉で言えば「主体性の問題」なのだ。あの、政治世界では、北朝鮮の「チュチェ思想」に見られるように、主体的とか、主体性ということばは、人間の困難な、辛くて、悲しい宿命を解決していく万能の如意棒のように使われている。しかし、あの、政治という門をくぐると、朝野を問わず、如意棒を使いこなせる感性が失われる。在野で、革命の理念に命をかけた人たちでも、政治の論理の内に人間的品格を表出していくことはできなかったのだろうか。

こういう関係に入ったときの人間は、すなわち政治的世界における人間は、いや、政治に領導される一般民衆も含めた人間社会が、行くところまで行くしかないとしたら、人間というものは悲しいものだ。人間一般と、政治的人間を区別して考えるなら、世間一般の人間は個人としては「ごめんなさい」と言えているように思える。だが、政治一般、社会一般となると「ごめんなさい」と言えなくなる。もし、政治組織の、国家の論理のうちに「許す」ということができたら世界の戦争が半分になる。しかし、普通の政治的論理は、国連憲章もそうだが、「やられたらやり返していい」という論理しか持っていない。こうした「ごめんなさい」も、「許す」もない中核派は、沈黙した。この沈黙への革マルの答礼が「一二・四反革命」だ。この襲撃を受けて、中核派は、革マルを反革命と規定し、革マルとの「戦争」を宣言し、それを「革命的内戦」、本格的な戦争と位置づけ「屍を積み上げる戦い」へ突き進んでいった。革マルと中核派との「内ゲバ」の激化を考える時、この七〇年「八・三海老原事件」への中核派の「沈黙」は、相手をして常軌を逸した内ゲバの水準へ、無制約な殺し合いへ、引きずり込まれる転換点になったと思う。新左翼が登場して以来の、六〇年安保から九〇年代の初めまでの三〇年間、その存在と行動で示したことは、埴谷雄高のいう「政治の本質は、『あいつは敵だ。あいつをやれ（殺せ）』だ」を体現しただけのように思える。

・政治における「敵」規定と憎悪

すでに述べたことを繰り返すことになるが、「敵」と規定するのは、政治が持って生まれた論理である。「内ゲバ」という言い方は、マスコミがつけたものだ。だが、中核派にとっては、単なる党派闘争としての内ゲバにすることはできない。「革命の敵、反革命との戦争だ」と規定しているからである。武は、この「反革命」規定は、正しかったと思っている。だから、中核派は組織として、革マルは反革命だ、革命に敵対し、われわれの運動を破壊しようとしていると、組織員の憎悪をかき立てなかったら、命を賭けて相手を殺すようなたたかいを、組織として遂行することはできなかった。革マルも、組織としてこの憎悪の感情をかき立て対抗する。一般に、国家の戦争でも、宗派や政治の党派でも、はたまたギャングの抗争でも、命を賭けるような戦いに臨むとき、自らを正義として、他者への「憎悪」を組織せねばならないのは、変わらない。

もともと、中核派と革マルは、同じ革命的共産主義者同盟（革共同）という組織を分裂させて登場したので、お互いに相手のことをよく知っている。お互いに、相手の指導者をよく知っている両派が〝殺し合い〟を繰り広げていく。武は、分裂の過程は知らない。だが、一つの組織として誕生し分裂し、党派の理論の根が同じだったことから、組織される憎悪の激しさは、政治の一般的暴力性を超えた、理性や道理や人の道というものがもう一度問い直される領域をもっていたように思う。

宗教も民族もその抗争の歴史は、古く、激しい。豊かさを求め貧困や格差を深めてきた現代文明によって、民族やその精神文化や宗教の、それぞれが存在する意味、それぞれの共同性の帰属するところの意味が、揺さぶられている。イスラムは、グローバル経済と戦っている。それぞれが、その独自性や立場をかけ、「敵」や「正義」をかかげて戦っている。人間と、その文明は、何百年も、何世紀にも渡って、戦争いがいに対立を終わらせることができないでいる。人間に戦争いがいに対立を終わらせることができないとしても、どちらが正しいか、間違っているかということより、その発動としての軍事、地球規模の戦争やテロがおよぼす空爆や難民などの、一般民衆の災害の方が甚大で、やるせない。たしかに、格差など、この世界の現実は深刻だ。社会主義とその運動が衰退したあと、世界のあり方が、文明そのものが、弱者を犠牲にしてより激しく格差を進め、混沌に向かっている。だから、日本の安倍首相のように「自由経済を守れ！」（二〇一六年一一月ＡＰＥＣ発言）では、ますます、世界は対立と憎悪と混迷をふかめるばかりだ。なぜなら、ここまで人類の上に覆い被さっている経済のグローバルな発展そのものが対立と抗争の、戦争とテロの根源だから。武にとって内ゲバは、この世界を覆う人間の宿命のような戦争とテロに貫かれている正義と憎悪に重なり、ただ立ち位置の位相だけが違う同じものの表れとして見える。中核派の「革命戦争」は、ここを書いている二〇一六年には、雲散霧消してしまっている。その「為したこと」の意味を、その理念を、自ら歴史に証明する組織としての力を失ってしまった。その「革命戦争」という想念は、おびただしい犠牲者の魂を救えぬまま、日本の「革命的マルクス主義者」がなした「内ゲバ」という新左翼の血と殺戮の歴史の中に、ただ単に「内ゲバ」として刻まれている。

革命的左翼の運動は、六〇年安保闘争から本多書記長の殺害まで、わずか一五年。新左翼や学生運動が高揚した六七・六八年ころから党派闘争も激しくなり、運動の高揚と抗争の激化は、表裏をなしている。本多書記長が殺される七五年までの、このわずか七、八年の間に、日本の新左翼の内ゲバは、はじまると同時に殺し合うところまで、いっきょに突き進んでいったことになる。そして、一九九一年に中核派が内ゲバからの転換を宣言した「五月テーゼ」までの、党首を失ってからの一五年間のうちに、組織としてもつ力をとことん使い切ってしまった。中核派が「内ゲバ」をたたかう力を失ったとき、もう、立つ力も失なっていた。この「対カクマル戦争」という内ゲバが、革共同の革命運動に致命的なダメージをあたえて、組織と運動の衰退を招くことになった。でも、逆のことはいえない。相互せん滅戦という「内ゲバ」が避けられていたら、革命運動が歴史的に高揚しトランプ現象と別な世界情勢を作っていたとは、いえない。党派間の抗争を規定する「政治と暴力と人間」については、もう少し、武が八六年から体験する「一五年間の潜行」と、かかわりのあるところで考えてみたい。

・本多書記長が殺され、非公然活動へ

ともあれ、武はまだ七〇年代の半ば本多書記長が虐殺されたところにいる。

武は、東京駅の革マルとの集団戦の責任を権力から「とらされる」ように、前進社の前で七四年の五月に逮捕された。前進社はまだ、池袋の六つ又ロータリーにあった。ほぼ一年近く拘留され、出獄してきたのが、七五年の「三・一四本多書記長殺害」の直後だった。三七歳になっていた。このとき、前進社は同じ池袋でも千早町の国際興業の隣に移っていた。本多さんが革マルに殺されたことは、拘置所の中で知った。中核派の運動に身を入れて一二年経っていた。自分の組織の党首が殺される事件があっても、武のなかで組織と自分の関係は、変わらなかった。武の中の党組織は、「革命の執行機関」であって、揺らぐことがなかった。本多さんがいなくなっても革命運動は粛々と進められていくものだった。武の中の党は、時代の流れ、すなわち情勢についても、彼我の関係、すなわち国家権力との攻防においても、内ゲバのような事件、すなわち革命運動の無情な展開についても、個々の闘争課題や為すべき任務についても、すべて組織が必要な認識と方針をもたらしてくれるものだった。自分の問題意識は、組織の認識と一体にあるとなっていた。たとえ、党首が殺害されるというようなことがあっても、革命運動というものは、悲劇的な事件はさけられないものだし、凄惨であればあるほど、革命運動の前進につながると受け止め、平気だった。そのころの武は、何があっても、ごく普通に「革命は、さまざまな困難な問題を解決しながら勝利に向かってすすんでいく」と思っていた。困難なことがあればあるほど、本多さんが書いていたように、『勝利のための試練』なのだと思っていた。だから、武は、単純な革命の必然性信奉者であり、党組織はこの上ないもので、思想が導く人間の善意を信じて疑わなかった。恐ろしい。サリンをマケといわれたらまいていたかもしれない。

だから、党首を失うことがどうゆうことなのか。組織や運動やたたかい方にどんな影響をおよぼすのか。そういうことを自分の頭では考えていなかった。そういうことを考える立場になかっただけでなく、それ以上に、自分では考える必要がないことだった。革共同の組織の中では、「何をやるのか」を考えるのは、組織の位置、その立場で決まるからだ。なぜか、どんな問題があるのか、なにが起きてきているのか、それなりの部署にいないと情報がわからない。情報というものは、政府でも企業でも、指導部に都合のいい情報しか流さないからだ。こういう風にいうと必ず、「そんなことはない。主体性を持て、主体的に行動せよ、と言っていた」と返ってくる。どこの組織でも、朝野を問わずそういう。たしかに「自分の頭で考えろ。自分の考えを持って行動せよ」と建前ではいう。だが、中核派では、ある時期から『前進』に書かれた以外の言葉で語ってはならない、という指導が行われるようになっていた。どこの組織でもそうだが、自分の意見を持った人間は、立場が難しくなる。

とくに政治組織では、直接的に権力問題を抱える分だけ、さらに難しくなる。いわば、立場にいなくても、ものを考える人間は、考える能力があるだけに、いずれ組織内権力への上昇志向をもつと見られ、争うことになる相手と見られていく。革共同でも、敵となるか、味方となるか、対立し意見を分かつものは、分派の芽として、組織内部の権力争いとして見られて潰される。自民党ほどの自由もない。すべて、普段の会議でも、発言一つが、一つの権力闘争として見られていた。まだ、武がウラに行ったころ、ハーさんがした話として「細胞会議も、権力闘争なんだ」と聞いていたし、その類いの話は他にも聞いていた。

武の中で、〝本多さんが殺されたら組織はどうなっていくのだろう〟と漠然と思うことがあっても、形のある問いにはならなかった。人から「本多さんがいなくなった革共同は、どうなるんだ?」と聞かれても、なにがどうなるのかまったくわからなかった。政治局の誰がどんな考えをもち、どんな人格なのか、それもしらなかった。どういう人たちかという前に、どういう人たちであろうと、政治局として的確に対応していくものだと信じていた。

武が触れた政治局の人たちを、時系列的にあげれば、慈恵医大にいたとき、神奈川を担当し労働運動を指導していて、党員の間に人望のある陶山さんに三度会っている。でも、「人の話を聞く人」ということ以外のなにかがわかったわけではない。

小西反軍にいたときに、関西地区や反軍を担当していた野島さんには、月に一度の割合で二年くらいの間、会っていた。反軍の運動や組織問題で、きつい議論をした記憶がない。意見がぶつかるようなことがなかった。難問とか、障害になるようなことがなかった。「こんなことがあり、こんな課題があるけど、こんな風にしようと思っている」「それでいいよ」というようなことで済んでいた。

書記長の本多さんとは一度だけ、武の妹の家で、小西さんと三人で会ったことがあった。とくになにか問題があったわけでなく、全般的な話だった。武には何もかもが別格で、本多さんの何かがわかるようなことはなかった。

前進の経営とか、組織の財政を担当していた白井さんには、一度、ホテルのラウンジに反軍の年末のカンパを持って行って会ったことがあった。初顔合わせで、知識人を絵にしたような印象で、教授という言葉が似合うと思った。

清水丈夫には、個人的に会ったことがなく話したことがない。防衛上、前進社とは別な場所で常任会議がもたれ、沖縄の施政権返還を前に、彼が「沖縄奪還論」を提起したとき、彼の話を聞く輪の中にいた。その後、この「沖縄奪還論」は、彼から革共同の政治集会で提起された。本多さん亡き後の中核派は、清水丈夫抜きには語れないとすれば、清水という人を識らない武に「中核派の魂」のようなことは語れないのは当然かも知れない。
政治局員は、みんな雲の上の人たちだった。当時は、指導者によって運動が変わっていくなんて、考えてもみなかった。だれが指導者になっても、為すべきことは最上の方針が立てられ進められていくものだと思っていた。「人を観る」とか、「人を識る」とか、「誰だったら、どうなる」というような、政治的人間観なんて、なにもなかった。どっちかというと、「最善の方針」ということと同じで、指導者の能力に関係なく、「運動は科学的法則的に前進していくもの」と説かれていて、それを疑わなかった。本多さん亡き後の運動も、自分が「やるべきことをやっていけば、勝利にたどり着くと」と単純に考えて、保釈されて、外へ出てきている。

本多さんが殺された「三・一四」の後、武の保釈後の前進社をめぐる忘れられぬ風景があった。顕さんが千早町の前進社をでるとき、武とタクシー出社が相乗りになったことがあった。そのあと顕さんが「脱藩」したので、梶さんから事情を聞かれることになった。組織に語るようなことは何もなかった。「高飛びした」話は、本多さん亡き後の指導部を見限った顕さんの選択なのだが、この本のシリーズの二巻目『近過去　奥浩平への手紙』(川口顕著)に「脱藩」の一部始終が語られている。中核派から離れた顕さんと武は、その三〇年後に、二〇〇五年ころからつきあいがはじまった。人の出会いは偶然のように見えて、なるようになっているものだ。心を開いてふれあうとハートが熱くなる物語が生まれるものだ。「心を開く関係」は、政治的人間の世界では難しい。それは、武の野暮な偏狭さでもあるのだが、そうであるとしても、運動に関わる人間が政治の鎧を着ていると「心を開く関係」にはなれない。顕さんとは、真摯な思いがけない出会いの「たまもの」なのだが、この結びつきも、裕さんがいて、彼女の人徳ゆえのものだったと思う。

非公然活動に就いて。保釈で出てきた武の任務は、すでに決まっていた。軍事組織の責任者だったハーさんに呼ばれた。社を出た車で都下に向かってぐるぐる走り、ウラの車に乗り換え、さらに埼玉の奥で別の車に移った。彼から与えられた任務は、当時の組織用語で「インフ」といっていた「情報収集活動」だった。メインとなった具体的任務は、革マルの集会やデモなどの参加者の顔写真を撮り集めることだった。ある知識人のところに出入りする革マルメンバーの撮影も、タイミングよくこなせた。この任務、全体に、やれば何とかなるという幸運に包まれていたように思う。

また、インフとはべつに「ナーバス」といっていた作戦もあった。それは、〝電話で革マルメンバーを脅し、職場に行けなくしたり、やめるしかなくして、組織からひきはがし、個人にも、組織にも、ダメージを与えること〟だった。さらに、後からつけくわわった仕事に、政治局員から中央政治局へ連絡する「つなぎ」の任務があった。そのほか、例外的に、軍事組織が必要とする工具を関西まで買い出しに行って調達した。さらにアジトづくりの任務が加わった。

革マルメンバーの撮影が主な「インフ」活動や「ナーバス」のように流れのなかに入ってくる任務をやり遂げていくためには、まずもって自分を守らねばならず、集会や事務所に出入りしない非公然の活動形態になった。アジトからの行動線もいちいち切って現場に入り、また切って戻る。切るというのは、権力と革マルとの「二重の敵」から追尾されていることを前提に、自分が納得できるまで追跡を絶つ行動をとることだった。交通機関を使い、その前後に徒歩を入れて、歩きに歩く。この尾行の切りを「キリ」活動といった。原始的で手間のかかるやりかただが、自分で自分を守るには、納得するまでやりきることだ。それが、表から消える「非公然活動」の始まりだった。

・革命運動らしいスリル

反軍を担当していたとき前進に反軍論文を二度ほど書いたけど、四苦八苦した。それに比べて、武は現場の任務にひかれていた。

「革命運動らしいスリル」といってもなんのことか。あえて比べれば、「インフ」活動はターゲットの顔写真を捉える狙撃手《スナイパー》のようなものだし、「ナーバス」活動は諜報工作活動のようなものだから、ドラマのようなＣＩＡやＫＧＢのようなスパイ感覚と同じようなものだといえばいいか。任務で、どれだけのことがやれたかは能力に負うにしても、いわば「内ゲバ」のターゲットの資料をそろえるようなことだから、インフそのものが血塗られてはいない。戦果が直接に表に出るようなことにもならない。この活動については、次の章で具体的に語ることにして、もう少し、心にのこってことについて書いておくことにする。

夕暮れのバスで。ある日、もう暗くなって、武が都心をバスで移動していた。決起した反戦兵士の小多さんの妹さんがバスに乗ってきた。武が小西事務所にも顔を出さず、集会にも参加しなくなっていたので、しばらく彼女に会っていなかった。彼女は満面にほほえみ、親しく会釈しながら武の座席に近づいてきた。武は、目を外しそしらぬ顔をした。瞬間、彼女がこわばったのがわかった。非公然というのは、なんともつれない。革命運動というものは、ときに怪訝でほろにがいものになる。武がバスから降りて、過ぎ去るバスに手を振った。するとバスの後ろの窓から、妹さんが全身で明るく笑った。紋切り型の前進社官僚がみていたら、これは、「原則の逸脱」ということになるのだろう。でも、人は、優しさに包まれなくちゃあ、救われない！

革命軍募兵に応じた裕さんは……。　非合法の革命軍の募兵に応諾して、六つ又ロータリーの涙をぬぐった裕さんは、二五歳だった。顕さんに問われた「レッド・アーカイヴズ」の聞き書きで彼女は、「わたし、二一歳の時に慈恵に来て、それからすぐウラの軍に入ったので表の活動はほとんどしていないの。だから、個別のオルグ活動とか、職場活動をしたことがないの」と言っている。ウラに変わって商事会社に勤めていたとき武に、「話のわかる人だから、会ってちょうだい」と、会社の上司であった課長を喫茶店に連れてきたことがあった。この課長とは意味のある話にはならなかった。裕さんは、どこにいっても親和力があって、いろいろな人を武に紹介してきた。彼女は、この後、横須賀の緑荘での誤爆事件を受けて組織の立て直しをする間、本土北端の青森へ居を移した。このときも、武を青森へ呼んで、仕事場の女主人に会わせている。

裕さんが商事会社につとめてすぐ七三年三月に、武との婚姻届をだした。どんなおもいで、家に戻らない男と籍をつくったのか。いや、どんな思いでウラの軍に行ったのか。そのころから、「家族対策」としてウラの人間とその家族を、組織的に面会させることになった。前進社の常任やウラの軍関係者は、家族に会う機会を、この組織的「家族面会」のシステムにゆだねることになった。当人と家族の双方が車両で、公然車だったり、非公然の車両だったりを使い、延々と走りつづけて合流し、そこから宿泊地点まで移動する。この長い長い走行が、連れ出される子どもたちに不人気だったと、言われていた。公然車というのは、名義がメンバーだった車で、非公然車は友人などから名義を借りて運行していた車だ。この家族面会の送迎に、武もかかわった。

車の運行にかかわるようになり、つぎに、ウラ組織のアジトをつくる任務も受け持った。アジトを開設したり、そこへ荷物を運んだりする。いわゆる車両運行専門の部署ではないけど、ウラとウラの隙間を埋めるように、ウラの人間の「家族面会」も手助けした。

たまたま、事故こそなかったが、きわどい思い出がある。武が動いていたゾーンはほぼ東北方面だった。福島から山形へ抜ける車列は、強烈なドカ雪が降りつづいて視界が車一台分もなくて延々と渋滞し、対向車もまったく動けず、いつ車列から抜けられるかまったく分からなかった。どの車も雪をかぶりまるで雪洞の中に埋まっていた。しかし、結局はソロソロ動き通り抜けた。あの雪に埋まっていた時間がたまらなく神秘的だ。顔つきも目つきも変わる激しい生き方と、人間の営みに関わりなく、しんしんと降る雪。息していることも忘れ、真っ白な空間に包まれ時間からも社会からも隔てられていた記憶。

いま一度は、北海道出身の毛利君が武の仕事を手伝いに来ていて、一年ほど一緒に行動した。朝、旅館で目を覚ますと四〇センチ以上の積雪。レンタカーの二トントラックでチェーンがなく、ノーマルタイヤだった。国道まで出れば何とかなるにしても、どうやって出るのか。アクセルをふかさず、ソロリと進めて、シーソのように戻される。ソロリと踏み固めては戻され、二〇〇メートルほどの雪道を固め、固めながら進む。国道に出られてホッとする。毛利君は、「こんな手があるんですか」と言っていた。

この毛利君と一緒に、ウラのハーさんの下で、武を統括していたリーダーを二トントラックに乗せて、三人で山道を走っていた時のきわどい思い出がある。暗くなりかけていた山道の、崖の外にトラックの鼻を出して、切り返しの余裕のない道幅で、九〇度の方向転換をしたときは、それが可能かどうか、本来やってはいけない試み。地図上で道を選び、キリをして枝道に出ているから、識らない土地では、とんでもないところを通ることになる。車の鼻先を道に入れたときは、陽も暮れていた。事故というのは、やばいことを承知でやっているときは、起こらないのかも知れない。途中、リーダーが「やめよう！」というかと思っていたが、何もいわなかった。今なら決してやらずに引き返すに違いない。この毛利君、金作りのために苦労して親にも迷惑をかけていた。その後、三里塚の公然活動に移動したが、どうしているか。

私たち二人の家族面会は、裕さんがウラへ行くと同時にはじまった。

裕さんが、地下に潜ったといっても、七三年から七五年までのほぼ二年のあいだは、まだ準備期間で、東京で商事会社に通えていた。裕さんは、本多さんが殺された直後の七五年四月一九日に、二年つとめたこの商事会社を退職している。ウラの活動がフル回転したのだ。このとき、裕さんは、板橋のアジトをひきはらい、鶴見に移動した。手荷物一つのアパート暮らしだ。鶴見は、裕さんには懐かしく、幼少期にお父さんの自動車会社の社宅で暮らしていた。四歳の「家出」体験につながる。お母さんのハンドバッグをもって遠出し、大騒ぎになった。それを裕さんは「私の最初の冒険」と、目を輝かして話す。

・「四〇代、五〇代の人生はないものと思っていたの」

本多書記長殺害は、中核派にとってあってはならない痛手だった。だれも口にしなかったが本多さんが殺されて「これで革命はムリかもしれない」という思いを抱いてもおかしくない、「彼なしに革共同は存在しない」といわれていた。致命的な痛手の意味がわかるまで、歴史は、無慈悲に進む。裕さんも、武も、ともに「社会から消える」非公然活動に入っていくことになる。この七五年は、革命軍で生きることにした裕さんにとって衝撃的なことがつづいた。一つは、本多書記長の死そのもの。そして、二つめは、その二週間後の三月二七日に、裕さんの日比谷高校の二年先輩になる革マルの西田はるみが中核派の襲撃をうけて殺害されたこと。西田はるみは、女性としてはじめて内ゲバの犠牲者だった。川崎市の職員で職場の行き帰りに服装を変えるほどの筋金入りの革マルメンバーだった。後に裕さんが、「私には、四〇代、五〇代の人生はないと思っていたの！」というとき、自分と同世代の、学生運動から革命運動にかかわっていた西田はるみの二〇代の死にかさなっていた。三つめには、やはりこの年、六ヶ月後の九月四日、横須賀の緑荘で中核派革命軍が爆弾づくりに失敗して誤爆した、五人の死につながっている。そのうちの二人は、このアパートの二階に住んでいた運動に関わりのない母と娘だった。ほかの三人は、中核派の革命軍のメンバーで、一人は女性だった。裕さんは「彼女でなく、私でもありえたことだったの。あのとき私がウラにいったことを知っていた人たちは、死んだ女性が私だとおもっていた」と、レッド・アーカイヴズの取材で頴さんに語っていた。しかも、この横須賀緑荘の誤爆事件の翌日、東宮御所前で車に爆弾を運んでいた中核派メンバー二人が逮捕された。裕さんは、頴さんに問われて話している。「わたしは、横須賀緑荘の爆弾と東宮御所で逮捕された二人の爆弾にかかわっていて、『天皇在位五〇周年記念』を狙った爆弾闘争を同時にやる予定だった。爆弾はもう一個残っていて、その後、『弔い合戦だ』みたいなはなしがあったけど、その作戦はなくなって、その爆弾を処分しろという命令が上からあって、それを私ともう一人、亡くなって今はいない人とふたりで、処分したんです」と語っている。「亡くなって今はいない」彼は、ブレーキのきかない自転車に乗って、水戸の坂道を下っていて激突死していた。ウラの生活は、死者を弔うこともできない、黙って「死」を飲み込む世界だった。彼女は、二十歳で革命運動を選択し、学生から労働者組織に入り、すぐに軍事組織へ移って革命運動に人生をかけた。二〇代半ばで、爆弾闘争による人の死は、明日の自分の姿だった。たしかに、「明日は我が身」を飲み込み、闘魂の化身にしてみれば、「革命運動の前進は、ひとの屍の上に築かれる」ということばが、掛けことばのように前になり後になってついてくる。党首の死、そして活動家の犠牲のうえに人びとの未来が築かれると信じられていた。そのような若き日の夢が、爆弾をあつかう非合法活動が、人びとの暮らしから離れた非公然生活のなかで、空気や水のように淡々と流れて、それでいいと、肯定され受け入れられていく。人間というものの、人間の意識、その思念の不思議さよ。

はじめてハンドルを握って飛ばす！　武が車の運転教習所に通うまえ、裕さんが管理していた車で房総半島までつきあってもらった。革マル動労の組合大会に参加する組合員の顔写真のリストをつくる撮影だった。事前に会場をみおろす山林を下見した。ピクニックの支度をして、レンタルの二〇〇〇ミリの望遠レンズと、バードウオッチの会員証をつめこんだ。ピクニックバゲットには、定番の鶏のソテーと焼き鮭に、タラコと梅干しのおむすび。見せて疑われないようにしていた。朝、暗いうちに都内をでて、一六号線を房総へむかう。

彼女は大胆にも、武を運転席に乗せてハンドルを握らせ、かなりなスピードで走らせ、自分はハンドブレーキを握った。後で『俺たちに明日はない』のボニーとクライドみたいだったねと、笑った。生活というものがなかったので、「活動を楽しむ」ということが、そんな切なげな行動をとらせたのだろう。武は、生まれてはじめてハンドルを握って、トラックのような大型の対向車とすれ違うたびに、キモを冷やしていた。でも、そこは、女性の前では、格好つけるただの男。おくびにもださずに楽しんでみせる。怖くても逃げないロマン。武が体験した、唯一の青春戯画だった。

武には青春がない。でも、革命運動が人生のすべてだったから、人生すべてが青臭く、人生が青春だったといえなくもない。でも、革命運動は、青臭くてはダメなのかも知れないのに、青臭くなくてはやっていかれないものでもある。青臭いふたりの人生にとって、それでも青春らしいといえるのはただあの房総へ向かうワン・シーンだったように思う。用心深く無茶しない裕さんが、二人でいるときは、いつでもおとぎ話のような大胆な世界に入っていく。自分たちには不可能なことがないかのように。「為せることを楽しむ」世界にいた。

木漏れ日をあびながらシートのうえにランチと飲み物をひろげて、遠くの会場入り口をのぞみ、出入りする人物をシャカ・シャカと撮っていく。半日ほど、ピクニックを堪能して、なにごともなく帰ってきた。

裕さんに手伝ってもらったインフ作戦がもうひとつあった。日比谷公園のまえの帝国ホテルだ。帝国ホテルの北東側を通るデモを撮るために、朝暗いうちに裕さんに送ってもらった車から降ろしてもらい、夜暗くなってひろってもらった。デモの隊列の顔が見えて、周りから身を隠せて、かつ、とがめられない。そんな場所に一日埋まって、わずか十数分にみたない瞬間的な仕事をした。この場所を見つけるために、はじめて帝国ホテルのロビーに入った。裕さんの長野のおじさんからもらった薄茶色のウールのジャケットにスカーフを首に、靴を磨いてでかけた。外国人が多く、まるで世界がちがうなぁ、なんて思いながらおちつかないでいたら、旅から帰ったような日本人から声をかけたれた。「旅行から帰ったのかい？ どこの国へいってきたの?」と。「いや、これからいくんだ」と応えた。声をかけられ浮いていないんだと安心した。まぁ、甘いかな！でも、高をくくり、これも無事に戦果を上げた。

・デカたちに追われ

デカたちに追われてはらはらしたことがあった。明治公園へ革マルの集会を写しにいった。何回か、集会を写しにに行っていた。いつか、やばくなることは覚悟していた。初秋のころだった。何のための集会なのか、覚えていない。明治公園の広場に革マルが集まっていて、それを刑事たちがネットの裏から見ている。武は、刑事たちから離れ、記者たちをはさんでその端から、集会まえの革マルを撮していた。ここまでは、いつものパターンだ。刑事の群れから「高田じゃないか！」「なにをしてる！」と声をかけられた。まずいな。どうなる、見逃すのか、見逃さないのか。だんだん、「おい、高田」と刑事たちの声が大きくなっていく。あぁ、だめだ。離れるしかない。カメラを首にかけて、刑事たちをみながら、かれらの後ろを回って道路へ向かった。取り囲むのか、捕まえるのか、かれらを目で牽制しながら、ゆっくりと、しかし、微妙に早めて歩き、道路へでた。なに、この冷や冷や。刑事たちは追って来なかった。あの場面、革マルには聞こえていたにちがいないが、追ってこなかった。瞬間のできごとに終わったようだ。それ以後、彼らに公然と近づくことはできなくなった。

このころ、三五ミリのキャノンのコンタックス型カメラで撮影していた。絹の幕が走るモノラルなシャッター音が衣ずれで、底盤を開けてフィルムを装着する手触りが荘重だった。写真をデジタルで何万枚と撮影するいまとは違い、もっぱらモノクロの銀塩写真だ。普通の撮影枚数は三六枚だったが、長尺の二五〇枚撮影できるカートリッジを使った。残ったネガ・フィルムはカットして、また使う。

ネガ・フィルムの現像処理をするのも、引き伸ばしをした印画紙の現像処理も、暗室で、自分でする。現像液、停止液、定着液は、自分で調合してつくる。現像し、停止させ、定着させたら、明るいところへ出て、二時間水洗して、乾燥させる。この処理を、フィルムにも、印画紙にも、くりかえしやっていく。水洗や乾燥の過程以外の技術を必要とする作業は、すべて暗室の中だ。

この暗室作業のために、世田谷にアパートを借りた。暗室をつくるのは面倒だったので、暗室仕事は夜だけにした。部屋を暗幕で仕切って作業場にした。家具は簡単な鍋釜以外はなにもなくて、引き伸ばし機を中心にした現像処理の機材だけ。寝袋がひとつ。大量に処理するとき、裕さんに徹夜でつきあってもらった。雨の日もあり、窓が月の明かりに照らされる日もあった。

・ナーバス電話作戦

ナーバス電話を二人にやっている。「こいつをやろう」と指示される。ゲワルト（暴力行使）のターゲットにしない対象だ。心理作戦だが、その人間をつぶし、組織にダメージを与えることが目的だった。電話の声の背景には、暴力がある。どんなナーバスになるかは、得ている情報による。メンバーとみなせる一定の情報があれば、まちがいなくヒットする。電話を受けた人間が、感情的に反発すればするほど心理的なダメージは大きくなる。情報があいまいでも、「そうかい。（違うと言い張って）それで通るといいね」っていうと、かえって不安になるものだ。人間の心理って、重い事実に引きずられ事実から解放されることはない。その人物の組織とのかかわりや、信念的堅固さや人間的感性が、電話にでればわかるものだ。このあたりの生々しさは重いリアリティーがあった。一〇〇円硬貨と一〇円硬貨を積み重ねて、夜の灯りの公衆電話で受話器を手にして、相手の心を読み、脅す。

その夜、かれらは、夫婦ともに革マルのメンバーで学校の教員だった。あえて、核心には触れず、手にしている証拠も語らず、微かなほのめかしで、かれらの恐怖は、自己増幅する。のちに、この一部始終が本社に報告され、機関紙『前進』のトップになる。かれら夫妻は、学校を辞めた。たしか、一般紙にも載ったと聞いた。なにが人の運命を分かつのか。西田はるみは、服装を替えて通勤するほど徹底しながら殺された。かれら夫妻は、ナーバスのターゲットにされ、脅され、『前進』にのり、なにかを悟り、なにかを覚悟して学校をやめた。しかし、かれらは、その選択で命拾いしたのかもしれない。人の運命を左右し、その分かれ道にかかわった武は、だが、まだこうして生きている。武の運命も、それぞれの局面で、そこでの選択で決まっている。

・立っても眠りこけ

政治局員と政治局員との連絡を、電話を介してつなぐ「つなぎ」の任務の思い出は無残なものだった。中央政治局員からことづてをうけ、電話をしてきた政治局員につたえる。その政治局員からの伝言を中央政治局員にかえす。頻度は、月に一度だった。受けた電話は、その都度、一本か二本。政治局会議がどういうサイクルでもたれていたかしらないが、月一で「つなぎ」の任務が入っていた。

ちょっと細かい話しをしてみよう。革命運動における組織活動には、「知らされることしか、知ろうとしてはいけない」という不文律があり、革共同でもそれは明言もされていた。この不文律は、革命組織にとって、組織活動の秘匿が最大の課題だから、知りたがり屋は、人格を疑われる。組織の確認でも、武の感覚でも、「知らないことが、なによりの安全」となるのはわかるので、任務にかかわって必要なこと以外は聞くことはなかった。革共同には、完全黙秘という鉄則がある。その「完全黙秘」を、「完黙《かんもく》の思想」と言って、加入したときに、何を措いても、必ず確認する。運動にかかわるときは、党員だけでなく、協力者にも、国家権力に逮捕されることを前提にして「完黙」の思想を確認している。警察の取り調べにあったとき、茶飲み話のような、雑談にも応じない。「おはよう」とかの挨拶にも応じない。「〇三・五九一・一三〇一、救援連絡センターの指定する弁護人を選任する」ということ以外の口は効かない。この番号を「獄入り意味多い」と覚えた。誰が党員かということは最高の秘密になり、任務や活動内容も、すべてが秘匿される。例えば、取り調べで検事が、路線や思想的なことを、挑発的に、論争的に話題にしてくるようなことがあっても、決して挑発に乗って口を開いてはならないという鉄則なのである。しかるべく立場にあれば、組織の失敗や事故や誤りを知ることができる。鉄の規則は、「むやみに知ろうとしてはいけない」という戒めの思想とともに、「完黙」の思想として生きていた。「完黙」の思想は、革共同の造語ではあったが、珍しく、他の党派も使うようになっていた。そんなわけで、武は、政治局の会議がどんなテンポでひらかれているか、聞くこともなく、全く知らなかった。

組織防衛と主体性と。もっとも、「すすんで物事に当たろうとしなければ」、主体性がないとか、なんでも言いなりになっている下部主義だとか、という批判もある。「余計なことを知ろうとしない」ということと微妙に絡む、逆の行動規範のように見えるけど、それが必要なら聞けばいいのであって、感覚的には、困ることではなかった。ただ、現実には、「それを」知らないので、組織がどんな問題を抱えているかわからないことがある。下のメンバーは知らないことばかり。だからどんな問題にせよ、解決能力は、いつでも報告を受けている上部の資質に還っていく。ところが現実には、どこの革命組織でも、組織防衛を口実に、指導部の誤りや失敗が秘匿される。そのうえ逆に、なにかを思い、怖れず知ろうとしたり、追求しようとすれば、粛正の対象になる。かつては、そんなこと、ソ連や日共にはあることであっても、革命的左翼には無縁だとおもっていた。だが、いまでは、この「秘匿と粛正」は、革共同でも、ごく普通の組織にも、よくあることだということが分かる。だから、ふだん組織の中で人は、高い理想と、問題のある現実とのあいだで、知ったことと、批判的意見をいうこととにおいて、その人、その人によって、それぞれ違う微妙なバランス感覚のなかで動いている。知っていても知らないとしたり、意見があってもいわなかったりと。指導部の顔色と自分の身の振り方との、微妙なバランスのなかで立ち位置をもっている。今、組織に残っている人は、何があっても、何がなくても、もう批判的な意見をいう者はいないと、言われている。

とくに革命の指導部に求められているものは、とてつもなく高い道義性や倫理性だと思うが、とくに指導にかかわるネガティブなことがらについて批判を受け止められるかどうかとして、問われる。二〇一五年のフォルクスワーゲンとか、その翌年の三菱自動車の不正なデーター偽造を聞くと、上に立つ者のマンネリや組織疲労を踏まえたセンスが問われていることがわかる。革命運動では、暴力行使を手段としているのでとくに、上に立つものが現場の意見を聞けるかどうかで、直接人の生命にかかわってくる。

だから、その組織の統制とか、「しばり」とか、その組織が現に抱えている問題をめぐって、革命組織も、一般企業も、同質の上下の内的緊張をもっている。だとしても、人間の善意だけを前提にしている革命組織は、企業のコンプライアンスの告発義務や情報公開のような形で開かれていない分だけ、幹部の自己保身を前に「健全な状態を保つ、健全に成長していく」のは至難のことだ。核心にある問題は、トップの自己絶対化だ。頑固親父なら、稼ぎが悪けりゃ、威張れないし、賢婦の功なしに飯もつくれないから、喰うことができなくなる。企業のトップの自己絶対化は相対的なものだが、革命組織の自己絶対化は無規制だからとことん破綻するまでいく。このあたりは、市民社会の企業と、革命組織とでは、決定的に違う。革命組織の内ゲバはこのような自己絶対化の思い込みの上に戦われている。「知ること」が難しく、「批判する」ことができず、「話せば分かる」という対話のない世界なのだ。「八・三海老原事件」についての政治局の沈黙について、組織的な議論が起こるはずがなく、「起こるはずがない」ということも、不思議なことではない。

「知らされることしか、知ろうとしてはいけない」ということに武は、忠実だったので、政治局のことは、何も知らなかった。ことづてを伝え、受けるだけだが、それも、符丁を使うので、「何が、どうした」という言づてを受けても、なんのことをいっているのかわからない。わからなくても、つなぎが重要なことは分かるので、緊張してやっていた。

立っても眠っていた。その重要な任務を果たせなかったことがある。電話は、毎回新しい喫茶店でうける。休みでないこと、客への対応が丁寧なこと、店の雰囲気がおちついていることなど、信頼できそうな店を前もって調べておく。つなぎの役割を果たすと同時に、次回の電話番号を、フイルターをかけて（暗号化して）つたえる。その日も、そのつたえてある店にいくために、一時間は余裕を見て向かっていた。東急田園都市線の二子多摩川駅で降りねばならないのに、たまプラーザ駅まで乗り過ごした。当時は、たまプラーザ駅が終点だった。たまプラーザのホームから二子多摩川に戻るが、また二子多摩川駅で降りられず、乗り過ごしてしまった。もう一度、三度目をこころみる。時間の余裕が少なくなり、吊革につかまって立ったまま向かった。だが、二子多摩川駅がすぎても、立ったまま、眠っていた。どうしても、降りられない。立ったままを、もう一度くりかえすが、また立ったままでも降りられない。力の及ばぬ限界を超えていた。自分を制御できない。眠気をはらって目を開けている、単純なことができない。武の言い訳を受けた本社常任さんは、なにもいわずに頷いていた。
その前に、人事不省に寝るということも体験した。あれはまだ、七一年ころ新蒲田で、母と妹と一緒に暮らしていたときだった。倒れるように布団に入って、丸二日間、足かけ三日、目を覚まさず眠っていた。その間、食事もとらず、用を足しに起きた記憶もない。「母が、死んだように眠っていたと、話題にしていた」と、妹から聞いた。そのこともあり、このつり革につかまっても降りられない悲喜劇を体験して、「革命運動とは、眠らないこととみつけたり」と思ったものだ。革マルの機関紙に「だれそれが、電車の中で眠りこけていた」という暴露記事が書かれていた。この時代、だれもが、まともに眠れない日々をすごしていたのだ。

その後、全国指名手配がでた「あの一五年」のなかで、若いメンバー二人のアジトに緊急避難したことがあった。そのとき、「高田さんのテーマソングですよ」と若い人からプレゼントされた歌が中島みゆきの『夜を往け』だった。

追いつけないスピードで走り去るワゴンの窓に
憧れもチャンスも載っていたような気がした
あれ以来眠れない 何かに急かされて走らずにいられない
行方も知れず　夜を往け
夜を往け

夜を往け
夜を往け

武は歌に疎くて、この歌のことも知らなかったのだが、「憧れとチャンスをいだき、急かされて、眠れずに」という気分だけはピッタシなので、この半公然の一〇年間をふり返る自分のテーマソングにしていた。眠らない夜は、まだまだつづく。

二　一九七五年、横須賀緑荘誤爆事件

・本州の北端へ——武装闘争路線の破綻

裕さんが、遠くへ飛ぶことになった。横須賀緑荘誤爆事件でメンバー三人が亡くなり、その翌日に東宮御所前で爆弾といっしょにメンバー二人が逮捕された事件のあと、革命軍はあわただしく組織保全の対応を迫られた。全体のことはしらないが、裕さんは、「すべての作戦が中止された。今のアジトを出て遠くへ行き、とりあえず息を潜ませることになった」といった。「組織から、とにかく遠くへ散って、しばらく身を隠せという方針が出たの。力を貸して！」と。

思いっきり遠く、本州の北の外れ、青森へ身を隠すことにした。武の母の妹、青森の夕子おばさんに、裕さんの仕事と寝るところを頼んだ。二つ返事でひきうけてくれた。港街青森のクラッシック・バー「竜飛」。オーナーは、女性で、夕子おばさんの親しい知人だった。裕さんの紹介でこのオーナーに二度会っ

たことは先に書いた。

夕子おばさんには、裕さんとの結婚を知らせていなかったので、電話で紹介することになった。結婚のことは、慈恵と反軍の人たちは知っていた。裕さんの家族には、既成事実を押しつけた。武の母や東十条に住んでいた弟、日吉から仙台へ行った上の妹、結婚して関西にいった妹たちには、何かと支えてもらっていた。武と裕さんが、飯田橋のかつての「置屋」に部屋を借りて、母は東十条の弟のところへ身を寄せていった。青森へ行くことになるまでの二年余りの間、裕さんは東十条の母のところで、一緒に買い物をして、食事を作り、時々会うことのできる「嫁・姑の素朴な日々」を楽しんでいた。よく「母さんの料理は、美味しいんだよ」と言っていたが、それもつかの間になった。「連れ合いの面倒をみてくれ」といわれて、夕子おばさんは動じる風もなく、面白がっていた。

夕子おばさんは、大正初めの生まれだったが、若い時から、津軽のしきたりや、伝統に縛られていなかった。厳格で土着的な力をもつ武の母とはちがい、垢抜けしている人だった。今なら驚くことではないが、男の籍に入らずにふたりの男の子を育てた。武が中学二年のとき、武の家族六人が北海道から引き上げて落ち着くまでの数ヶ月、鍛冶町の夕子おばさんの家に居候した。武が北海道へ疎開した終戦直前の小学一年生の七月まで住んでいたのが茰町《たばこ》で、この夕子おばさんの鍛冶町の家まで歩いても、ほんの五分くらいのところだった。

リベラルだった叔母。昭和二〇年、武が小学校に入学したころ夕子おばさんから、公衆浴場の上がり湯の使い方を強く注意されたことがあった。「銭湯の湯船の湯を頭からかぶってはいけない。頭や顔だけでなく身体を洗うときも、かならず上がり湯をつかえ。そうしないと病気がうつる」というのだ。武のおぼろげな記憶では、「銃後の暮らしは節約しなくちゃならないのだから、上がり湯をガンガン使うのは公共のためにはいけないんだ」という国民学校の先生の話しを、おばさんにそのまま話した。おばさんの「欲しがりません。勝つまでは」という「国の節約論より、個人の健康の方が大事なんだ」と言い切った口調に、「国より個人を上に置く」考えに驚いたことを覚えている。

夕子おばさんは、武の人生の節々に絡んでいた。武が自衛隊にいくときも一言あった。武が双葉写真館をやめたとき、父が仕事をしていたから家に戻らなくてもよかったし、おばさんに「自衛隊に行けば、夜間高校に行けるんだって……」といった。夕子おばさんに「おまえの能力では、自衛隊には入れないよ」と言われた。「どうして」と思った。叔母には「何考えているんだ。自衛隊はだめだ」と言われると思っていたので、怪訝だった。夕子おばさんが「入れないよ」と言ったので、そんなら、「入ってやろう」となった。

裕さんは、夕子おばさんに好かれ〝戦士の休息〟になった。本州の北の果て港町のクラッシック・バー「竜飛」で、オーナーにも好かれ、木訥な津軽の気風に触れていた。朝、新聞を読み、フレッシュ・ジュースをつくり、ゆっくり味わう。今日やることを決め、生活の基本を重ねて楽しんでいた。リズムのある生活の中で、心と身体の調和をつくっていく。「私、毎日、丁寧に家事をして、身体をほぐし、心と身体の声を聞くんだよ」と言っていた。なんとも嵐の合間のように、生き生きと自分と向きあっていた。オーナーも客も、ひたすら耐え、心を内に秘める北国の文化と違う、明るく素直な女の子に心を開いていた。毎週、休みの日は、市の郊外、幸畑の夕子おばさんの別宅に通った。おばさんと一緒に、花や畑をいじり、家事をやり一緒に食事をし、おばさんの話し相手をして、おばさんのお気に入りになってしまった。

裕さんの、のどかな東北暮らしも、ほぼ二年で終わった。七八年、本格的な活動が再開され、関西へ移動した。武は、アジトづくりの任務の比重が大きくなり、社で採用された名義が渡され、名義人と交渉して設営へもっていく。動く範囲も広がった。都心の清掃会社に通えなくなり、バイトも変わった。昼食付きの「イオン浄水器」の販売や訪問販売の漬け物売り、最後がガードマンだった。どのバイトも、面白かった。浄水器も漬け物も、よく売れた。ガードマンの仕事は、建築工事現場や高速道路の工事。暗いうちに出て遅く戻るので拘束される時間が長く部屋に戻ると、今日もよく歩いたなぁ！と思う。

七五年九月の横須賀の緑荘誤爆事件のあと、一〇月に革共同は「先制的内戦戦略」論を打ち出し、「今の状況は革命の前夜情勢だから、対カクマル戦争とともに、権力に対しても武装闘争をすすめ、革命情勢を作り出していく」というもの。翌七六年二月に橋本秀次郎さんが革マルの襲撃で殺された。彼は、革共同の労働者組織である「マルクス主義青年労働者同盟」の議長だった。革共同創立以来の全逓労働者で、武はほとんど話したことがなかったけど、現場労働者に深く信頼され慕われていた。内ゲバは、その後も毎年一〇人近い犠牲者を出しながら、八〇年一〇月三〇日大田区南千束の路上で五人の革マル学生を殺害するところまで上り詰めていった。この戦闘で革共同は、革マルとの戦争に区切りをつけるように、革マルと権力に対する二重の戦争の「第二段階」として、「対権力武装闘争」に入ると宣言した。そして、八一年に首都高速道路上から「合同庁舎へ火炎放射攻撃」（六・八）。八三年に「千葉四街道航空燃料用パイプライン施設工事現場への放火（六・七）。八三年に「自民党本部火炎攻撃」（九・一九）。八五年に「成田空港・羽田空港へのロケット弾攻撃」（四・一二）と、対権力への武装攻撃を展開していった。

そして、革命軍は、八六年五月四日。第一二回先進国首脳会議・東京サミットが開催された迎賓館へ迫撃砲を放った。対権力への武装闘争は、ここまでだった。

内ゲバは、九〇年代に入り、JR労組のメンバーへの襲撃があったが、そこまでで、八〇年一〇月の南千束の五人殺害で基本的に終わっている。革共同・中核派の、権力と革マルへの二重の「武装闘争」は、八〇年から八六年をピークにして、急速にしぼんだ。九〇年に出された「五月テーゼ」は、武装闘争からの転換宣言であるが、その歴史的意味は日本における革命的左翼の武装闘争路線の敗北とその終わりを確認するものだった。


八六年三月、武に、ビラが出た。ここでいう「ビラが出た」とは、全国指名手配が回ったこと。この全国指名手配を、武は八六年三月一五日の朝日新聞で知る。指名手配の容疑は、八五年四月一二日の「成田空港と羽田空港へのロケット弾攻撃」だ。裕さんは、武のビラから五ヶ月後の一〇月一二日に、「岩手爆取事件」で逮捕される。夫は全国指名手配に、妻は爆取りで逮捕と、左翼世界で話題になる。彼女は八六年の東京サミットの迎賓館迫撃砲攻撃に直接かかわっていた。だが、その容疑は受けていない。こうして、「岩手爆取事件」で五人が逮捕されることで、七五年の緑荘誤爆から八六年の迎賓館まで、一〇年間の、革共同が組織した革命軍の武装闘争が終わった。

組織から活動費がでると世界が変わる。バイトをやらなくなるから世間の人との付き合いがなくなる。八〇年の夏、家族面会で二人は、静岡の民宿に泊っていた。武が煙草を吸わないことに気づいた裕さんが、

「煙草やめたの?」

「うん。活動費が出るようになったんだ。わずかでも身を切らないと、気持ちのバランスがとれないから」

その瞬間、彼女は吸っていた煙草を黙ってもみ消した。そのあと、彼女が煙草を吸うことはなかった。一九七四年の夏、静岡の御前崎灯台下の海水浴場の海の家で武が彼女を撮した写真がある。二〇〇〇年に武が浮上したとき、彼女が大切に持っていた写真で、まだ学生のようなウイウイしさがのこる、黙って禁煙につきあった記念に重なる。

武装闘争路線の終焉。アジトづくりの任務に関連して、もう公然となっている事実がある。二〇〇〇人からの革共同協力者の名簿が権力の手に渡ってしまった。梶さんがアジトを捜索され、資料を根こそぎ持って行かれたのだ。武は、浮上してから、この事実を知ることになるのだが、非合法組織が存続するために不可欠な、社会に巡らされた知人や友人の人脈が権力に握られ丸裸にされていた。このことを話してくれた友人は、これで武装闘争路線が挫折し、革命戦略が崩れたと言った。裸になってしまっては、基本的に非公然活動というものが成り立たない。革共同の暴力革命を掲げた武装闘争路線は、この時、革命の側の敗北として、勝負がついた。

三　雪原で野ウサギに見送られた

・七夕よりもいいよ　・心に残る人の親切

年三回の家族面会はつづいた。裕さんは、「七夕の織り姫は年一回だよ、私たちの方がまだ条件は良いのよ」と言っていた。一度も欠便にならなかった。一九七三年から武が浮上する二〇〇〇年まで、裕さんが拘置所にいた八六年から九三年までの七年間を除いて確実に会えていた。栃木や茨城では、日光や奥日光、袋田の滝が、二人の好みに合っていた。尾瀬の木道を歩くのも好きだ。神奈川、静岡では、江ノ島や鎌倉、藤沢の祭、伊豆半島の付け根や箱根。長野では、軽井沢の別荘や戸隠へ。房総では、御宿。「月の沙漠」の砂浜が好きだった。後半の九四年以降二〇〇〇年浮上までは、東北が多くなった。

流れが止まった袋田の滝の分厚い氷に、圧倒された。ドドォッと落ちる夏場の水量の迫力もいい。夜中も入れる露天風呂のある近くの旅館が静かで落ち着くところだった。家族面会での裕さんの口癖は、「ターちゃんの話しをして！」と。武の子ども時代の話しをねだった。

「ターちゃん、スキーはどうだったの？」

「『丸勝』の正行さんからもらったスキーがあったんだ。細身でレース用だと聞いていた。専用のスキー靴を金具で止めるようになっていた。小学校低学年のときは、まだわら靴で専用の靴なんかないから、紐で縛ったり工夫して履いていた。雪が降ると小川も畑も田んぼもみんな平らになり、どこまでも平坦で、どこまでも滑っていける。町営住宅は石狩平野の中にあったから、ベニヤを身体にくくりつけて風を受けて吹かれながら滑って遊んだ。ベニヤと風で学校の行き帰りをと計画したけど、都合よく風は吹かないから、すぐあきらめたけど」

「札幌の丸山スキー場に父に連れられていったことがあった。どう考えても三、四年の小学生の頃だと思う。あの滑り台の上に立ったときに足がすくんでしまった。決してジャンプはやらないと決めたんだよ。必ず怪我をすると思ったんだ」

「だから、ターちゃんは、石橋は叩いても渡らない、っていうのね」

二人がスキーで遊んだことはなかった。雪の遊びは、ソリだった。裕さんを乗せて武が引く。スピードを上げてカーブを曲がる。長身の裕さんが横っ飛びに飛んで転げる。何度転げても、裕さんは、懲りずに何度も「やろう」という。二人とも、へとへとになって夕食を美味しくいただく。


その家へ着いたのが、午後を回っていたように思う。学校を休んで結婚写真を届けるお使いだった。およそ、四、五時間かけて歩き、また四、五時間かけて帰ってきた。父が撮影に行くときは馬車で迎えられていた。

何キロあったのか。石狩川に近い中村という開拓民の集落だったと思う。帰りは、道ではなく雪原をまっすぐ街に向かって歩く。街の気配は、雪風景の中に溶け込んでいた。その背後に三井と三菱の美唄炭鉱がある山並みが、薄い明かりの残る空に、くっきりと稜線を描いていた。当時大小の炭鉱が七つあり、年間二〇〇万トンの石炭を掘り出していて山は活気づいていた。街の中を国道と鉄道が北北東にどこまでもまっすぐ走っているが、歩く雪原から町の生活は遠い。

かつて美唄の西側は、石狩川に向かっていくつも沼があり、沼地が耕作地になり、根雪になると、小川など心配なく歩けた。横を野ウサギが駆けていく。三〇～四〇メートル離れたところで両手をきれいに下げて、こっちを伺っている。近づけぬ野生の聖なる距離だ。陽が沈むにしたがい、炭鉱の明かりで方向がハッキリする。夜空に溶ける山の中腹で、三菱炭鉱が左側に、三井炭鉱が右手に、光に包まれた見慣れた位置を教えている。歩き続けると、灯りの中に市街地が浮き上がってくる。

「あの山並みも、あのウサギも、忘れられないね」

「いくつの時?」

「雪の原っぱを延々と歩いていても、怖わくなかったからね。方向も迷いがなかったし、あの感覚は小学五〜六年生かな。第一町内へ戻っていたと思う。中学生のときは、住宅にいたから。武が中学二年生になって、裕さんがお母さんのハンドバッグをもって家出をしたころ、武は青森に戻ってきたのさ」

「寒くなかったの」

「どんなに寒くても、歩いているとね、上着を手に持つことになるよ。夜、星空を見ながら歩くのは、縄文の狩猟民感覚だよ」

・心に残こる人の親切

「お使いで、もう一つ忘れられないことがあるんだ」

それは、たぶん四年生だった。まだちゃんと人にお礼を言えなかったと思う。街から国道を南下して、美唄駅から札幌方面へ一つ南にある光珠内という駅の先から、ほぼ九〇度西に向かって歩いて行った。「光珠内駅の先」といっても、鉄道には乗らず、国道を歩いて行ったので、駅そのものを見ていたわけではない。行先は光珠内という地域で、それは用事を済ませた帰り道のこと。光珠内の国道に出るにはかなりあった。両側が田んぼで、昼過ぎて高く、とぼとぼと歩いていた。後ろから自転車で来た三〇代の男の人に声をかけられ「どこまで行くのか」と聞かれた。「美唄まで帰る。お使いの帰り」と返事をしたにちがいない。男の人が自転車に乗るようにいった。後ろの荷台にまたがって、光珠内駅手前の、住宅が密集している路地の中に入り、彼の家に促された。一人暮らしのようだった。開け放たれた家の中を風が抜けてサッパリしていた。いろいろ話しかけられながら、ちゃぶ台が出され、小魚と納豆とミソ汁が用意され、盛られた御飯をいただいた。帰りのことは覚えていない。家の近くまで送ってもらったのかもしれない。この体験は、武に「人間というものは、基本的にやさしい」となった。

「この男の人にちゃんとお礼が言えたのかなぁ」

第一町内の借家は、敗戦前の七月に青森から疎開して母と妹弟が住み、父は終戦後復員して一緒に住んだ。疎開直後、武は、母たちと離れて、駅前の蕎麦屋『丸勝』に居ることになった。『丸勝』の正行さんは、戸籍上は武の父の弟で、武の叔父にあたる。武は国民学校の一年生だったが、彼は札幌か、岩見沢の国民学校高等科へ行っていたはず。敗戦までの一月ばかりの間、武は丸勝に居候していたが彼は寄宿していたので丸勝には居なかった。その後すぐ、学区制が変わって高等師範学校だったかに移り、学校の先生になった。武が二〇〇〇年に浮上したあと、札幌で彼に会うことができた。権力の聞き込みなど嫌な目に遭って、正行さんの口は重かった。空襲警報が発令され、祖母に「第一町内に行け」と言われ、警報が鳴り大人たちが緊迫していた国道を一人で母のところまで歩いていた。父の生母は父が四歳のとき家を出ている。後妻の祖母は、花柳界上がりで「鉄火場」だの、「バクロウ」だのということばが残っていた戦後の北海道で、いつもきちんと髪を結い上げ、啖呵を切るように蕎麦屋を仕切っていた。祖母のことが話題になると母は、「あんな時に子どもを一人で外へ出すなんて」と祖母の不人情を嘆いた。

第一町内の家は、駅前の食堂から国道を南へ一キロ弱離れていた。当時の子どもの足で、駅から一五分くらいかかっていたと思う。第一町内の家は、当時の呼称で「南大通り七丁目」にあった。今地図にあたると南大通り五丁目あたりになる。第一町内は、駅から南に下る国道沿いの呼称で、市の南西部の呼称、開拓時代の名残のような「一心部落」の中にあった。ちなみにその後移転した「市営住宅」は、市の北西部で、広く「沼内」といわれる開拓時代の名を持っていた。美唄は、石狩川の東側に位置する広大な沼地で沼貝村と言われていた。「ビバイ」という名は、広く淡水に生息するカラスガイのアイヌ語だと聞いた。明治二〇年代に、四〇〇戸の屯田兵が「北方」防衛を担って入植したころだといわれる。

この第一町内の家は、大家の住まいとつながった平屋の家屋だ。武と同じ学年の佐藤文夫君が大家の息子だった。一つ上の姉と二つほど下の妹が居た。大家の家業は、下駄の卸しだった。駅に向う国道から見て、玄関が左右に対称になっていて、大家の玄関は左側だった。借家人の右の玄関を入ると部屋は二つ。手前に八畳の板の間でストーブが置かれ、その奥が畳敷きの八畳で家族七人が寝ていた。寝室を抜けると、共同の台所とトイレが右にあった。トイレには、新聞紙や、ときにフキの葉が置かれていた。家屋は国道から坂になった広い空き地にあった。坂は、存分にソリ遊びができるくらいの広さがあり、その空き地の真ん中に大きな一本のアカシアの木があった。空襲警報で第一町内の家に来てから、丸勝には戻らなかった。ここで、小学生時代を過ごした。

冬の朝、雪かきが武の役割だ。朝飯前に、一時間汗をかく。入り口から二間ほどの幅で坂道を道路に向かって雪を掻いていく。角スコップよりおしりの膨らみが大きい「ジョンバ・スコップ」を使う。この、馬のおしりのような膨らみのあるスコップの名の意味はついに分らなかったが、スコップの手入れが肝心だった。夜、ロウを塗って玄関に置いて冷やし、雪の滑りをよくしておく。

「近づくなと言われていたのに、近づいて切っちゃった」と、後年、弟が雪かきのスコップの先で眉間を切られた話しをしていた。武はよく覚えている。雪を掬って積み上げるスコップの先に弟の顔が見えたとき眉間から血が流れた。白い雪を鮮やかに染めてしまった。

カマドから火が走り。坂の空き地の右隅に、子どもが何人も入って遊べるような大きな鶏舎を、父が作った。鶏舎と家との間を抜けると家の脇に付け足した物置があって、中に入ると薪などが置いてあり、奥に竈があった。家の奥の部屋から出入りして竈を使うことができた。駅から第一町内の板東木工場まで来ると、国道から西に（今は明治道路と命名された）「一心道路」が延びて、一心集落という開拓地に向かっていた。この丁字路周辺が板東木工場のエリアで、製材所や広大な貯木場は格好の遊び場だった。暖房ははじめ石炭だったが、この板東木工場の製材所から「おがくず」をもらってきて暖房にするようになった。竈の薪は端材だった。製材所のおじさんたちは、おがくずも端材も、持っていきやすいように、手を貸してくれた。

ある日、この竈から火がチョロチョロと走った。小学三年生ころか、火の番をしていた武は、なにもできず周りが燃えているのを見ていた。近づいた母が狂気のような形相で、燃える火を素手で消した。あの広がる火を見ながらまったく身動きできなかった武は、母に突き飛ばされ叱られた。

美唄駅から板東木工場まで南下する「南大通り」の途中、西に正教寺、東に常願寺の、大きな二つの寺があり広い境内が目を惹いた。境内にあった防空壕も遊び場だった。常願寺の前に同級生の土井君の家があり、土井君と彼のお母さんと三人で「うそ」というトランプをやった。一三までしかないカードだから、一三の次はまた一に戻るはずなのに、一四、一五、……、二三、二四とないカードを出しつづけていく。「ええ、どこまで出すの?」。お母さんも、土井君も、自分もつづけていく。ウソのカードを出しつづけていくんだから、「ウソ!」と言わなければならないのに、言えなかった。分っていながらウソのカードを出している。誰がいつ「ウソ!」というか。安易には言いたくない頑張りをしているようで、忘れられない思い出になっている。

常願寺の南隣が同級生の石川君の蹄鉄屋だった。武は、馬のひづめに蹄鉄をうつ仕事を見ているのが好きだった。フイゴでコークスの火をおこし蹄鉄を赤くして整え、馬の爪に当てると煙をあげる。爪の形に合わせ冷やし、釘で止めヤスリをかけ、柱に括った脚の紐をほどき、脚を変える。四脚済ませて終わると馬も気持ちよさそうだった。家の隣が中沢という駄菓子屋。きな粉を甘くして、新聞紙を三角に貼り合わせた袋に入れて売っていた。家の向かいが長谷川という魚屋だった。魚屋の右横を入ると板東木工場の長屋だった。娘さんが小学校の先生をしていた細川さん、向かい合って同級生の越智君の家があった。土井君の家の先に図工の岡田先生の家があり、その先に獣医がいた。獣医は大きなオートバイに乗って村に向かう。さっそうとして町で一番格好良い職業にみえた。一心道路の丁字路に板東木工場の事務所があり、その先に池田商店があった。味噌や醤油を買いに行った。店の真ん中の定位置に樽に山になっていた黒砂糖が目に焼きついている。

昭和二四年八月八日、武が五年生のとき、四歳になった真ん中の妹、貴美枝が疫痢で亡くなった。夏になると父は、小樽の先の蘭島へ、海水浴に来た人たちの写真を写しに行っていた。蘭島は、すばらしい海水浴場で、武も父に連れられて「海の家」に泊まり夏を過ごした。朝から陽が落ちるまで、一人で泳ぎ遊ぶ。長い砂浜の小樽よりの島へ行き、ウニを捕り、ときに魚を捕まえた。医者が往診し、妹が危篤だということが分ったとき武は、蘭島の父に知らせに行った。その帰り、武は無賃乗車をした。検札にきた車掌は黙って美唄で降ろしてくれた。貴美枝をときどき学校へ連れていった。そんなことが許されていた時代で、女性の寺井先生も何も言わなかった。女の子たちが貴美枝と遊んでくれた。こうして書いていると、慈恵に連れていった民子の面倒を裕さんが見てくれていたことに重なる。いつも、人に支えられていた。

シェパードに噛まれて。『丸勝』食堂からもらう、煮干しの出し殻は、鶏の餌にしていた。その朝も、自転車で向かった。『丸勝』のとなりが山十百貨店で、そこの主人が中くらいのシェパードを散歩させていた。主人が何かを投げ、犬がそれを咥えて戻っていくのが目に入った。そして次に、シェパードは、投げられたものの方ではなく、道路を走っていく自転車にまっすぐ向かってきて、武の左太ももにかぶりついた。もんどり打って自転車ごと倒れた武に、山十百貨店の主人がかけより、わびながら藤本医院へ武を連れていき、噛まれた傷の措置をしてもらった。あの、剥かれたリンゴが皿に残っていた藤本兄妹の医院だ。噛まれた傷は、三センチほどの楕円形にえぐれていた。学校では、運動会の練習をしていた時期で、しばらく見物することになった。シェパードに噛まれたのは、小学校四年生のときだったと思う。受け持ちが櫻田先生で、お父さんが名高い町長さんだった。櫻田邸は、今は屯田兵の特科である騎兵隊の火薬庫をおいた記念館になっている。山十百貨店は、映画館も経営していて、「いつでも、映画を見に来ていいからね」と奥さんから言われた。ときどき映画を見にいき棚のお菓子をもらった。『丹下左膳』とか、『王将』とか、ここで観たように思う。映画として焼きついているのは『路傍の石』だ。この映画は、山十百貨店ではなく、学校で観たかもしれない。『路傍の石』で吾一が学童らの度胸試しの挑戦を受けて、鉄橋の橋桁にぶら下がり通過する汽車に耐えるシーンは、ズーと胸の奥に刻み込まれていた。本も読んだけど、映像が記憶に残っている。挑戦を受けるか、なめられるか。そんな気持ちにさせられるシーンだった。裕さんは、

「ターちゃん、少年吾一が好きだったの?」

「音を上げないところがね。度胸試しのシーンは、永遠のテーマだね。いつか自分にもあると思っていた。丁稚奉公で双葉写真館に行くとき、これでいいと思った」

雪の川に流れていく馬。冬。一度、母にねだったか、雑誌『少年』を買いに行った。幻灯機だったか、付録がほしかった。一二月も押し迫った雪の降る国道を、電柱の灯りをたよりに読み、また読みながら帰った。

冬の北海道には、無情な光景もあった。除雪を積んだ馬そりが新川にやってくる。新川は、三井炭鉱と三菱炭鉱の山から選炭した黒い水が合流して西へ、石狩川へ流れていた。馬主が「バイキ! バイキ!」と大声をあげながら、川の縁にソリをバックさせていく。そのときはなぜか、どんなに声を荒げてもソリは下がらなかった。馬主の血相が変わっていく。ほとんど逆上したように、持ち出したツルハシで馬の尻を叩く。馬の腰の周りが裂け、血が飛んでいた。それでも、叩く。悲しげな目で、前足を高く上げ空中か

らいななく。水かさが増して勢いのある川の中に、ソリから引き込まれていった。馬も首を挙げ、流れていく。側で、大人が言った。「耳に水が入ったら終わりだ」と。あの馬主の気持ちが不可解だった。「バンバ競争」といっていた祭の輓馬競争でもえらく馬を叩く人がいた。好きじゃない。「馬の骨」といい、「馬糞風」といい、馬そりから、獣医さん、そして蹄鉄屋さんまで、馬は生活の基礎だった。


「新川って、ターちゃんがおぼれた川なの？」

「そう。ダムの落ちる水で回転されながら明るい空が見えた。泳ぎに来ていた青年に助けられた。あれが命拾いした最初だね」

「二度目は？」

「うん、浪岡駅に停まらない準急に乗って飛び降りたときだね。命拾いという自覚は、なかったけど。今から思えば命拾いだね」

テルとチャメ。第一町内の家から、新しく建てられた市営住宅に移った。テルとチャメという犬がいた。テルは、ラブラドール・レトリーバーで「北海道新聞」記者宮原さんの飼い犬。宮原さんが向いに住んでいて「道新」に武を「親孝行少年」と書いた。エアデール・テリア犬のチャメは、テルの子を産んだ。チャメは、父が、美唄で江戸前寿司をやっていた知人と旭川の手前の滝川という町に「三つ玉」というゲーム屋を開き、その滝川へ生活費をもらいに行った。美唄の寿司屋には父に連れられて行った。チャメは、寿司屋の犬だ。武の後を付いてくるようになり、そして、寿司屋に帰らなくなった。みんな、「寿司屋の餌はご馳走で、住宅の餌は味噌汁をかけた残飯なのに！」って、不思議がった。チャメの寝床を、床下に作った。
チャメは、いつも、どこへでもついてきた。山十百貨店の岩本写真館にネガを届ける時も、「でめん（出面）取り」に出ている母を迎えに、五本松とか、七年兵とかの集落の、その先の、歩いて二時間余りかかる亀田さんの畑までも、武につきあった。武が近道をして農家の敷地を通るとき、針金につながれた犬がいるところは、チャメは遠回りした。この針金につながれた犬は、とにかく吠えた。何度目かの時、黙って対峙した。武は犬の前にしゃがんで待った。かなりの時が過ぎた。犬は、しおれて尾を振って通してくれた。はるか先の道で、チャメが待っていた。七年兵という村は、屯田兵の入植した年でそう呼ばれていた。

三〇戸あった市営住宅の中央が空き地になっていて、片隅には共用の風呂場があった。武の家の空き地を挟んだ隣が鋳物屋さんの山本さんだった。市営住宅の地図に山本さんの名前も残っていた。小学校六年生の冬は、この住宅から街の豆腐屋さんへ豆腐や油揚、こんにゃくを仕入れに行った。納豆は第一町内の植松さんという父の軍隊時代の知人へ仕入れに行き、納屋にならべ住宅の人たちが買いにきた。年末は、注文が多くて大きなソリで運ぶのを父が手伝ってくれた。山本さんの鋳物を手伝ったのは中学一年の夏だった。一夏働いて、大金をもらったことは、すでに書いた。山十百貨店が火事になり、丸勝食堂も類焼した。報を受けたとき住宅にいた父と二人で現場まで走った。翌年の夏、青森へ引き上げてくるとき、あの悲しげな顔。チャメと別れた。

四　組織内レイプ、裕さんが犯された

裕さんは、一九七七年に革命軍の活動が本格的に再開され、二年ほどいた青森から東海地方につくったアジトに移動した。このころ人びとが目にしたのは、一九八〇年一〇月三〇日、中核派「革命軍」が、南千束で革マル派の学生五人を殺害した事件だろう。革マル学生組織を攻撃する中核派革命軍の部隊による、むごく残虐な戦闘だった。中核派の機関紙『前進』は、戦闘の残酷性を誇るように克明に記載して、この戦いで両派の内ゲバに決着がついたかのように書いた。この時期の主だった中核派の戦闘を挙げておく。

一九八一年六月八日、東京の合同庁舎へ火炎放射攻撃
一九八三年六月七日、千葉四街道の航空燃料用パイプライン施設工事現場放火
一九八四年一月、「第四インター」といわれた党派を全国で五カ所一斉に襲撃した。そもそも、第四インターは党派闘争や内ゲバをやる党派ではなかった。三里塚闘争をめぐって中核派のいいなりにならなかった程度のことで中核派は襲撃している。第四インターという党派は、レーニンとともにロシア革命を勝利に導いたトロツキーが、スターリンにソ連を追放されながら世界革命のために立ち上げた国際組織「第四インターナショナル」の思想的立場にたとうとする党派だった。レーニンの死後、トロツキーから革命の主導権を奪おうとしたスターリンが、トロツキーをソ連から追放し、刺客を送ってトロツキーをメ

キシコで暗殺した、という歴史がある。

一九八四年九月一九日、自民党本部火炎攻撃

一九八五年一〇月二〇日、三里塚交叉点闘争。戦闘的大衆闘争の実現として内部で大きく評価し、若い新たな学生世代が結集してきたと言われている。

八三年の千葉四街道の航空燃料用パイプライン工事現場放火で、飯場に宿泊していた労働者が二人死んだ。当時、武は「やむを得ない犠牲」論をそのまま受け入れていた。裕さんは、犠牲になって死んだ人や父親を失った家族のことを話題にした。「攻撃を仕掛けなければならないとしても、民間人の犠牲者を出してはいけない」と。革共同の「やむを得ない」論に懐疑的だった。

一九八六年、一月二〇日に中核派の全学連副委員長の福島慎一郎が殺害された。四月一五日に、米軍横田基地へロケット弾攻撃を、五月四日に、迎賓館へロケット弾が発射された。迎賓館へのロケット弾攻撃は、新宿の矢来町のマンション四階の窓から迫撃弾を発射して、二・五キロ先のターゲットを狙ったものだ。

活動の場が青森から東海へ移った裕さんが、七九年の夏、家族面会で二人になるなり泣いた。

「前回の家族面会で言えなかったの。ターちゃん、私、Tに暴行されたの。寝ているときに、布団の足の方から入ってきて……。力で、押さえ込まれて、……。私、弱くて、跳ね返せなかったの……。

私、ターちゃんを裏切りたくないよ……。

前回の家族面会で言えなかったの。もう終わりになっちゃうのかと思って言えなかったの……。

ターちゃん、ごめんね。私、跳ね返せなかったの……。

ターちゃん、もう、ダメなの？　もう、終わりなの？」


江ノ島の旅館だ。武は、こういうことが自分の身に起こるのかと思った。革命の組織で…、規律だけが命のウラでも、起こるのかと。天はここまでオレを試すのか、と思った。人の良い顔をしたTを思い浮かべだ。何度か顔を合わせたことがある。挨拶程度のことはした。涙で顔をグシャグシャにした裕さん、この素直すぎる裕さんを、どうしたら救えるのか。傷ついて震える裕さんを、どうしたら救えるのか、と思った。

そんなこと気にするな、蚊に刺されたようなもんだって言ったら、かえって傷つくと思った。たいしたことではない、というのは、たぶん言ってはいけないタブーなのだ。道義や理性を持ち出して、Tをなじるのもやってはいけないことだと思った。


「裕、これは、多分、裕さんが決めることなんだ。裕さんが、俺との関係を続けたいと思うかどうか、それだけだよ。このことで、俺の心はなにひとつブレない、ネガにもならないよ。起こったことは無いことにできないけど、黙って受け止められるよ。組織にも、Tにも、責任なんかとれないよ。だから、二人の受け止め方で、決まるんだよ。

裕さんは、ターちゃんに対して自分に責任があると思っているだろうけど、ちがう。たしかに、起こったことだけど、責任のとれないものなんだから、責任なんてないんだよ。だから、たぶん、起こったことに、囚われないことだよ。これから二人がどうするか、ということだけがあるんだよ……。

今までの裕さんが裕さんだったように、こうして嗚咽している裕さんも裕さんなんだよ。おれは、どちらの裕さんも、あるがままの裕さんを受け止めるよ。俺には、それはできる。

だから、〝欲せよ、さらば与えられん〟というのは、裕さんに振られているんだよ。一緒に、これからも、やっていきたいと思うのかどうかって」

武は、もう語るのではなくて、黙って抱いてやるのが一番いいと思った。彼女は、ずーっと、ずーっと、泣いていた。泣いて、泣いて、ほぐれていった。

この事件は、武には、これからも、何があっても、二人の心に動揺はないということの確信になった。これから、どんなことが起こるか分らないけど、大きな試練を乗り越えたように思った。このことが、これからのふたりの運命を決めていくような気がした。

「裕さん、もうTの処に戻らなくていいからね。どうしても必要な荷物があるの？」

「いや、なにもないよ」

「分った。北さんに手紙を書くから。今後の、新しい態勢をとってもらうから。返事が来て受け入れ態勢ができるまで、ターちゃん、一緒に居るからね」

鎌倉へ出た。鎌倉の観光客が賑わう出店で、まだ残暑にむせる季節にあうようなワンピースを買った。裕さんに二度目の贈り物を買ってあげることになった。一度目は、ヴェネツィア・グラスのネックレスだった。値段は安かったのに、裕さんが喜んでくれて、デパートの店員さんが「お目が高い」と言ってくれた。

次の日、湘南電車を乗り継いで、二子多摩川に向かった。電車の中、ワンピースの裕さん、公の場だから、二人は素知らぬ風で離れて揺られている。苦悩と解放のどぎまぎ。裕さんが、オーラに包まれている。人の「気」というものを、こんな風に感じられるのか、不思議だった。二子多摩川で、お母さんに会った。武が段取りしておいた。およそ、五年ぶりくらいの母娘のひとときだった。裕さんは、明るく、たくましかった。

そして、藤沢の旅館に入り、予定の迎えの車に、北さんへの手紙を託した。武は、手紙に「彼女は、アジトでTに辱めを受けた。彼女は、革命に生きることを表明し、引きつづき軍の活動にかかわる意志をもっている。彼女をTのもとへは帰さない。私も、彼女を全力で支える。中央として、しかるべく組織態勢を整えて、彼女を迎えに来てもらいたい」と書いた。

二日おいて、北さんの手紙が来た。「〇〇同志、あなたのみごとな対応に感動した。全力で最善の態勢を整える。とりあえず、中根同志が引き受けるのでご安心を」という内容だった。中根さんは、中央の女性部の責任者になっていた。北さんは、最善の対応をしてくれた。

革命軍の活動に戻った裕さんは、合同庁舎火炎攻撃や、自民党本部火炎攻撃に関わり、八六年五月の迎賓館ロケット弾攻撃を担っていった。そして、この八六年がふたりの運命に強烈な区切りをつけた。五月迎賓館攻撃の前、三月に武に全国指名手配がでた。裕さんは、その一〇月一二日に、家宅捜査を受けて、「岩手爆取り事件」で逮捕された。この未決勾留が八年間つづき、一九九三年まで報復的拘置所生活を強いられた。

第二部

それぞれの試練

1974年の夏、静岡。御前崎灯台下の海の家で、
家族面会の時の裕子（25歳）

第四章　武は地下潜行へ

一　全国指名手配

・焼却炉を使ったら、自己批判

一九八五年の初秋、劇団の友人丸さんに名義を借りて川崎に部屋をつくっていたが、その部屋を引き払うことになった。丸さんが、自分が住みたいというので、そのまま使ってもらうことにした。丸さんを大家さんに紹介して彼が住みはじめた。そのとき、丸さんが緊急の情報を知らせてくれた。「高ちゃんの写真をもった刑事が、妻の親のやっている東京の不動産屋へ来て、〝この男に部屋を斡旋していないか?〟と聞きに来た」という。この希な知らせで組織は、すべての活動から武を引かせた。仲山と権ちゃんが二人で暮らしていた岩手のマンションに避難した。仲山も権ちゃんも、手配が出ている可能性があって予防的に潜っていた。そこへ武の緊急避難。灰色の予防対応が三人になった。そんな状態で武もときどき会議にでていた。

八六年の一月上旬、仲山と武が会議に向かった。盛岡のマンションからバスで、国鉄の途中駅から東北本線に乗り、北上駅で下車して待合室にいた。雪に覆われた駅は、まだ、朝の活気を残していた。窓から見える駅構内で焼却炉が燃えていた。武は、待合室を出て道路脇の構内にある焼却炉で、手にしたA四の茶封筒をばらして新聞『前進』を出して丸め、空気を入れて次々に、焼却炉に放り込んだ。線路が延びている構内にところどころ国鉄の職員がいた。武は、火かき棒で赤く燃える紙をかき混ぜ燃え尽きるのを確認して、その場を離れた。

その日の夜の会議で、武の駅構内での「焼却」が問題にされた。「『前進』（中核派の機関紙）は、脈管に渡して焼却してもらうという確認違反だ。この焼却は防衛上危険な行為だ」と批判する。脈管というのは中核派の人や物を運搬する車両組織のことで、その脈管に渡さずに、駅構内で焼却したのは間違っていた、と認めろというのだ。アジトに一定の分量以上の『前進』は置いておかないことになっていた。そして『前進』を処分するときは「脈管」に渡すという確認になっていた。『前進』は本人の政治性を示し、党派的素性を明かすことになる危険物だからという理由だった。「脈管」に渡すというのは、アジトで燃やしたり、外で処分したりすると、万一の危険性があるから、公然である脈管＝ドライバーに渡して、安全に処分してもらう、という確認だった。

武の判断は、単純だった。道路に面した構内の焼却炉には柵もなく囲いもなく容易に近づけたし、駅職員の姿は見えたけど、およそ声をかけられる距離ではないし、声をかけられてもかわせると思ったし、一、二分で済むことで、声をかけられる間もないうちに終わるだろうと読めた。もし、声をかけられても、お礼を言って済ますつもりだった。火かき棒もあり中身を確認される距離ではなかった。この駅の、今の配置ならできる、と判断した。「危険物」を身につけてこれから先、何があるか分からない過程を移動すること、その予測できない危険の方を、あらかじめ排除できるなら、排除しておくべきだ。これがその時の臨場感だった。

組織とは、奇妙なもので、軍事の感覚と相容れないものがある。確認通り危険物は脈管に渡すこととして行動して、途中何か事件や事故に遭って、それで逮捕されるようなことがあっても、「彼は確認通り脈管にモノを渡そうとしていたんだから、逮捕されてもやむを得ない」となる。武のように確認を逸脱して物を処理したら、事故にならなかったとしても、確認違反の誤りとして批判されるのだ。確認違反より、危険物を早く処分できればそれにこしたことはない、とはならないのだ。事故も、決りに従って他人任せにしないで、できることに手を打っていけば防げることもある。防衛はとくにチャンスが命で、やれるなら身ぎれいにして、リスク要因を無くしておくに越したことはない。モノを身につけているか、いないかで気持ちの持ちようもまるでちがう。でも、組織はそこがちがう。みんな好き勝手な判断で勝手に行動したら危険だし、組織は持たないという問題はある。

軍事というものは、慣例を破って勝利するものだといってもまちがいではない。攻めるにしても守にしても、絶えざる経験則の克服にある。慣例通りに行動していたら、攻めるにしても守るにしても、裏をかかれて敗北する。瞬間、瞬間、状況を見ながら、いっさいの前例に囚われないことだ。ひらめきであっても、みごとな戦略なら、みんながすっと納得するものだ。決まりではなく、どんな手が可能か、前例に囚われない感覚が勝負なのだ。そういうことは、戦術でも言えることなのだが。でも、それは、どこの軍隊でも、一兵卒には許されない。兵卒の為すべきことは、命令の履行なのだ。兵とは、命令通り動く駒なのだ。チューさんが言っていた。「間違った方針でも、だまって実行するんだ」と。兵は、自分で判断して行動する意志をもってはならない。でも、それが意味を持つのは、せいぜい、「引け」っていうまで、引いてはならない組織戦のような場面でのこと。ゲリラ戦は、将軍であっても、兵卒であっても、状況判断から、為すべきことの選択から、その結果まで、すべて一人ひとりの判断でやらねばならない。しかも、軍事は、瞬間芸なのだ。政治の延長というけど、軍事は「見た・撃った・死んだ」であって、殺されるか、瞬間で決まる。考えているものではない。党指導の軍事作戦と、アジトで自分を守るために行動するのとでは、正規戦とゲリラ戦との違いがある。もっとも、あの組織は、指示したことしか許さない。そして、彼らは、確認していない事態が起こったら、どう対応していいか分からなくなる。軍事において勝敗を分かつものは、人生と同じで教科書でなく、その任に当たる人間の感覚で決まる。物量で圧倒的な差があり敗北がやむをえない状況でも、美しく戦い、きれいに敗北することができるのも感性だ。敗北必至なら、戦わず引くに越したことはない。それができるならやるのだ。それが軍事の要だ。

ハーさんは、武が「はい、間違っていました。以後、確認通りやります」と言わなかったので、その議論をアジトに帰ってから、仲山と権ちゃんにつづけるように指示した。盛岡にかえってから、二人と武は、朝から晩まで、二日間言い合った。三日目はなかった。かれらは、丸二日で諦めた。今なら、武は、さっさと「自己批判」して、二日間も消耗な議論などしないかもしれない。そのときは、生産的な議論にならないことが分っていても、妥協する気にならなかった。二人は、食えない武に消耗した。とくに、政治組織では、方針を越えて自分の感覚で動く人間を嫌らう。仲山は、二〇〇〇年に武が浮上したころ、党の理論学校の校長さんだった。

・顔も上げられず

山形の小さな駅で……。瞬間、満員の観衆が注視する野球場の真ん中にいる感覚だった。売店で買った朝日新聞の三面の記事から顔を上げられなかった。〝自分がなにをすべきか〟考えた。周りに目を這わせられない。指一つ、肩一ミリとても、動かせなかった。誰が、いる。後ろを、背中で見る。前を、額で見る。北山形駅。待合室。待ち合わせの客が、三人いた。高齢者で、女性が一人。その人たちの動く気配は、ない。駅舎の外も、国道への道にも、ものの動く気配がない。それでもどこかから私服が、武の挙動を見ているはずだ。新聞を手に取り、記事を見て、どんな反応をするのか、見ているはずだ……。石橋は叩いても渡らない、という言葉がよぎる。

目をつむったまま、腹でつぶやく。一九八六年三月一五日。「ついに指名手配か……」。成田空港と羽田空港へのロケット弾攻撃の罪だ。昨八五年の四月一二日、ほぼ一年前の攻撃への、報復だ。俺がなにをしているか、権力には見当がついているはずだから、あえて狙ってきたわけだ。でっち上げか！やっぱり、やるのか。逃げ切る、潜りきる、一五年か。受けるのか、他に道があるのか、ないなぁ。選択の余地はない。迷うこともない。受けるしかないよなぁ！自分の革命運動のいまひとつ新たな次元、受けて立つしかないよなぁ！

この瞬間まで、何があった。今朝、家族面会が終わって裕さんと別れた。歩いて、バスを乗り継ぎ、山形駅をかわして小さな駅、北山形駅に、その待合室にいる。バスの中の顔ぶれを思い浮かべる。歩いているとき、目を合わせた人間がいたか。不審な車はなかったか。多分、間違いなく、権力に自分の存在は掴まれていない。ゆっくり新聞をたたみ、顔をあげて待合室を見わたす。どんな刑事が担当するんだろう。予定通り、部屋へ帰るのが、最善だろう。全身を神経にして、仲山と権ちゃんのいるマンションへ戻った。

それまで、二度逮捕されている。最初は六九年の一一月決戦で。いわば「一〇・二一国際反戦デー」に合わせたベトナム反戦闘争だった。二度目は革マルとの東京駅での集団戦の、傷害罪を理由に、前進社のガサのあと逮捕された。三度目が逮捕ではなく指名手配になった。非公然の任務に就いていたから、所在を掴まれていなかったのだ。でも、権力は指名手配してきた。武が「成田・羽田両空港へのロケット弾発射」に関係ないことを権力は分っているのにだ。武でも、誰でもいいから、組織に負荷をかけてやるくらいの意味しかない。でも、個別的には権力の武への挑戦なのだ。これで武がつぶれるなら、権力は駒を一つ粉砕したことになる。武の何を知っていようと、知っていまいと、武としては、受けて立つしか道はない。

組織の対応は早かった。新たな体制が組まれた。革マル学生への「索敵・せん滅」戦を担当してきたＯと、まだ若いＰの二人が、「ツイタテ」になった。「ツイタテ」は、かくまうものを後ろにして、自分が外との衝立になるという意味づけをしていた、防衛担当メンバーのコードだ。とはいえ、Ｏも、指名手配がでている疑いがあるという灰色だった。この三人の潜行生活がはじまった。

二　潜伏生活の日常

・指先のパンの粉を払った瞬間

いきなり、「なに、するんだ！」と言って、Ｏの鉄拳が飛んできた。朝の食卓でのことだ。茨城の組合運動をやっている人の家に武とＯとＰの三人が、匿われて初めての朝だ。武が親指と人差し指についた食パンの粉を、トーストが載ったテーブル中央のパン皿に指先から払ったからだ。人様の家で、匿われている身だ。声を出せない。数秒後、指先についた粉を払ったのが気に入らなかったんだと分った。マナーに反するのか、そんなマナーなんか知らなかった。でも、いきなり殴るっていうのには、もっと驚いた。しかも、潜伏先で。そこの、家人がいるときに……。関係の、秩序づくりの、通過儀礼なのか。

武が知っているOは、学生出身で東京の地区の常任になっていた。その地区の反軍を担当していたので、小西事務所の担当者会議や、新潟への反軍闘争に毎回来ていた。ニコニコと人なつっこく笑っている男だ。このときOは、四八歳になる武より一〇歳は若かった。Pはさらに一回り若かった。こうして、二人が潜伏する武を「守り」、三人がともに行動することになった。

Oは、武に自己批判を書けという。えっ、この生活が、殴られ、かつ、自己批判を書くことから始まるの！　午後、武はもう一人の「ツイタテ」にぼやいた。「パンくず騒動記を書けってさ」と。夕食後、Oは武に言ってきた。「パンくず騒動記とはなんだ。自己批判をなめるんじゃない。そのことも書け」って。ええ、おれがPに言ったら、そのままのことが、早速、伝わるんだ。そんな水準なんだ。いらい、Pに何か話すことはなくなった。始まったばかりの三人のアジト暮らしから、一瞬で親しみが消えた。上の者になびくだけなら、面白くもない。三人のバランスが生まれないことが分って将来への不安がよぎった。


そして、部屋を借りた潜伏生活に入った。一人がドアスコープの後ろに立ち、もう一人が窓から前の道路を視ている。基本的に一日中、交代でつづける。防衛は、兆を発見するどうかで決まる。兆とは、おかしな兆候ということで、三度つづくと「散をする」と決めていた。そうして、権力からも、革マルからも自分と組織を防衛する。このアジトは、一月ほどしか持たなかった。一つは、訪問してきた人間の態度がおかしいと。二つに、Pの外出時に、男から強く見られたと。そして、Pが窓から見ていたときに、パトカーが通り際に、中の警官が自分たちの部屋の方を見ていったというのだ。

Oは、三つの兆が重なったので「散をする」と決めた。明日朝、暗いうちに出るという。身の回りのものは、下着から文房具まで、一つの鞄につめていた。出て歩きながらOは、武が履いていた靴が気に入らない、という。彼は、靴屋によって人造皮革の薄っぺらな靴を指さして、「これにしろ」という。武は、何も言わず、それに替えた。武が履いていた靴は、八〇年頃の家族面会の時に裕さんが石井スポーツで買ってくれた底が登山靴仕様になった皮革の短靴だった。「一生履けるね」って、武が大いに喜んだ靴。でも、彼に何かを言う気にならなかった。武が身につけているものが気に入らないということで、ジャンパーも棄てられた。

まだ三人で「逃げ回っている」うちにはじまったのは、テレフォンカードのしまい方だった。朝飯を食い終わると、ミーテインをやる。名義関係の確認をする。旅館なら、泊まるときに名乗った名義や住所を書く。アジトなら、一週間に一度くらいの間隔で、名前を貸してくれている人の氏名や住所、生年月日や職場など、電話番号や出身県など。それに、なぜここにいるのかというストーリーを簡略に確認する。そして、時に、持ち物をチェックする。Oも自分の持ち物をテーブルに置く。

武のテレフォンカードは、初め貴重品を入れてある小さなバックに入れていた。小さなバックには、財布も入れてある。Oは、テレフォンカードは金と同じだから財布に入れておけという。それならというので、そうした。で、次のチェックの時は、「テレフォンカードは、カネじゃないだろう」という。そうですかと、財布から出した。「前回の確認は、金だから財布にということだった」とは、言わず、議論はしない。交互に繰り返され、前回の確認が覆されていく。それを八回まで数えた。その後もつづいた。テレフォンカードなんか持ちたくなかったが、テレフォンカードを財布に入れたり出したりして、済んでいるならそれでいいやと思っていた。

・「水槽に手を入れるとき腕をまくるな」

名義を借りて関東圏のマンションで、まだ三人で暮らしている時だった。二層式洗濯機を使って洗濯していた。武が袖をまくって洗濯槽から脱水槽へ下着を移していたのをOが見て、「袖をまくるな」という。「袖が濡れますけど」と言ったが、「まくると人が見たときおかしく見える」という。他人を部屋に入れることはないし、誰が見ても腕もまくらないで水槽に手を入れている方がおかしい。が、何か言うのは逆らうことだ。腕まくりを解き、袖が濡れるにまかせて水槽のなかに手を突っ込んだ。

このマンションにいたとき、武が風邪を引いた。夜中にぐっしょり汗をかき、下着を替えた。このマンションは、三部屋あって、三人が別々に寝ていた。朝、風邪を引いて体調が悪いこと、下着を替えたと話した。Oは、「下着を替えるな」という。「子どもの時から、汗をかいた下着は替えていた」と言ったら、「替えるな」という。一事が万事だ。この時、覚悟した。彼と居ようと居まいと、この潜伏生活、風邪はもちろん、絶対に病気になれない、ならない、と。その後、三人から二人の体制になった。この外れたPは、社のドライバー体制に入った。このPは、Oと武の潜伏生活がパンの粉騒動から始まり、ことごとく緊張を孕んでいることを知っている。

・なるべくして始まる殴り合い

最初に殴り合いになったのは、伊豆だった。武から殴っていない。殴られて殴り返し、殴り合った。鍵がかかるかどうかという、壊れていたら治せばいいことを巡ってだ。組んずほぐれつした。でも、芯から疲れた。もう、殴り合いはできないと思った。武は五〇歳代、Oは四〇歳代。

でも、二度目があった。北関東の別荘で、紹介されて貸してくれた老婦人が来て泊まっていて、朝起きて掃除を始めたときだ。掃除をするときに鞄をどこにおくかという置き方に文句がついて、殴ってきたのに、殴り返した。が、さらに殴られて、婦人がいるし、それ以上もみ合うことができなかった。房総の旅館にいたときは、武が大学の教授で〇が付き人という触れ込みだったが、立って言い争う姿を宿の主人が隣室から見ていた。

・「朝メシを、一五分で作れ」

関東の協力者の知人で、若い独り者の男性の家にたびたび世話になっていた。一度行くと一ヶ月ほど逗留していた。ほうれん草のゴマ和えに隠し味で酢を入れたことを話題にした。彼は、食べずに投げ捨てた。カレーを作るとき具材を油で炒めたら、それが許せないと鍋ごと棄てた。料理で極めつけは、朝の炊事時間だった。若い男性の彼に迷惑がかからないように、四五分で朝食を作っていた。四五分でできているのに、それが三〇分で終えるという。三〇分で終えると二〇分で終わらせろという。朝起きて、御飯は前夜仕込んでいるが、味噌汁の具材を刻み、魚を焼き、お浸しやお新香を用意する。このパターンで、最後は、それを一五分で終わらせろということになった。でも、一五分でできた。それ以上は、言わなかった。

・ついに包丁がテーブルに

信州の別荘にいたとき、向かい合うふたりのテーブルの上に〇は包丁を置いた。「俺でも、おまえでも、どっちでもいい。気にくわなかったら、刺していい」という。包丁は、二度、置かれた。彼が、なにをしたいのか、本当に分らなかった。このころ、彼が言っていたことは、「裕さんと武が結婚したことも、二人が別れないことも、革共同の七不思議だ」ということ。別のおりに、彼がしみじみと言ったことがある。「あんたは普通の顔をしているが、俺は、普通の顔じゃない」と。Oとは、八年間一緒にいた。彼は、しみじみした話をするようなことは後にも先にもこの自分の顔のことをおいて他にはない。

この別荘で、武がおちたことがあった。彼が殴りかかってきて台所でもみ合い、首を絞められて、数秒間、意識を失った。初めての体験だ。Oは、「芝居をしたんだろう」といった。

二度目の包丁が置かれたときだ。


「お前はスパイだろう?言ってみろ!」

「言われたら思い当たるだろう!」

「隠すな、言ってみろ!」という。


これが、一時間も、二時間もつづく。雪に埋もれた別荘がつづく信州の夜だ。人間というものは、とことん、心情的動物だと思う。言いがかりだということは分っている。なぜそうなるのかという話しが成り立たない中では、そんなスパイかどうかという事実はどうでもいい。まともでない関係では、あきらめの世界をこえて、絶望の世界に入り、絶望の世界でも息がつけられるならそれでいいとなる。真実はどうでもよくて、何かをもって「スパイだということになればいい」となる。ひょっとして、交番の前を通るとき、中の警官と目が合ったかもしれない。いや、きっと合ったんだ。あれは、ひょっとするスパイだということになるのかも知れない。あれは、スパイの証拠にちがいないと思えるようになる。人間の意識なんて、必要に迫られるといくらでも変容できるものだ。

そして、そう思えた瞬間、武は、「はい、自分はスパイです」と言った。言ったら、ヤツはどうするのかというところに進みたかった。「あいつが、自分がスパイでしたと認めたから殺しました」と、Ｏが組織に報告している姿がよぎる。彼を試すのでもない。まともな議論が成り立たないところで、なぜそんな話になるのか、なぜスパイだということになるのか、ということにはならない。そこが暴力の本質なのだろう。スパイでないことを証明することはできない。スパイであることを証明することもできない。Ｏが、お前はスパイだと言うのだから、それに添うしか息ができない。自分がスパイであると認めたときだけ、関係が成り立つ。しかし、それが、この包丁をまえにした関係の、どんな発展になるのか、わからない。わからなくてもそうするしかない。それに、一つ分っていたことは、彼がこの潜伏状態を破滅させるようなことは決してしないということだ。なぜか、それはわかるのだ。彼への信頼ではない。彼が、この潜伏生活を嫌がっていない、武への存分の嫌がらせを含めて、潜伏そのものを嫌っていないことが分るからだ。だから、この騒動が決して外へ弾けないということはほぼ確信できた。外に弾けないから内側への圧力が強くなるのか。敬意をもたれた秩序がほしいのか。なら、なぜ、人は、願うこととは別なことに嵌まってしまうのか。ともあれ、スパイでなければ目の前の包丁はなくならない。はい、スパイでしたといえば、あなたの言うとおりですということになる。理由も、結果も、どうでもよかったのだ。投げやりなのかと問われれば、はい投げやりですというしか道はないのだ。それが、組んずほぐれつの世界で、息をつくことなのだ。

でも、かれは、「なぜだ?」とも、「なげやりだ」とも、いわなかった。武が「はい、私はスパイです」といったら、それで、もう、その話は終わった。そのあと、包丁は出なくなった。以来、武は、人はやってもいないことを「やりました」ということがあること。どうやったら人は「おちる・ゲロする」のかが、わかるように思えた。暴力を背景にしたら、えん罪というものは、いくらでもつくりだせる。

心理学では、どういう説明をするのか知らないが、彼の心情がふたりの関係の中で増幅運動していった。彼がどんな心情にとらわれていたかは知らない。知りたくもない。置かれた条件は、二人が誰からも干渉されない密室の空間に何年も何年も一緒に暮らしていることであり、Oがなにをしようが武から関係を壊すことはできないということだ。ふたりの関係を壊すということは、即「権力への敗北」を意味するからだ。

Oが何をしようが、武は対立しないことにしていた。すると、どうなるのか。昼間から、悶々とする息づかいが分る。夕飯が過ぎて、後片付けが済んでも、煩悶はつづく。お互いに布団に入る。でも、荒れた気配が伝わってくる。部屋の空気が裂ける。彼が武の布団の上に飛びかかってくる。潮風のあたる伊豆の別荘だった。

それが、彼のなにかの思いが、苛立ちをつのらせていくのだ。迂遠な理屈をこねる左翼であっても、苛立つ情念に飲み込まれているのがわかる。どんなに被害が大きくても戦争はなくならないし、犯罪もなくならないのだから、愚かさも人間のうちには違いない。だが、そんな人間の愚かさと、密室では、つきあいたくない。

・「死んだ目をしていた」

この不毛な地雷原の中で暮らす関係は、いつまで続くのか。

三つの兆が重なったら散をする。こうした対権力の感度の鋭さにおいて、Ｏはたいしたものだった。このふたりの間の、暴力を剥き出しにした、破綻と隣合わせの潜伏生活の異常さを、武がなんとかにじませようとレポートに書く。しかし、すべて彼に書き直させられた。「数日雨が続き、湿気が多く、部屋の空気も重い」と書くと、書き直せという。「散歩に出て、筋肉痛になり、今日は疲れた」と書くと、書き直しだ。レポートは月一で、書いていたが、何をどうほのめかしても、その負や陰の気配はすべて削除された。その感覚の鋭さはたいしたもので感心させられた。その独特の鋭さの前に、耐えがたさのどんな暗喩もレポートにできなかった。なにも問題がないこと、いつでも陽気で、晴れ晴れしていることが、異常といえば異常なのだ、というほかない。

九〇年代の初め、革共同のドクター屈原さんが武の様子を見に来てくれることになった。関東圏の食事処で会った。Ｏは、席を外さない。ドクターと二人になることはなかった。だから、話を話としてすることはできなかった。後日、ドクターの報告というものがＯから知らされた。「高田は、死んだ目をしている」と、ドクターが中央へ報告していたというのだ。そりゃ、そうだろう。死んだ目をして、目に語らせるしかないのに、そのサインも、サインにならなかった。

レポートもダメ、死んだふりもダメ。このドクターが「死んだ目をしている」と伝えたときも、組織の対応は何もなかった。アウンなんてものは当てにならないものだ。ここまで来れば、頭がおかしくなるか、身体が壊れるか、しかない。Ｏは異常だけど、それに耐えている武も異常にちがいない。どうやら、頭も身体も、壊れそうにない、モチそうだと思った。でもこれを書いている、今ふと、なぜ、Ｏの前であれドクターにあるがままのふたりの姿を話さなかったのだろうか、と自問が湧いた。答えは、たぶん、いかなることであれ、泣き言をいいたくなかったのだと思う。Ｏに音を上げたら、Ｏがダメであろうとなかろうと、潜伏に耐えられないヤツとレッテルが貼られる。「権力に勝つということは、潜伏生活に耐えきることであり、潜伏生活に耐えるということは、Oの理不尽に耐えることだ」という単純な論理が還ってくることになるのがわかる、といえばいいか。武の結論は、「勝利は、耐えきることのなかにしかない」だった。

音を上げたくない、逃げ出したくない、ということの中には、極めて俗物的な見栄や意地がある。どんなに深刻でも、音を上げたら、それまでで、指名手配に負けたとなるのだ。野暮な男の見栄といえば、「せめて耐えることくらいはやらなきゃ」ということになる。この気持ちが一番強いかもしれない。深刻さなんて、人には分らない。耐えて当たり前、音を上げたら「そんなヤツか」ということになる。

「耐える」は、何のためなのか。ハッキリしていた。いつも順番に浮かんでくる。第一に、裕さんと家族だ。裕さんには、耐える男でいたい。家族にも、音を上げたら家族の辛さが水泡に帰す。第二に京浜協同劇団から離れたアトムの演劇仲間、そして友人たち。とどくカンパに応えたい。何があっても支えてくれる人たち。第三に、自分が育った故郷への想いがあった。故郷に安らぐ。わずかに覚えているロシア民謡の「ともしび」を胸の中で歌った。「戦いにむすぶ誓いの友　されど忘れえぬこころの町　思い出の姿今も胸に　いとしの乙女よ　祖国の灯よ」。「忘れえぬこころの町」という言葉を繰り返しているうちに、血がしずまってくる。

武は、底意地の悪い人間なのか。これが、社会の一般的な人間関係ならまったく悩まなかっただろう。解決策も出てきただろう。それにしても、ここでは、なんていっても密室で、しかも二人ともマルクス主義者なのに、なのに、と思うからだ。主義者なら主義者としての、最低の立ち位置というものがあるだろうにと、武が、潜伏に耐えられなくなればいいと思っているのかと、思いはそこにいく。今なら、言える。市井の普通の人の方がずっとまともだということを。

ドストエフスキーが『悪霊』で書いたような革命組織内のリンチ殺人「ネチャーエフ事件」のようなことが起こる病質的要素が、革命組織にはあるのだ。国際的に権威を失ったネチャーエフをレーニンは、「目的は手段を正当化する」という一点においてネチャーエフを評価した。ネチャーエフや連赤のように、革命家の心理には「目的は手段を正当化する」や「自分の権威を示して服従させる」が支配的にあるからだ。連赤のリンチ殺人は、「動揺したメンバーを組織防衛のために殺した」のではない。連赤の粛正は、「いじめだった」という指摘があるが、妬みとか、恨みとか、憎しみとかが始めにあるわけではない。「自分の権威を示して服従させる」という感覚が議論の前にあって構造化する。革命組織には、権威にもとづく秩序、すべてのことがそのためのあるといっても間違いではない。「いじめ」も権威に必要な秩序の、儀式になる。ハーさんが、メンバーを会議前の前戯のように難詰めしていたのはみんな知っている。

当時は、いじめだとは思わなかった。武は、棄てられた靴にも未練は示さなかったし、なにごとも、彼の立場を認め、彼の言うとおりにしていたからだ。ただ、この「なんでも、言うとおりにする」人間というのは、彼の何かを刺激して、それが暴力のエスカレートにつながる構造になるのではないか、ということは気になっていた。強い縛りの関係「守り・守られる」関係の中で、何かの心情から「いたぶってみたくなる」暴力。心情のはけ口にするドメスティック・バイオレンスのようなものか。心理的な何かに嵌まりこんでいたことはまちがいない。「いじめ」の要素はあるように思う。武のなにをして彼をそうさせたのか、知りたいものだ。武が意地悪で、そうなるのか？　心理学的な答えには興味があり、知りたいと思う。組織上層部の人間に詳しいある人が、Ｏが精神病質者（サイコパス）的要素をもっていることを組織は知っているわけだから、Oが決定的に破綻しないように武に押しつけたのではないかと、うがったことといっていた。

あれは、九二年の初冬だ。信州の別荘にいた。この別荘で料理を作っているとき、ガス台が火を吹いて、手元では消えない。武が大声で「ガス台に火が付いた。消えない」と言った。Oは、向こうの部屋から「何をしたらいい?」と聞いた。「外のガス・タンクの元栓を切ってくれ!」といった。Oは、飛んで出て、元栓を切った。火は消えた。かろうじて事故にならなかった。事故になったら別荘を貸してくれた人にも、仲立ちしてくれた人にも迷惑がかかる。武は、ピンチにあたふたせず的確に対応したOに感心していた。そこの朝のミーティングで、入浴前に武の散髪をすることになった。散髪してもらうのが武で、Oは外の散髪屋に行っていた。八時に入浴すると確認していたので、三〇分前に部屋に新聞を敷き、椅子を置いて、やってもらう準備をした。Oは「何で準備なんかするんだ」と叫ぶ。武は「じゃ、元へ戻します」と椅子に手をかけた。Oは、いきなり顔を殴ってきた。もう、このころは、武はいっさい反撃しなかった。顔を何度か殴られ、かわそうとする武を組み敷き、もつれるように転がり回った。夜中になっても、眠れなかった。翌日は移動日だ。静岡の旅館へ移動することになっていた。顔が切れている。顔が傷つくというのは初めてだった。

翌日、ドライバーが迎えに来た。武の顔が腫れて傷が付いている。何があったか、察しが付く。でも、彼は、話題にしなかった。この日も、一時間や二時間の付き合いじゃない。ほぼ一日付き合うのだ。移動の過程で食堂に入ったとき、Oがトイレに行き、テーブルで二人になったが、彼は顔の傷を話題にしなかった。車の中のOはすこぶる朗らかで、武は顔に傷。二人の姿のいびつさは、どう見ても、破綻状態だった。その後、何週間か、動きを気にしていたけど、中央から「お前ら、おかしいぞ、何やっている」という探りが入ることはなかった。ドライバー氏には、なにが起こっているか分っていたはずだ。関わる、関わらない、の次元ではない。組織が機能していないのだ。人は、組織に合わせていくのだ。このことを社会にひろげていくと、人はこの社会に合わせて生きている。国が、戦争をやろうかというようなことになった時、およそ反戦なんて問題にもならないなぁ、と思う。どんなサインも、兆も、有様も、それが人に、組織に伝わらないことが骨身にしみて分るのだ。メンバーも、組織も、当てにならない。それでも、権力の手配に敗北することなく、Oとの関係を終わらせる。そんなことありなのか。ドライバー氏は、その後、社の「脈管」の責任者になった。

一九九三年一〇月。信州の民宿にいた。朝九時にミーティングがあった。そして、一一時前にもう一度ミーティングをやると、Oがいう。彼の部屋に行きテーブルに座った。一時間前と、同じことが起こった。テーブルの上に並べた筆入れとボールペンなど筆記具の並べ順が違うと言って、また、いきなり頭を殴ってきた。

たわみにたわんだ継ぎ手が折れるように飛んだ。

「もう、これまでだ。終わりだ」

と、言い捨て、武は、立ち上がった。

・信州の青い空に弾けて

テーブルの上のものはそのまま、部屋に戻らず、何も手に持たず、着の身着のままで玄関へ降り、靴を履いて宿を出た。

歩いた。早足で歩いた。追ってくるなら、振り切ろうと歩いた。爽快だった。空は高く、青かった。おお、この気持ちの良さ！　身体のこわばりが解け軽くなっていくのが、分った。宿から街まで、一四～五キロあった。財布も持っていない。市街まで行って、知人に金を借りようと決めた。うろ覚えの住所を公衆電話の電話帳で調べ、住所を確認して、夕方になって訪ねた。でも、会ってもらえなかった。きっと、聞き込みなどで、さんざん迷惑をかけたにちがいない。急ぎ足で離れた。パトカーに取り囲まれなかっただけ、よかったのかも知れない。今夜、武が戻らないと、Ｏの手で非常時のホットラインが発動される。前進社に「緊急事態、アジトに問題が起こった」と伝わることになる。


陽が暮れて、誰も居ないことを確認して、公立の研究室棟に入った。どこにも、何にも触らずに、三部屋ほど奥に進んで、部屋にあった新聞を床に敷き、身体にも新聞を巻き付け、ビニール袋で覆って、寝た。人が来たら、窓から出られるように、窓の鍵を外しておいた。朝早く、研究室を出た。街へ出て、道を探した。どうをみても、三日目には不審者になる。ひげは伸びる。襟は汚れてくる。もどるしかない、と観念した。

主要な国道の際には、リンゴがたわわに実っていた。木の下に入り、畑の中に寝転んだ。あれは、四歳か、五歳のとき。母に連れられて、津軽の垂柳へ向かう道を、母の実家に向ってリンゴ畑の脇を歩いていた。母が黙ってリンゴをもいで、武と妹と弟に食べさせた。母は、人の道にうるさかった。その母のことばのなかでも「お天道様が見ているからね」という言葉が好きだった。マルクス主義者が軽犯罪でも犯したらアウツだよなぁ、それも手配の身では、ことさら。寝転んで、手に取ったリンゴを食べた。前進社のスズメたちの軽口が頭をかすめた。「あいつ、リンゴを採って捕まったんだってさぁ」。叔母や叔父のところへ、預けていた荷物が家宅捜索で持っていかれたときもそうだ。「おばさんの処に預けていたんだって、当然だよなぁ」と言っていた。手配書が出てすぐ、荷物の移動を要請した。でも、社が動かなかったので、二トン車一台分すべて持っていかれてしまった。荷物は、シミタケの本と革マルの調査資料だ。会議で会ったとき、担当常任が「手落ちだった。済まない」と言った。起こったことは、元に戻らない。

朝、初めのミーティングで、筆記具の並べ順が違うと言っていきなり殴った。殴っておいて、「終わりだ」というので、武は部屋に戻った。一時間や、二時間では、気持ちを取り戻せない。いつもなら、夕方になってでも収まるか、寝床に入ってもつづくのか、なのだ。彼も高ぶっている。なのに、彼は、一時間後にミーティングを再開するという。まだ気を静められていないのに。それなのに開口一番、同じように「筆記具の位置が違う」といって、同じように殴った。その瞬間、終わったのだ。「これまでだ。もう終わりだ」そういって、飛び出した。

一日経った。武が宿に戻り玄関を上がると、彼は、部屋に居た。すべてが、一変したことが分った。彼は、憑き物が落ちたように、あの昔の人なつっこい「笑」顔に戻っていた。

「夜、戻ると思っていたのに、戻らないので、近くの空いている別荘を探し歩いたよ。社には、非常電話を入れたよ。梶さんが、後で電話をくれることになっている」と言った。

彼は、観念していた。八六年から八年経っていた。「もう、これまでだ。終わりだ」。自分の言った言葉が、自分の中で共鳴し響いた。次の日、梶さんが電話してきた。

「大丈夫ですか？　変わったことはないの？」
「ええ、大丈夫です」
「じゃ。近いうちに会うから」

そして、一〜二週間して、新たらしくつくった東関東のアジトに移り、そこへ梶さんが来た。三人がテーブルに着き、Oは、型どおりの反省の言葉を述べた。梶さんは、〝若いメンバーたちは若いというだけで貴重なものをもっている。若さは大きな力だ〟という話をしていた。そして、ふたりの「ついたて関係」を終わりにして、新しい「ついたて体制」にすると言った。武は、それでいいと思った。何も言わなかった。梶さんは、何があったのかと、聞かなかった。だから、この一五年間の潜伏生活のなかで、前半の八年間の終わりで、Oと武の間に何があったのか、そして、何で破綻し弾けたのか、中央も、メンバーも、だれも知らない。武も、活字にするつもりがなかったので、人に知られることもなく消えていくものだった。トーストの粉を指先から払ったことから始まったふたりの潜伏生活が、殴り、取っ組み、血を見て、テーブルに並べた筆記具で弾けたのだ。

ここまで読まれた方は、指名手配され、それが冤罪だったら、どうしてアリバイを示して無実を明らかにし「指名手配」を無効にしなかったのだろうと、思われたのではないでしょうか。そこが一般的な事件と違ってくるのです。武も、組織も、アリバイを証明して無実を明らかにしようとは、全く思わなかった。そうしようかということも、そうしてくれ、という話も、どちらからもなかった。ひとつは、アリバイを明らかにして事実を争っても、裁判所は決して事実を認めようとしないことを知っていたから。後で語られる御崎直人さんの例では、無実を証明するたくさんの証拠をそろえて裁判所へ一五年間、お百度参りをしても、時効になるまで裁判所は真実に全く関心を持っていない。なぜか。権力や裁判所にとっての「絶対的な要請」は、客観的な真実ではなくて、革命運動、その組織の壊滅にあるからです。一人の人間を一五年間匿うだけでも、組織にかかる財政負担は膨大で、それが狙いの違法な弾圧を乗り越えられなかったら革命の勝利はないからです。

法ではなくて、政治の世界なのです。政治の世界は右も左も目的のためにはどんな手段も容認し、違法性も正当化（阻却）する、されなくてもするのです。それに、次元は違うけど、「違法な指名手配をしないでくれ」という言い分はない世界だといえばいいか。自分たちも、自分の手を法で縛っていない世界だし。結局、倒すか、倒されるかの、何でもありの、戦いの世界なので、「アリバイをかかげて真実を問えば」という権力が設定する道はとらないのです。

第五章　爆取裁判——明治の亡霊

一　岩手爆取裁判——高田裕子の最終意見陳述

裕さんが岩手で逮捕された。武に指名手配が出たのが、一九八六年の三月。七ヶ月後の一〇月一二日に裕さんが岩手で逮捕された。裕さんの逮捕は、「岩手爆取り事件」といわれた爆発物取締罰則第三条を適用された事件で、岩手県都南村の借家で圧力鍋の爆弾を作っていたという容疑だった。この岩手爆取り弾圧で逮捕され裁判闘争を闘っていたメンバーは、川崎さん、須賀さん、板垣さん、十亀さん、高田裕子の五人だった。この事件で、清水と幅田というメンバーは革命運動の戦列から離れた。

川崎さんは、前日の一〇月一一日に、この岩手借家から圧力鍋爆弾をトラックで運び出したところを追尾されていた。午後六時前、仙台の南、岩沼市まで南下したところで包囲され数時間、トラックの中で粘っていたが強制的に岩沼警察署に連行され、段ボールの中にあったカッターナイフを口実に一二日になって夜中の二時過ぎに軽犯罪法で逮捕された。

なお、須賀、板垣、十亀（そがめ）の三人は、この「岩手爆取り事件」とは別に、その年、一九八六年の横田基地ロケット攻撃（四・一五）と迎賓館ロケット弾攻撃（五・四）を理由に、翌一九八七年に再逮捕され、爆取三条に重ねて爆取一条の罪をも問われることになった。さらに、この横田と迎賓館弾圧には、七年後の一九九三年に逮捕された福嶋さんも連座させられた。福嶋さんは、武もよく知っている温厚な青年だ。東大宇宙研に勤めていて革共同の神奈川に所属していたが、横田基地へのロケット攻撃にも、迎賓館ロケット弾攻撃にもまったく関係していなかった。それから三〇年も経った二〇一七年現在、「迎・横裁判闘争」はつづいており、福嶋さんは著しく体調を崩している。

話をもどす。川崎さんが前日から追尾され、拘束され、逮捕されたのが一二日の夜中で、そのあと朝の七時過ぎから「岩手爆取り事件」の家宅捜索と逮捕が始まった。「お早うございます。町内会の回覧板を持ってきました」と婦人の声がして、裕さんが「はい、ちょっとお待ちください」とドアを開けた。その瞬間、二人の男が目の前に立ちはだかり、一人の男に両手を掴まれた。私服の婦人が玄関の外で身をかわしていくのが見えた。裕さんは、そのまま上りがまちに押し倒され、つづいて二〇人ほどの男たちが一気に突入し借家全体を制圧し、一人が「捜索だ」と言った。その後、捜索は一〇時間を越えてつづけられた。その間、上りがまちに転ばされた裕さんは外に出ることを促され、小さな乗用車の中で両脇を抑えられながら拘束されつづけた。外には、制服警官は見当たらず、明らかな警察車両と分るものもなく、ただ車に閉じ込められていた。トイレの要求には二人の女性が左右に付き添い、トイレのドアも閉めさせなかった。あとで分るのだが、トイレを借りたのは近くにあった警察関係者の家だった。

警察は、事前に礼状も示さず、家宅捜索の告知もせずに制圧して、逮捕状も示さずに身体を拘束していた。本来なら「為すべき手続き」をやらない実力行使は、違法行為となり、やったことが無効となって、逮捕や拘留、差し押さえを取り消され、原状復帰しなければならないことになっている。それが法の規定であり、法の下に執行されて初めて、無法な国家ではなく法治国家になる。法手続に基づいて捜索をしなかったのは、理由があれば、なにをやってもいいと、法の外に身を置いていることの表われとなる。人間の意識っておかしなもので、こんな重大事なのに、裕さんは食器が流しに置いたままになっていることが気になっていたと言う。

借家で警官に突入されたのが、朝の八時前。家宅捜索がつづき、岩手県警本部駐車場で逮捕を告げられたのが、午後の七時五分。逮捕されると法的立場は「被疑者」とされる。県警本部の取り調べが三時間ほどあって、すぐ側の盛岡署の留置所に入れられたのが、夜の一〇時過ぎ。その一一日後に再逮捕され警視庁に移送され取り調べを受けることになった。警視庁で一一月一三日に起訴され、逮捕されてから五五日目の、一二月五日に東京拘置所に移管された。起訴されると、立場は「被告人」となり、任意に応じないかぎり、取り調べを強制することはできなくなる。

・取り調べが拷問になるのは

盛岡署での取り調べは、だいたい朝の九時から昼食と夕食の各一時間を除いて夜の一〇時過ぎまで、一一時間くらいつづいた。警視庁に移ってからは、朝の八時から、昼と夜の食事の二時間足らずの間をのぞき、夜の一二時過ぎまで一三時間もの取り調べを受けていた。夜、六時ころから一〇時半くらいまで検事が取り調べに来ていた。検事が帰った後、一二時過ぎまで、二人の刑事が取り調べをつづけた。一日に、のべ一五時間ほどの取り調べが、起訴されるまでつづいた。

このような長時間の取り調べがつづくと、睡眠時間がほぼ五～六時間になり、取調中に眠くなり意識もモウロウとしてくる。被告の意識の衰えや混濁が、取り調べの常套手段になる。公安という思想警察の目的は、できたら活動家を運動から引きずり下ろし、組織から離反させ転向させたいのだ。だから、どの時代の、どの国の取り調べも、間違いなく拷問がつきまとう。警察や警視庁の起訴までの二三日間の取り調べは、被告らの意識がモウロウとしてきたときがチャンスになる。彼らは、被疑者が疲労困憊しているのを見透かして、身体を崩したり、手や足を組んだり、肘を机に付いたりすることを許さない。机を叩いたり、揺さぶったりして、威嚇する。身体を拘束されたものが、身じろぎも許されないのは、「恐怖の拷問」になる。取り調べが恐怖になるのは、いま、自分が身じろぎも許されない強制を受けていることが、だれにも分ってもらえないからだ。社会から隔離され、密室で不当な扱いを受けながら、それを分ってもらえないこと、これが、「密室の恐怖」になる。「身体を崩すな」ということが拷問になる。

この岩手爆取りにかかわる取り調べを受けているとき、二九歳の小林多喜二が築地署で特高警察によって虐殺された一九三三年から、五三年経っている。この五〇年ばかりの間に日本は、朝鮮と中国、東南アジアへと侵略戦争を引き起こし、日米の「帝国主義間の争闘戦」に敗れながら、新憲法と経済成長を手に「民主的で、豊かな社会」に変ったといわれた。しかし、反体制運動と国家の関係では、日本でも戦後の刑法の改定などで人権を尊重しなければ手続きを進められないものに変わったはずなのに、そこは、決して変わらない。革命家が「革命のために暴力」を行使し、取り調べの警察官が「公権力として暴力」を発動したとき憎悪の暴力が剥き出しになる。このときの、公権力の暴力性は、どの歴史段階の国家においても、また「民主的」とか、「共和的」とか、「社会主義的」とか、なんといっていようと、社会体制の秩序を担うという名目のもとに、変わらない。オサマ・ビン・ラディンが、裁判もなしに米軍によって殺害されても世界はそれを糺すことはない。それも、あの「尊敬すべき人格者で、良識の賢人」と言われるオバマ大統領によってなされている。だから、刑事訴訟法などで公権力の行使を細かく規制する意味がある。日本の警察は、令状主義も、家宅捜査の通告も、身柄の拘束も、逮捕時の権利の通告も、取り調べにおける被告の人格や心身の体調を保つ義務についても、自分に課せられた規制を平然と軽視し、無視している。警察官とは、存在が暴力なのである。国家というものは、どこまでも「民主的」には、なれないものがある。反体制運動の側が違法なことをやっているんだから、権力の側の違法性を批判されるいわれはないとするのは、体制の側に本質的な不正義があることを認めることになる。統治というものがやむを得ないものであるなら、体制の側も、反体制の側も、道義性が貫かれていなければならないものなのだ。

裕さんに対する取り調べでも、それらの「ためにする侮蔑的な対応」は、国家権力というものと統治される人間との一般的関係をよく表わしている。

裕さんが盛岡署から警視庁へ移送されたとき、警視庁の一般受付の前で、女子房でもなく、誰がいつ入ってくるか分らない場所で、二人の婦警が彼女を素っ裸にして、一人が身体の特徴を克明に数えあげ、一人がそれをメモした。弁護人が、その弁論で述べている。

「言語に絶する人権侵害である。刑訴法一三一条一項は、『身体の検査については、これを受けるものの性別、健康状態その他の事情を考慮した上、特にその方法に注意し、その者の名誉を害しないように注意しなければならない』としている。本条は、身体検査が人体を直接の対象とするため、人権保障のために設けられているのである。いかに婦警がそれを行ったのだとしても、このようなやり方は、名誉を著しく傷つけるものであり、許されないことは自明である」と指摘して、

「刑訴法をないがしろにするこのような代用監獄（警察署の留置所）における処遇が、あちこちで女性にたいして行われており、高田被告にのみ為されたものではないにしても、このような実態の違法性について、いささかも軽く見ることはできない。事件に関する取り調べの範囲を逸脱しており、心身に苦痛を与えることを目的とした職権乱用であり、違法であることは明らかである」

と弾劾している。

警視庁の取り調べが、連日朝の八時から夜の一一時過ぎ、ときに真夜中零時過ぎにもなることはすでに触れた。その取り調べで、日中同じ姿勢を強いられるために、ほとんど拷問状態になる。次の日また、その姿勢が強制される。房に戻ってから一時間から二時間近くかけて固まった筋肉を柔らかくせねばならない。そうすると、睡眠時間が四～五時間になってしまう。眠い。が、取り調べでウトウトすることは許されない。身体がガチガチになる。しっかり眠れない辛さ。同じ姿勢を強制される辛さ。こうして、取り調べる側は、逮捕した者に精神的な屈辱を与え、身体的苦痛を与えることで、今そこに居ることを辱め、生きる意味を踏みにじり、闘う意志を破壊しようとする。これが、小林多喜二を虐殺した時代も、今も、変わらぬ日本の治安警察の姿なのだ。それが取り調べの言動に直接に現れる。

黙秘していると運動させない。「黙秘している限り、運動時間は与えない」という。拘束されると外より運動が必要になる。〝生きる権利〟として、法は「囚人」にも運動を保障している。奪われたのは、運動時間だけでなく、面会も妨害されていた。裕さんは、「面会は、頻繁に妨害された。面会に来てくれた人が、たびたび、会えずに帰っている」、といっている。拘束された者への運動や面会は、取調官が思惑で与えたり、取り上げたりできる規定ではない。法律が保障している権利（人権）なのだ。運動も、面会も生存権そのものなのだ。国の人権感覚は、国の人間観であり、国のレベルの現れである。それが最も露骨に出てくるのが、「転向すれば、すぐ出してやる」という常套句だ。この言葉は、公安警察が今も戦前の特高警察と変わらぬ「思想警察」であることを表わし、国家と国民の基本的関係を表わしている。この「転向すれば、すぐ出してやる」という言葉とともに頻繁に言われたのが「星野のようになりたけりゃ、してやる」だ。

星野とは、無期懲役の刑で徳島刑務所に服役している星野文昭さんという中核派の学生革命家のこと。彼は、一九七一年一一月一四日の渋谷暴動闘争で火炎ビンや鉄パイプを手に交番襲撃や警備の機動隊とぶつかって機動隊員が死亡した事件で殺人の罪を問われ、一九八七年に無期懲役の判決が最高裁で確定した。これを書いている二〇一七年の今、彼は上告棄却の無期懲役の判決がでてから三四年経ち、すでに四二年間、獄中に囚われている。下獄したのが二十歳なら、四二年間獄中で過ごしたら、六二歳になっている。裕さんが岩手爆取り事件で警視庁の取り調べを受けていたときは、八三年に東京高裁が一審判決の二〇年を破棄して無期懲役の判決を出してから、四年経っていたので、「星野のように、一生出られないぞ」という言葉にリアリティーがあった。当時、中核派が、民衆の信任を得たいと思っていた「大衆的実力闘争」は、たたかうと「星野のように無期の刑になる」という脅しの口実にされたのだ。

それは、あくまで口実でしかない。彼が殺害に関わっているというのは、証拠にもとづかないでっち上げだからだ。星野の判決は、無期懲役という死刑に次ぐ極刑にされているが、証拠ではなく当時一緒にたたかった高崎経済大学の、まだ少年だった学生の供述にもとづいている。後に少年たちは、脅しのない法廷で述べている。「刑事の言うとおりに言わされた」、「星野さんが殴打しているのを見ていない」、「誰の声か分らなかった」と、怖い取り調べ室でつくった供述をすべて否定している。いつまでつづくか分らない精根尽きる長時間の取り調べ。取調官に「お前、こうしたんだろう！」と言われると、それで、自分の、この、今の、長期長時間つづく拷問から解放されるとなれば、それを拒める少年はほとんどいない。しかも、「こんな強制のないところでなら、本当のこと、真実は必ず分ってもらえるはずだ」と、「今は、この拷問から解放されたいだけだ」と思うのが、普通の心情なのだ。武は、自分の一五年間の逃亡生活の体験から、誰も見ていない「密室の暴力」というものの機能を知っている。そこでは、「人をして、相手の言いなりを認めることになるのは、そんなに難しいことではない」ことを知っている。だから、「取り調べによる供述」というものを信じない。普通の暮らしの中のことでも、強いものと弱いものの約束というものを信じない。しかも、星野裁判で裁判官は、自分が司っている法廷でなされた陳述を採用しないで、密室の刑事の取り調べの供述を採用している。これって、自分の法廷でやった「真実の追究」では、犯罪を証明できなかったことを示している。星野の無期懲役の判決は、「裁判は茶番でしかない」といわれても返す言葉がないのだ。

そして、これも「茶番」というしかない。

「テレビに出て、高田に自首を呼びかけろ」というのだ。

これに、裕さんは一番憤慨していた。馬鹿にすんじゃないよ、って感じで。彼らが、真実なんてどうでもよくて、取り締まるものの押しつけがあるだけだからだろう。指名手配を受けたんだから、それに服せよ、という。取り調べで「転向」が起こるのは、暴力が背景にあるからだ。

吉本隆明という人の「転向論」は、あれだけの戦争をやり敗北した国家というものを、そのような国家体制を、戦後、変えられなかったのはなぜか、という設問から出発しているという。あれだけの災いをもたらす国家を変えるべき「戦後革命」に、敗北したのは、なぜかという問いである。「戦後革命に敗北したのは、知識人が転向したからだ」と言い切っているという。「知識人が民衆の思いをちゃんと掴まえられなかったからだ」といっていると。この、彼の転向論というのは、「なぜ、民衆の思いを掴まえられなかったか」という理由を、縷々述べていると。「国家の共同幻想」とか、「民衆の原像」とか、「日本の封建制の優性遺伝子的な因子」とか、「知識人にもある未開の心性」とか、彼が言っていることを無理矢理分ろうとすると、〝知識人が民衆とともに生きていなかった、民衆の生活の中に存在していなかった、だから、民衆の意識が分らないので、知識人の語ることに現実性がなかった〟といっているらしい。逆に「知識人は、民衆の苦悩をよく分り、適切なたたかいを示しえていたら、戦後革命に勝利していた」ということになり、それができなかったのは、知識人の転向になるということらしい。分りにくい。

社会が大きくなれば国や統治が必要になる。統治があれば対立があり、批判や闘争がある。闘争があれば弾圧があり転向がある。取り調べは統治であり、いつでも、暴力を帯びていて転向と表裏だ。闘争する側に、目的や手段の齟齬から転向が生まれることもある。民衆の苦悩や哀しみ、民衆の意識を形づくるものを、知識人がリアルに受け止め得て、為すべきたたかいの方向を示し得て、民衆がたたかいに立ち上がることができて、社会が動と反動と二つに割れるようなところに来て、権力と革命がぶつかりあう。そのような段階まで戦後の革命運動は体験することができなかった。学生を中心にした六〇年代から七〇年代の運動は、社会を二分するような情勢にはいたらなかったので、どこまでも先駆け的である。それでも、その時代に運動にかかわったものは、逮捕され、取り調べを受け「転向の強要」に出っくわす。吉本転向論とは違う、取調官の「転向すれば出してやる」という転向の強要は、ほんとうに分りやすく、いつでも、リアルな力を持っている。取調官の「転向強要」には、あくまでも暴力が後ろについているから。

長時間、かつ長期の取り調べそのものが「ひとつの拷問」であることは確かで、そのうえ、「言葉の拷問」がつづく。裕さんが、「意見陳述」で述べている。刑事や検察官が言う。

「誰と寝た」
「女は、しょせん女だ」
「子どもを産め、産むべきだ」
「女が革命家を気取ってなんになる」

取り調べにおける、こういう言葉は、自分のたたかいのなかに、「女性解放」という内容を位置づけている女性たちに対して、大概は逆効果になる。裕さんは、自分に浴びせかけた取調官のことばを「女性蔑視発言」といって怒っている。国家機関がこういう発言をするように、女性が差別されている社会だから、だから女性が解放された社会をつくるために、自分たちはたたかわなければならないんだ、という意識になり、そういう論述をしている。

最終意見陳述。裕さんが一審の東京地裁で最終意見陳述を述べたのは一九九四年一月一三日。逮捕されて七年三ヶ月、裁判が始まって六年半経っていた。意見陳述は、何があったのか、何が問題かを鮮明に描いている。

はじめに
Ⅰ　七年余りの裁判・獄中闘争をふり返って
一、勝利宣言
二、感謝の言葉

三、反革命暴力が支配した法廷

Ⅱ　私たちは無罪である（論告弾劾）
一、幅田供述調書とは何か
二、治安立法と「転向制度」
三、徐勝・徐俊植兄弟の非転向は私たちの鏡
四、爆取り合憲判例弾劾

Ⅲ　「たたかうアジア人民と連帯し、日帝のアジア侵略を内乱に転化せよ」
——松代大本営跡の検証を通して

Ⅳ　革命運動を担う武装した女性たち
一、「人民のよりよき半分としての女性」の決起
二、「火と鉄」＝革命的暴力を奪還せよ

結語

この最終意見陳述をそのまま載せた方が生の声が伝わるのだが、原稿用紙二五〇枚もの長さなので、やむなく要点を紹介することにした。

女性解放の願いを込めたたたかい。全体をつらぬくテーマは、なぜ爆弾闘争をたたかうのかという点と、しかも、それを女性として担うことの思いをのべたものです。裁判そのものが社会変革をたたかうものと、それを弾圧するものとの弁論のたたかいだから、この意見陳述が、第一審ですでに七年余り経って

いるのは、裁判官のありとあらゆる言動がたたかう側からの批判の対象になっていたからだ。意見陳述の論点が、第一に、裁判官の法廷支配が極めて強権的であることへの批判から始まっている。とくに、起訴にいたる取り調べと一体で、司法そのものが思想弾圧であり、転向制度であることを批判している。

論点の二つ目は、非転向でたたかう道筋は「侵略を内乱へ」であると。この「侵略を内乱へ」とは、革共同中核派の基本戦略といわれるもので、その論理は、日本政治の基本方向がアジアに向う戦争政治であるから、これに対して内乱的なたたかいを対置してたたかうというもの。その内乱的たたかいを、国家権力打倒をめざす革命に転化していくという戦略である。

三つ目の論点は、かつての日本のアジア侵略のひとつの象徴である「松代大本営跡」に示される、天皇制と、強制労働と慰安婦問題を取り上げている。日本国家がアジアに為したことへの批判、日本に抑圧・迫害された民衆のたたかいを述べて、これは、四つめの論点になるが、女性が武装してたたかいに起つことの意味と自分の決意を語っている。

・爆取り法廃絶を！

「はじめに」では、岩手爆取り弾圧に使われた「爆取（爆発物取締罰則）」を批判する。過去にも、現在にも、日本の侵略政策と民衆抑圧の武器として使われてきた「爆取（爆発物取締罰則）」を、「私たちはなぜ今まで廃絶できなかったのか」と問い、爆取廃絶と国家権力の打倒の道が一つであること。そのたたかいの精神が「血債の思想」であると語っている。この「血債の思想」は、「沖縄奪還論」と並んで、革共同の魂といってもいいものだ。

法を守らぬ裁判官に、人は裁けぬ。「七年余りの裁判・獄中闘争をふり返って」彼女は、自分たちのたたかい（「一〇月の革命的挑戦」岩手爆取事件という形の挑戦）は正義であり、正義の革命は無罪だと述べている。しかし裁判所は、この弾圧の手段としている「爆取」の違憲性をめぐる論議から逃げた。学者の証言にも答えず、法の論理でことを運ぶのではなく強権的な訴訟指揮を剥き出しにした。まずもって裁こうとする裁判官が法を守らないなら、われわれを裁くことなどできないではないかと迫り、真に裁かれているのは、どっちなのか、白黒がついていると法廷を断罪している。そして、これまでのたたかいを支えてくれた数百通の獄中への「手紙」、「家族、同志、支援者、弁護団」に感謝をのべて、これからも、権力の反動に立ち向かい、それを打ち破って前進していくと改めての決意を述べている。

「II　私たちは無罪である」で、一つに、検事が論告で、有罪の根拠にしている「幅田調書」を批判している。

岩手の借家で一緒に捕まった幅田が検事の取り調べを受け、「二〇年刑務所から出られないぞ」と脅されて、検事の言いなりに「供述調書」をとられた。岩手爆取りの被告たちは、この幅田の「調書」を証拠として検事から有罪の論告を受けた。裕さんの意見陳述は、この幅田の屈服・転向への批判から始まっている。

転向強要の暴力性の中に革命の現実性がある。「転向者の供述に真実はない」、「（転向問題をあいまいに扱うことはできず）転向者への断罪は革命家の義務です」、「（私たちのたたかいの本質は）敵を倒すか、敵に殺されるかの階級戦争だからです」、「たたかいに弾圧は避けられず、逮捕は、ひとつの敗北です」、「捕らえられたら、敵の捕虜となり、生殺与奪の権を敵に握られている。捕まるということは、いったんは殺されるものとして己を引き受けねばならない」、「『個に死して類に生きる』というマルクスの思想が試されるのは、この取り調べに対して、殺されても非転向を貫くのかどうかとして、問われている。幅田は敵の暴力に屈服した」。「だが、たたかいは、逮捕され、いったん殺される覚悟をしたところから、勝利に転じるたたかいを開始するのだ。取調室はその戦場であり、たじろぎをのりこえてたたかいつづけねばならない。このような姿勢に立ってたたかうなら、権力の拷問的取り調べ、転向強要という暴力性の中に権力の革命家への憎悪、革命への恐怖を見て取ることができる」と述べている。

二つに、治安維持法と治安弾圧の歴史と「転向制度」を批判している。

社会主義運動の取り締まりと「転向の強要」が歴史的に、どのように行われてきたか検証している。一九三一（昭和六）年三月二七日付の司法次官が検事総長などへ発令したマル秘通達「日本共産党関係治安維持法違反事件処分方針の件」で「逮捕者数が多すぎて手に負えなくなったので、手ごころを加えられるものは処分保留にして、監視体制下において、その者の転向を成し遂げよう」というもの。一九三二（昭和七）年になって、その処分保留の基準を八項目設けて、思想の強さや健康状態、交友関係、家族とその生活状態などの上に、身元引受人の監視や改悛の状況を事細かく決め、思想転向が本物かどうか見極めねばならないとしている。そして、この転向制度の「要」として「身元引受人」として家族をとことん利用すべきであるという。この家族の情を利用して「思想転向」を謀かる「天皇制家族主義」を、裕さんは力を込めて批判している。

そののち当局が転向の基準を五つに分類したと指摘している。

① 行動的方向転換（河上肇など）
② 理論的方向転換（佐野学、鍋山貞親など）
③ 理論的行動的方向転換
④ 宗教的方向転換
⑤ その他の転換

これを見ても、何のことか分らないと思うので、さわりを書いておきます。日本共産党の資料を見ると、一九三二年九月に五三歳の河上肇は、日本共産党からきた入党を確認する文章を見て、「たうたうおれも党員になることができたのか」と大きく心を動かされ歌を詠む。「たどりつき、ふりかえりみれば、やまかはを、こえてはこえて、きつるものかな」と。この気分は武にはよく分る。慈恵にいってすぐ、「マル青同（マルクス主義労働者同盟）」という組織に加入した。これは、日本共産党で言えば「民青」のようなものなので、予備的な感じで過ごすのだが、一九六九年の一一月決戦前に革共同に加盟した時は、ついに扉を押し開いたのかと、独り感動したものでした。内心のことも組織上のことも、組織以外には絶対に秘密にせねばならない。加盟とか、入党というのは、そういう位置づけを持っていた。信仰なら「私はクリスチャンです」といえるのに。それも、革命組織となると、友人にも、連れ合いにも、誰にも、よろこびを語れないのだ。

河上肇は、入党した四ヶ月後、一九三三年一月に逮捕された。そして「獄中独語」という「転向」文章を書いている。「実際運動とは関係を絶ち元の書斎に隠居する」と表明した。この、もう運動とはかかわらないと宣言したこと、もう共産党とはかかわらないと言ったことを治安当局は、「行動的方向転換」の例としている。

他方、佐野、鍋山は、「コミンテルン（共産主義運動の国際組織）の誤った指導の下で日本共産党はまちがったたたかいをしている。だから、これから、自分たちは日本民族独自の社会主義運動をする」と獄中から、日共路線からの転向を宣言した。佐野、鍋山が、河上とちがうのは、党のやっていることを誤りだと批判したことです。この宣言で、一ヶ月半ばかりのうちに当時獄中にいた共産党関係者の三割以上の人が転向してしまう。さらに三年後には、七五％（四三八人いた受刑者のうち三二四人）。一〇年後の一九四三年には七一％（二二三人の内一五九人）が転向している（立花隆の『日本共産党の研究』）。当局から見れば、単に組織を離れるだけではなくて、党を批判することは、ワンランク上の「思想転向」となるわけだ。

普通の人から見れば信じられないかもしれないけど、革命党の理念や方針を批判するのは難しいことではない。どんな物事でも批判が成り立つということだけでなく、批判そのものが、正しいか、どうかということは取りあえず関係ないからだ。まず批判ありきだから、批判はできる。たとえば、「暴力で革命をやるしかない」という方針に対して、「いや、それはまずいんじゃないか、もっと穏健な方がいいのでは」、というようにいくらでもいえる。佐野や鍋山は、党の最高指導部（中央執行委員）だから、党がやろうとしていることを、どんな風にでも批判できる。党が何を望み、党のために、何をどういえばいいかを知っている。だから、批判もできる。当局が何を望んでいるかもわかる。佐野、鍋山が「天皇を尊敬した社会主義運動をやる」といったという人がいるけど、彼らが書いた「共同被告同志に告ぐる書」には「天皇」という言葉は使われていない。日本共産党を批判し、組織を離れるといったことが核心だが、なにより共産党とは別な運動をやると言い切っていることが権力にとっては重要なのだと思う。「日本民族独自」という言い方をしたことが、天皇思想で国民を統治するという国家官僚にとって、この佐野、鍋山の「日本民族独自」と「天皇制」は共鳴したと見るのだろう。

そして、一九三六年になると思想犯保護観察法が制定され、転向というひとつの統治の形態にとって、マルクス主義を否定するだけではなくて、思想として「日本精神」を掲げることが必要だとされる。おそらく、佐野、鍋山が「理論的方向転換」のモデルとして持ち上げられるのは、その「告ぐる書」で、国際主義を廃して「日本民族独自の」という言葉を使ったことが、思想として「日本精神を掲げた（ことは）→天皇制への称揚をなした（こと。日本民族＝天皇制とした）」と評価されたのでしょう。だが、こうして、日本型統治の思想を認めることで、ものごとは終わるわけではない。「日本精神を体得して実践躬行の域に到達せるもの」でなければならないとなり、ことばで「日本精神でやります」といってもだめで、「日常生活裡に臣民道を躬行し居るもの」、すなわち日常的に天皇をあがめ振る舞っていなければならなくなる。この、日々「日本精神を実践せよ」ということが、転向問題の最大の特徴になる。

この転向を実効性あるものとするために、民族思想とならんで、もう一つの特徴が家族制度だ。この時代、転向することによって、処分が留保され社会に出られたわけだが、六ヶ月から一年の間、身元引受人をつけて監視される。その監視役に家族など親族をあてていた。裕さんの意見陳述によれば、身元引受人の八割以上が親族であり、身元引受人が「転向制度」の要として、家族のキズナがとことん利用された。役人がかく書いている。

——是れ本邦社会組織の根幹をなす家族制度のたまものなり——

「この美風」（家族制度）は

——最近勃興せる日本主義思想の支援を受け、思想犯人の引き受け保護にあたり、益々その美点を発揮せむとするはまことに欣ぶべき現象なり——（一九三五年『思想月報』七月号）

最大の親孝行は、革命に勝利することだ。岩手爆取り事件で同時に逮捕された幅田が、「中核派と一線を画して親孝行したい」といって、取り調べに屈服した。現実的には、革命運動が親孝行になるのはむつかしいが、裕さんは、意見陳述で幅田の屈服を批判して「最大の親孝行は革命に勝利することだ」と述べている。そして、革命と離れた「親孝行」、すなわちこの社会の在りようを変えることを抜きにした「親孝行」は、「〝孝〟が〝忠〟に転化」するもので、国が為す戦争に反対することができなくなると語る。革命とまで言わなくても、国の戦争に反対しないような〝孝〟は〝忠〟と一体となって、再び、「岸壁の母」や「瞼の母」の悲劇を繰り返すことになる、と述べている。すなわち、反戦でなければ親不孝になるといっている。裕さんが親孝行を否定しないで、「戦争に反対することこそ親孝行なのだ」といっていることは、とても重要なことだと武は思う。戦争に行って人を殺してしまうのも、戦争に反対して投獄されるのも、その人の生き方の選択である。人間が生きている土台に家族があり、戦争は相手を殺し、家族も殺されることになる。非戦は、相手を殺さないが、自分も家族も一方的に殺されるかも知れない。戦争か非戦かというちがいは、過去の歴史から何を学ぶか、この時代をいかに生きるかという問題を突きつけている。

武が、裕さんの意見陳述に、胸をなで下ろしたのは、「親孝行なんてくだらない」といっていないからだ。国の転向政策のために、身柄引受人になる家族なんか解体してしまえってなんて、理知に走っていないからだ。逆に、家族のために、国の間違った政治、例えば戦争に向う政治と闘わねばならないと言い切っていたからだ。

抑圧された人びとの非転向のたたかい。治安維持法のもとで転向強要の攻撃に日本共産党の指導部をはじめ、日本人左翼が総屈服したなかで、植民地人民とりわけ朝鮮人民が死刑の恫喝に屈せず転向を拒否してたたかったことを紹介している。日本の左翼が転向していくのに、日本の統治下で抑圧された朝鮮人民が尊敬をあつめるたたかいをしていた。

暗殺された山本宣治の棺の担ぎ手がいなくて困っていたとき、三〇人の朝鮮人青年労働者がそれを引き受けた。彼らは留置場のなかでも尊敬をあつめていた（『アリラン峠をこえて』）。

敗戦の一〇月、出獄した西川彦義たちを出迎えたのは朝鮮人だけだった、と。

植民地朝鮮にかぶせられた治安維持法のもとで、二二人の朝鮮人に死刑が執行された間島共産党事件。死刑をまえにした青年たち。「為すことはなした。後は天命に従う」と。人を笑わせ明朗な朴青年。この青年たちとの出会いを書いた磯谷季次は、朝鮮で朝鮮人とともに労働組合を組織し逮捕されて、彼らと獄中で出会うことになった（磯谷季次『朝鮮終戦記』）。もう一人の死刑囚・李は、絞首台に上ることが決まったとき、夏の下着のない磯谷に、配食夫を通してメモを渡し、夏用のシャツを運動時にとなりの運動場から投げ入れた。闘うものの人間愛が伝わると、裕さん。

徐勝、徐俊植兄弟については、一節をあてている。

二人は、留学中のソウルで、一九七一年に韓国軍事政権によってスパイ容疑で逮捕された。この事件は、二〇名近い在日韓国人学生がＫＣＩＡによってねつ造された歴史的事件の犠牲となったものだった。兄勝さんは、拷問に次ぐ拷問で、全身の半分に近い火傷を受けて、一ヶ月間意識不明の間に作られた調書で有罪（一審は死刑判決）にされた。出獄したのは一九九〇年。また、弟俊植は、懲役七年プラス予防拘禁一〇年ののち一九八八年に出獄した。すでに亡くなっていたオモニ（母）・呉巳順さんに「オモニ、私は出てきました。一点の恥もなく」（徐京植『朝を見ることなく』）と話しかけた。兄弟は、日本の植民地支配を引き継ぐ転向制度を批判する。転向制度は、人間であることを、人間としての矜持を、破壊するものであり、他民族を奴隷化する極致として、良心や思想の内面世界を奴隷化するために、日本が持ち込んだ最も凶悪な抑圧装置であると。そして、転向しなければ釈放しないという制度は、最も基本的な人権を犯すもので、体制を思想的に支える最後の装置だ、と。そして裕さんは「徐兄弟の壮絶なたたかいは限りなく私を励ましつづけています。私の怠け心を打ちます。彼らの偉大な人間精神は私の一切の中途半端さを、皮相なごまかしを叱咤します」と受け止めている。

そして、爆取法に合憲判決をくだした判例を批判する。

爆取は、

天皇の命令《おふれ》であり、法外の法、違憲であると論じ、

「治安」のための予防反革命（革命を予め弾圧する法）であり、

刑罰の苛酷さは、国家によるテロルだ。

社会主義運動（人道）を圧殺するための治安立法であり、

そのために、犯人をでっち上げる権力犯罪（冤罪）を生む、と。

つぎに、爆取法に合憲判決をくだした裁判官らの言動について批判している。

その中で、文化勲章を受章した田中長官時代の最高裁が、朝鮮人・中国人のＢ・Ｃ級戦犯の身柄釈放の要求を棄却したことを指弾している。

ここでも武は、日本の統治の列につく者というのは本当に卑劣だとつくづく思う。この朝鮮人・中国人

のB・C級戦犯の身柄釈放の要求への「棄却決定」は、一九五二年四月にサンフランシスコ講和条約を締結した後のことなのに。米英など連合国との戦争状態の終わりと日本の主権回復（占領状態の終わり）を確認した後のことなのに、釈放を認めない。その国の精神が問われる最高裁レベルのことなのに。朝鮮人・中国人のB・C級戦犯というのは、国の名において支配下においた植民地の人民を天皇の兵士にしたて、上官の命令としてやらせたことが、極東裁判で「人道上の罪」に問われて有罪にされた人たちなのだ。「身柄釈放の要求」は、日本という国のために有罪にされた人たちが占領状態の終わった日本国に要求したことなのに、それを拒むのだ。

やむなく「兵士にさせられ」、やむなく「命令に従い」、やむなく「やらされた行為」の責任を取らされている。しかるに、徴兵し、非人道的行為を命令し、有罪にさせた責任のある国が、主権を回復し自分のやりたいことは自分の責任でできるように権利が回復したのに、自分のために犠牲になった人たちが身柄を釈放するように要求してきたら、それを拒否したのだ。国家として為した戦争行為を非人道と批判されたのに。そして、朝鮮人・中国人のB・C級戦犯から、ただ釈放を求められただけなのに。それを、拒否できる感覚。この日本という国家組織の本性は、どこまでも宗主国的支配者的感性にあるというほかない。それは、有事立法に「抗命権がない」ことにも現れている。有事立法は、戦後憲法の基本精神を踏みにじり、極東裁判の「人道」論を足蹴にしたものだ。この国の為政者がやっていることは、国民一人ひとりの人格とか、人権を、端から認めていないのだ。

・松代大本営地下壕跡

意見陳述の第三章で、裕さんは、「松代大本営跡」問題を検証して、爆取という治安法を許してきた思想的側面をえぐろうとしている。

長野県松代は、裕さんの父（母）祖の地です。その松代の三山の地下に国は、総延長一三キロにおよぶ大本営を建設する工事を太平洋戦争末期の一九四四年一一月から開始した。この地下に、天皇直属の軍の統帥機関である大本営を置いて、本土決戦に備えようとした。そして、この松代に、皇居、政府諸官庁、ＮＨＫなど、国家の中枢を移転する計画だった。

裕さんは、「黙殺の地下壕・松代大本営をめぐる戦後責任」と題する日垣隆氏の論文（『世界』一九九一年三月号）を参考にして、このマツシロに、アジア人民に対する日本国、日本人民の歴史的な関係、植民地支配と侵略戦争の歴史的な責任、戦後責任のすべてが問われていると述べている。

一九九〇年一一月一一日に、「戦後責任を考える集い」が、初めてこの地下壕の中で開かれ、朝鮮語で慰霊文が読み上げられた。

「私たちは、山河うるわしき祖国から、まるで荷物でも積み込むようにトラックに乗せられ、かたきの国に連れてこられて、強制労働に酷使された工事現場の中で、かろうじて生き残った者たちの、その子孫であります。私たちは、先祖代々受け継がれてきた土地を奪われ、このかたきの国で、あらゆる苦痛と差別と蔑視の中で、人間の尊厳を全て奪われて生きてこなければならなかった者たちの、子孫であります。マツシロの壕の中で今なおさまよえる魂たちよ、恨み辛みをうち隠すことなく、私たちの前に出てこられよ」

戦後四五年目にして初めてもたれた集会だ。この集会開催のいきさつを見ると、この地下壕が「黙殺された」といわれる意味が分る。集会代表者が長野市の観光課に挨拶に行ったら、観光課長が次のようにいった。

「市の管理になったのだから、勝手な集会を開くのは許さない。何を慰霊するんだって？　朝鮮人に死んだのなんかいないって、専門家の先生方もいっているでしょうが。コンサートをやる？　絶対に許さない。集会を強行したら警察を導入する」（一九九〇年一〇月一七日）

この発言について、裕さんは、「この短い暴言の中にマツシロがもつ、否日本人全体が負っている戦争責任、植民地支配責任、戦後責任のすべてと、排外主義・差別主義とはどういうものか、したがって「血債の思想」とは何か、をすべて内包しているのではないか、と私は思います」と述べている。

コンサートは、犠牲者の慰霊のために、朝鮮古来の楽器に合わせて舞う〝コサ〟のこと。この大本営の工事跡が市の観光課の管理下にあるのは、国の行政や学者の研究があってのことではない。沖縄に修学旅行した地元の私立高校篠ノ井旭高校の生徒たちが、沖縄の壕につながるものとして松代大本営地下壕に注目したからであった。一九九〇年九月一〇日、長野オリンピック誘致に莫大な金と人を動かして市も資本家も大騒ぎをしていたとき、わずか三六万円という調査研究費で保存委員会を発足させ、会議を開いた。正式名称は「長野市松代象山地下壕保存等対策委員会」で、肝心の大本営の文字を消している。その会議で、地元の有力議員が次のような発言をしている。

「これ以上、地下壕を市として公開する必要などまったくない。これからの若者が、先輩たちは朝鮮人に何か悪いことをしたのではないかと思って、頭が上がらなくなったりしたら困るでしょうが。観光施設としての公開以外は、地元としては認められない」

他にも「太平洋戦争にかかわる史跡」という言葉を入れるかどうかで、一時間も議論して、その言葉を使わないことにしたり、「朝鮮人の強制連行」とか、「強制労働」、「大本営」や「天皇（御座所）」「国体護持（のため）」「軍部の生き残り作戦」といった、松代大本営の意味にかかわる言葉が禁句とされた。実際に長野市が地下壕の入り口に立てた案内板には「朝鮮人」という文字すら書かれていない。

そうして、九〇年度の「ふるさと創生」一億円がらみで観光地開発資源とされて、大手開発資本がのりだしてきて「他には見当たらない大きなスケールの地下壕です。楽しく遊びながら学べる観光名所に」と、位置づけられた。いったい、何を学ぶというのか。ここに登場している日本人は、ごく一般的な日本人なのかも知れない。自分の過去と向き合う姿勢がないと、過去の誤りをただすことができないし、未来に向って隣人の信頼を得ることも、まともにつきあってもらうこともできない。そして、戦争なしに生きる道を歩むこともできない。

そして、九〇年の夏には、壕は観光用に「キレイ」に化粧直しされた。朝鮮人の〝手〟によるダイナマイトの発破跡や工事のなまなましい痕跡は「壕の崩落防止工事によってキレイに削り取られていた」（信濃毎日新聞九〇・九・四）

そもそもこの秘密の大工事を請け負っていたのは、ゼネコンの西松組と鹿島組。吹上御所内の防空壕（「御文庫」）の二〇倍、市ヶ谷の防空壕の一〇倍の一〇トン爆弾に耐えられるように設計された。軍事指揮所として利用するために、強固な岩盤を掘り抜く労働は、苛烈を極めたという。「多い日には五～六人死んだ。労務係から『今月は一二〇人も死んだ』と聞いたことがある」と金錫智さんが語り、姜永漢さんは「目の前で三人が発破の事故で亡くなって、みなが泣いて悲しんでいると、西松組の社員が『この非常時に一人や二人死んだからって、いちいち泣くんじゃない』と怒鳴りつけるのです」（九一年一月）と証言している。

ところが、当時の西松組の日本人社員矢野亭は「強制連行なんて全然ありませんでしたよ。けが人さえほとんどでなかったのだから、よほど手ぎわがよかったわけだ」（『昭和史の天皇3』）と語っている。

もう一人、鹿島組の現場責任者である玉野治助は「今どきこんな家、他にないでしょ。全部、檜と杉の柾目。天皇陛下の御殿をつくる予定だった資材ですからね」（九一年一月）と語っている。大本営や天皇御在所をつくるための高級建築材が、敗戦直後に西松組、鹿島組に払い下げられたのだ。

そのうえ、当時の建設業界「日本建築工業会」は、中国人、朝鮮人を帰国まで「食べさせた」費用などを、全国一括して国に要求した。同会「華鮮労務対策委員会活動記録」（一九四七年）には、「約四六〇〇万円を補助金として引き出すのに成功したと記している」（信濃毎日新聞九〇年八月一二日付）。四六〇〇万円という金額は、二〇一七年の今なら二億円弱に相当する。国会議事堂をはじめ、鉄道、トンネル、港湾、飛行場、ダム、水道などの施設、炭鉱や鉱山などの強度の肉体労働に強制労働が用いられた。「およそ日本の戦後復興と経済成長を可能ならしめたものには、他民族をしてなさしめた強制労働が結晶している」（日垣隆）

松代の硬い岩盤から掘り出された〝ズリ〟という砕かれた岩石は、「東京に運ばれ、都内の主要道路の舗装に使われた」という。裕さんは「このズリのなかには犠牲になった朝鮮人労働者の血と涙と汗が、場合によっては肉体そのものが混じっているであろうといっても言い過ぎでないということです。犠牲者の数もその人たちの名もすべて隠されているなかで都内の道路のコンクリートの下には、確実に朝鮮人労働者の解き放たれていない〝恨〟は今なお眠っているのです」と述べている。

長野市の観光課課長が朝鮮人に死んだ人はいないと専門家の先生もいっているといったが、その偉い先生の一人渡辺昇一に触れている。渡辺は「盧溝橋事件は中国共産党の陰謀であり、南京大虐殺もなかった」と主張している。彼はある在日一世にたいして、「戦時中の徴用は日本人を対象にしたものであり、敗戦後日本人は帰郷しようと努力し、帰郷した。しかし、敗戦当時朝鮮半島は海に沈んだわけじゃないのに、なぜ帰ろうとしなかったのか」(要旨)といってのけている(「労働運動研究」八五年一〇月号)。B・C級戦犯の保釈請求を認めない裁判所もそうだけど、渡辺昇一も、他人に対してここまで血も涙もない対応がとれることに、驚くほかない。他者に対して思いやりではなくて、ここまで排斥できるのはなぜだろうか。

対米英戦に反対し、逮捕拘束されたことから反軍部としてGHQに信用された吉田茂にも触れている。吉田はマッカーサーに送った書簡で〝現在一〇〇万人近い在日朝鮮人が日本にいるが、このうち半分は不法入国者である。自分は、在日朝鮮人の全部の帰還を希望しているので、是非進めてほしい。理由は、①今アメリカの好意で大量の食料を輸入しているが、その一部が在日朝鮮人を養うために使われているのは、将来の世代に不公平である。②大多数の朝鮮人は日本経済の復興にまったく貢献していない。③悪辣な種類の政治犯罪を犯すものが大きな割合を占めているからだ〞といっている(「国民文化」三九五号)。ここまで相手の人格を無視し、彼らがなぜ日本にいるのか、国が強制連行してきた経緯を抜きにして政治を語るのです。だから、政治というものは、戦争法案でも、改憲でも、いくらでも正義も理屈も語れるものなのだ。戦争は、双方に理由があり、正義がある。学者も、統治者も、それを語る。

そして裕さんは、松代大本営跡にかかわる天皇の戦争責任に触れている。長野市の保存対策委員会のなかで、一人が「無駄な穴など埋めてしまえばいい」と発言している。「無駄な穴」という言葉は、すでに天皇ヒロヒトが使っていた。一九四七年一〇月一三日、「国体護持」のために「天皇行幸」で長野に来た天皇について、「長野市展望台で善光寺平をご一望の際、陛下は、『この辺に戦時中無駄な穴を掘ったところがあるというがどの辺か?』とお諮ねがあり……」（当時の長野県知事林虎雄手記『過ぎて来た道』）

地下壕工事の「朝鮮人労務者取り締まりと当該工事の機密防衛」が主な任務だった長野地区憲兵隊隊長の田中宗久も手記に書いている。「善光寺の裏山に登られた天皇陛下は、『無駄な穴を掘った松代とはどちらの方向かね』と云われたのには唖然とした」と。この元憲兵隊隊長の田中宗久は、「天皇陛下の御疎開は（一九四五年）八月の予定だったので、松代周辺の共産主義者と精神異常者の徹底調査」にあたり、言動を探りに朝鮮人スパイ（呉山と竹山）を送り込んでいる。

呆れるけど、『昭和天皇独白録』（『文藝春秋』九〇年一二月号）では、「……大金益次郎侍従長の話によれば、陛下は松代大本営のことを終戦後になってから、初めてお知りになられたという……」ことになる。当時、大本営の移転計画書が作られ、陸軍大臣の着工命令が出された前後の侍従長は、大金でなく、藤田尚徳であった。藤田は自著『侍従長の回想』で書いている。「米軍の本土決戦を迎え、徹底抗戦を図る、という（中略）松代大本営の話しが、いつしか女官たちの間に伝わっていた。（だが、確かめてみると）陛下には東京を離れる気持ちはみじんも（なかった）」と。

また、内大臣の木戸幸一も、次のようにいっている。「（松代へ御動座するようなことになっては）もうおしまいで、結局洞窟の中で自殺する以外になくなってしまう。そんなことはわかりきっていた。……日本が壊滅する……際の手段としてはやむを得ぬが」（『昭和史の天皇3』）と。さらに、『木戸幸一日記』では、松代大本営移転について、四四年七月二四日から四五年七月三一日の間に、ヒロヒトと（少なくとも）六回話題になっていると記されている。なかでも四五年七月三一日付ではヒロヒトの発言として、「（三種の神器は自分が守り）信州の方へ御移する心組で考えてはどうか」との意見があった、という。政治には、真実というものは関係ない。大金の『昭和天皇独白録』偽造は、戦争にかかわる天皇の責任を隠蔽する権力犯罪だといって、裕さんは怒っている。

さらに、権力者だけでなく自らを問うことのない日本人にも、怒っている。松代大本営跡の聞きとり調査をすすめていた山根昌子さんに向って「ばかね、こんなとんでもないことをやるなんて」「とんでもないやつだ、マツシロの恥を引っ張り出して」と、あからさまに面罵する日本人たち。山根さんは、朝鮮人男性と日本人女性の間に生まれている。彼女は、「日本人とは何なの？」という問いを残して、一九九三年に五四歳で亡くなっている。

つづいて裕さんは、政治学者の姜尚中が「涙もろい善人である（日本人が）ある日、突然暴力的になる。こういう構造をどうやって内側から変えていけるのか」と問うていることにふれている。また、出隆が『ある哲学青年の手記』で、伊藤博文が安重根に狙撃されたとき（一九〇九年一〇月）「公を殺した韓人の肉をくれれば、ナイフでみじんに切りきざんでやる。六高（現岡山大学）在学の韓人をなぐれ」といきまく日本人の心象を語っていることにもふれている。抑圧民族の一員となり戦後七〇年も経って、いまだに戦争責任を問われている日本人として生き方を省みなければならないし、また、天皇制というものを問わねばならないといっている。そして、歴史家の姜徳相が『関東大震災』で四点提起していることを紹介し、「私たちは、これらを克服したと言えるだろうか」と問うている。

姜徳相の提起

①日本国民の強烈な排外性

②人権に対する壁のような無関心

③共犯者としてのジャーナリズムのふるまい

④白色テロルに恐れをなした社会民主主義者らの怯懦な姿勢

①について、戦前の総同盟幹部・中村義明が「朝鮮人労働者が沢山入ってくるから日本の労働者がますます失業難に陥る。だから、日本労働者の生活保障の為に朝鮮人労働者の移入を禁止せねばならない」といい、今日の連合も変わらない、と述べている。

武は、この排外主義の問題は、国民の資質だと決めつける根拠がどこにあるのかしらない。それよりも、日本にかぎらずどこの国民でも、国民が会社なりの帰属する集団で、その集団から差別とか、過重な負担とか、疎外感を抱くようなことがあると、その人たちは所属集団の外へ差別意識を向けるようになること、そのことを考える。例えば、アメリカの白人貧困層が、移民排斥をいうトランプを支持し、彼の自国内生産の復活や、国際協調より自国第一主義を支持するように。排外主義というものは、人と自分を比べ劣敗意識に足をすくわれている悲惨さのあらわれなのだと思っている。

②について、フィリピン女性マリーナ・バッティンさんに浴びせている日本人警察官の言葉を紹介している。「彼は、私にこう言ったのです。『何が欲しいのかね。金かね。それとも何かの物かね』。私は、『自分の身に起こったことに対して正義がほしいのです』と答えました。すると彼は笑って、こう言ったのです。『何を期待しているんだね。フィリピンの女性は輸出用じゃないか』。こんなことを聞くのは本当に悲しいことです。彼らは私たちの人間性をおとしめているのです」(『かすかな声を聞け——海外出稼ぎのアジア人女性の証言』NCCキリスト教アジア資料センター編)

この「他者の人権への無関心」という点について武は、近代文明そのものが、言い換えれば資本主義の発展そのものが、他者を批判し差別化することで発展してきていることに根ざしていると思っている。

③について、曾野綾子が朝日新聞に連載している(一九九三年九月九日)小説に、「外国の思惑にばかり気を兼ねて、祖国のために死んだ兵士が眠るとされる靖国神社に総理大臣も参拝しないという無礼で非教育

的なことを、平気でできるようになる」と書いていることを、例としてあげている。

排外主義の煽動にマスメディアも共犯者だという点では、資本の利潤をいかに効率的に生みだすかという仕組みのなかでめしを喰っているメディアは仕組みを否定することができない以上、共犯者であるいがいに成り立ちようがない。
④について、裕さんは、ヒロヒトが死んだときの、土井たか子ら社会主義者の言動を批判している。天皇制と天皇制思想をそのままにしておいて、再び、戦争のできる国になった日本。日本という国の犯した歴史的責任から逃げつづけ、天皇制を精神的よりどころにして、アジアの声を聞こうとしない日本人。ここにとどまるかぎり、歴史はまた繰り返されるほかない、と。
そして、裕さんは革命的共産主義者を名乗る私たちに〝怯懦〟はないだろうかと自問して、在日のひとびとが「私は指一本で国家とわたり合っている。存在そのものが武器である」と、当時指紋押捺拒否闘争に決起してたたかっていた在日朝鮮人の戦闘的精神、非転向不屈の姿勢をこそ自らのものとしなければならない、と述べている。

この意見陳述を述べている裕さんは、八年目の長期拘留がつづき、まだ拘置所にいた。革命運動とは、いわば長期投獄であり、拷問や獄死や死刑という、暴力や死と表裏のものである。それでも運動をつづけるのは、革共同中核派の場合、「侵略を内乱へ」という戦いの考えや、「血債の思想」という「日本民族が犯した歴史的誤りを、命をかけた戦いで償う」という思いを胸に抱いているからだった。裕さんは、「自分に怯懦はないのか」と、自分を叱咤している。裕さんの場合は、そうして生きることが「人間として為さねばならぬことであり、それが正義だから」ということになる。

・日本軍軍隊慰安婦

さらに、裕さんは女性として、女性革命家として受け止めようと、松代大本営近くに、四人の朝鮮人女性が住まわされていた「慰安所」の存在が明らかになったことに触れている。「慰安所」があったのは戦地ばかりでない。天皇の「下賜品」扱いされた彼女たち。日本軍軍隊慰安婦問題に半世紀近くも口をつぐんできた私たち日本人。ヒロヒトが戦争責任問題を問われて、「自分は文学の方面の研究はしていないので、そういうことばのアヤについてはよくわからない」とうそぶいた精神。このような精神が問われているのではないだろうか、と。天皇裕仁は、戦争責任は文学のことばのアヤだからよくわからないという。「戦争責任」は、文学でなく現実の事実であり、ことばのアヤではなく事実を問う言葉だ。「戦争責任」は、現実に問われている事実でしかない。歴史のなかで為したこと＝綾なしたものであって、ことばのアヤではない。アヤなした現実であり、事実なのだ。だから、松代大本営跡の地下壕が観念のアヤではなく現実であるように、戦争責任を突きつけられたヒロヒトは、彼なりの現実の苦悩、責任から逃げてはいけなかったのだ。ヒロヒトにかぎらず、問われた責任から逃げないとき、人の歴史も変わる。裕さんは、松代には、強制連行と強制労働、慰安婦、戦争指揮大本営、天皇御座所、これらの「戦争犯罪を問う全内容を含んでいる」と述べている。

裕さんにとって、父祖の地、松代で、マツシロを知ることは、自分と自分につながる歴史と真正面から向き合うことだった。東京の父母の家の近くに小さな朝鮮人部落があって地下鉄工事のときに立ち退きにあわされた。小学校で四年間一緒だった台湾出身のS君。目に焼きつく、白い傷痍軍人のアコーデオンを弾く姿。その大半が日本によって遺棄された皇軍兵士たちを忍んでいる。

そしてこの項の結論として、一つに、血債の思想、自らの血、すなわち自らの行動を通して歴史的責任を取ることによってしか、日本人の生きる道がないのだと。二つに、「政府に言いたいことはたった一つ、もう戦争はしないで」であり、この国の戦争推進政治にたいしては、国家権力を打倒する闘争（侵略を内乱へ）をたたかいぬかなければならない、と述べている。三つに、そのたたかいを抑圧する「爆取」こそ不正義であり、裁かれねばならないし、「私たちは、最後の爆取被告団にならなければならない」と。最後に、裁判官は、爆取法が果たした犯罪的役割にメスを入れ、爆取違憲の判決を出すべきだ、と述べている。

・革命運動を担う女性たち

第四章は、「革命運動を担う武装した女性たち」をタイトルにしている。一節は「人民のよりよき半分としての女性」の決起の歴史を語るところから始めている。「女性もまた人間である」。これは、「よりよき半分」とともに、井上清の『日本女性史』冒頭に書かれている。少数の男性支配者の添え物のように扱われてきた女性の、「人民のよりよき半分としての女性」の、現実と歴史を見直すべきだという井上氏の言葉の紹介から書きはじめている。

彼女（裕さん）も、母方の祖父から「女が大学へ行ってどうするだ？」と方言で問いただされた体験。「ことに女子は大方殺すならわしの村里あり」（『百姓袋』徳川封建時代）。苛酷な封建制へのほぼ全国的な百姓一揆。封建制の中で、女性が新たな商品生産者になっていく（木綿や絹織物の手工業製品の制作）。佐倉宗吾郎と妻きんの「伝説」を紹介している。（『日本女性史』の引用）。宗吾は妻に難を及ぼすことを防ぐため妻を離別しようとした。しかしきんは「夫の仕置せらるるを見ながら、何を楽しみにいつまでもこの世に存命すべき、身を切る刃は受くるとも縁を切らるる刃は受けじ」として離婚を承知せず、民衆とともに戦うためには死刑もまたおそれずとの情熱と夫婦愛をしめした。後に宗吾がとらえられ死刑にせらるとき、領主は宗吾をにくむあまり、長男宗平および女子三人をよびだし、おとく（九歳）を徳治、おほう（六歳）を乙治、おとぢ（三歳）を徳松と強いて男子名にし、この幼女までをも死刑にしたという。これは、史実のとおりではない。佐倉宗吾郎の話は、一人の宗吾のことではなく、当時房総地方に起こったいくつかの百姓一揆の史実を、一人の民衆英雄の行動にまとめあげて、封建支配の残酷さと、初期の民衆闘争との典型的な話をつくりあげたものである。それならばなおさら、伝えられる宗吾一家の闘争は、当時の民衆男女の勇気と革命的精神とをあらわしていたのである、と。

この佐倉の農民一揆と三里塚農民のたたかい、たたかう女性の姿を重ねていく。一八一一年の豊後は臼杵のたたかいでは、その課題の一つに結婚にたいする領主の干渉に反対している。美濃の一揆では、役人もあきれるほど女性がしたたかにたたかい抜いている。幕末に討幕派として活躍した女性の名もあげている。信州の松尾多勢子、筑前の野村望東、上州の大橋巻子、手塚増子ら。

「とくに松尾多勢子は、一八六二年、五二歳にして決起。夫と子どもをおいて単身京都へ出て、レポ役を担うのです（レポ役とは、連絡係のこと）。のちの右大臣岩倉具視の家へも出入りし『女参事』といわれて明治維新を陰でささえました。しかし、ともに歩んだ草莽の志士相楽総三らが、「偽官軍」として岩倉らの手によって処刑されていった事件（一八六八年）以降、新政府への不信を強めます。また革命に身を挺して民衆の世の中の到来を想いえがいていた一女性にとって『御一新』をもたらした権力者たちの実相は、明らかに〝裏切られた革命〟として映っていたのでした」

裏切られた革命を物語る史実のひとつに、キリスト教徒に対する弾圧がありました。（以下、井上清の

『日本女性史』から引用）
「新政府は、倒幕戦がすむやいなや、キリスト教徒のおもなもの二六〇〇余人をとらえ、これを全国にわけて、諸藩の監獄にぶちこみ、およそ普通の人間の頭では考えつくこともできないような、ありとあらゆる拷問を加えた。例えば、赤ん坊と母親とをひきはなし、隣の監房でその赤ん坊が乳をもとめて泣きさけび死んでゆく声を母にきかせる、などということを平気でやった。このような弾圧の張本人木戸孝允が、明治政府の中でもっとも『進歩的』であったというから、おどろくほかない」
裕さんは、一八七九年に『民権自由論』を書いた植木枝盛のインチキも批判する。
「『東洋の婦女』を出して福沢の女性論を批判し、男女平等を実現するには専制政治をなくさなければならない、と主張しながら、自らは妾をもったり、買春を当然のこととしてやっているのです。かれの唱えた〝民権〟がいかにインチキなものであったかがはっきりします。彼らの女性観と実生活のあまりのかい離がそれを証明しています」
自由民権運動の高まりのなかで「大阪事件」で逮捕された景山英子について
「出獄（一八八九年）後に、はっきりと民衆の側に立つ階級意識に目覚めます。（中略）女性の解放をなしとげるものは、ただ男対女という対立にとらわれものではなく、社会の根本の対立を解決し、全民衆とともに女性をも社会的に解放するものでなければならない、と。そしてその力はどこにあるのか。それは成長しはじめた労働者階級にありました。時は、日本最初の工場労働者である女工たちの階級としての成長と労働運動の芽ばえがはじまっていた時期です」と。
大逆事件にかかわる管野スガについて
「女性革命家・管野スガの出現は権力をふるえあがらせました。『大逆事件』の捜査・公判のイニシアティブをとった平沼騏一郎の回顧録から権力の受けた衝撃が伝わります。

とにかく天子になるものは、現実において、経済上には掠奪者の張本人、政治上には罪悪の根本、思想上には迷信の根本になっておりますから、この位置にある人そのものをたおす必要があると考えていたのであります（一九一〇年六月三日管野スガの『聴取書』）」とその信念をのべています。

「平沼は『今あんな大事件を取り扱ったら漏れてまとまるかどうか判らぬ。一〇年位かかるだろう』と述べ、極秘のうちに、超スピードで死刑判決、処刑までもっていきます。

（中略）

官選弁護人の一人、今村力三郎は、『……裁判所が審理を急ぐこと駿馬の如く、一の証人すら之を許さざりし……』）

（中略）

平沼は『……彼等は天皇陛下という敬語を一切使わない。そこで（中略）敬語を使わぬ調書は取るなと注意した』

『取り調べの時、管野スガ子が武富検事に灰皿を投げようとした。後に管野は武富に対して、そんな調べ方をしてはいけません。私は何度灰皿を投げようとしたか知れません。そんな調べ方をしていると命を失いますよ、と言った』」（平沼『回顧録』）

裕さんの論述はつづく。

「爆弾製造容疑の取り調べと称して私に投げつけられた様々な女性差別発言（女はしょせん女だ、誰と寝た、子どもを産め、生むべきだ等々）、とりわけ『女が革命家を気取ってなんになる』という権力の暴言こそ、女性革命家の存在にたいする憎悪と恐怖の表現でしかない、ということです。

恐れ入りますが、切手をお張り下さい。

〒113－0033

東京都文京区本郷
2－3－10
お茶の水ビル内
（株）社会評論社　行

おなまえ　様

（　　　才）

ご住所

メールアドレス

購入をご希望の本がございましたらお知らせ下さい。
（送料小社負担。請求書同封）

書名

メールでも承ります。　book@shahyo.com

今回お読みになった感想、ご意見お寄せ下さい。

書名

メールでも承ります。　book@shahyo.com

（中略）
女性が自らの手に政治をとりもどすことや、国家の暴力に抗して革命的暴力を奪いかえして武装闘争へ決起することがことのほか恐ろしいのです。
（中略）
労働者階級の前衛が、『人民のよりよき半分としての女性』たちの自覚的決起を束ね、日帝打倒の一大勢力に成長することを怖れ、まだ芽のうちにつぶそうと躍起になっているのです。たった五人の、あるいはたった一人の女の私を『人質』にとって、あらんかぎりの言葉の暴力で革命をはずかしめ、『爆弾闘争』＝革命的武装闘争をののしり、女の私を侮辱し、陵辱し、権力に屈服させようとしたのも、私たちの背後の『人民の海』の存在と決起を怖れたからにほかなりません。天皇が死んだ日、爆取被告の私の房の前に、男の看守が一人、半日張りついていました。獄に閉じこめておいてすら権力はまだ〝安心〟できないと見えます。（中略）」

第四章　革命運動を担う武装した女性たち、の第二節は、「第二節　『火と鉄』（レーニン）＝革命的暴力を奪還せよ」と題して書かれている。

冒頭、一九九三年三月、ドイツヘッセン州でドイツ赤軍派による新築のファイターシュタット拘置所爆破闘争とその声明の紹介をのべている。

「監獄なき社会を
国家とナチ勢力による人種排外主義と対決せよ
人民内部の差別排外意識を解体せよ

（この「三・二七声明」は、カタリーナ・ハマーシュミット・コマンドという女性名で発せられたもの）」

一九九二年六月、オランダのハーグで〝移民狩り〟機関である社会内務労働省庁舎ビル爆破闘争を行ったRARA（革命的反人種差別行動）の声明を紹介している。

「『違法移民』狩りは、人間狩りだ（中略）数十年にわたる「福祉国家」政策のもとで存在する下層階級は、今や監獄の独房か、防水段ボールのような住居に住まわされるかという選択をせまられている。資本はいままでよりも速いペースで世界を思い通りにするところにきている。そこでは人間は『ヒューマニズム』の名のもとに酷使され、使い古されたボロ雑巾のようにゴミ箱行きになる。労働の国際化は、『第三世界』を破滅させ、農業の資本化は何千万もの人民を地方から大都市のスラムへと追い込んだ。（中略）『多くの人々は爆弾闘争など望んでいないし、そのような手段は今、無意味だ』と左翼さえもが語っている。（中略）この戦闘性は、闘う手段の一つの方法にしかすぎない。（中略）われわれの立場は国際主義である。（中略）人間が目の前で抹殺されんとしているのに、これを傍観していることなどとうていできない。（中略）亡命申請者、難民受け入れ政策に対する闘いとは、すなわち人間社会へ向けた闘いであるのだ。すべての人間に未来が与えられる社会をこそ獲得せん！（後略）」

レーニンのことばを紹介している。

「武器の使い方を習得し、武器の使い方に練達し、武器を持つことに努めないような被抑圧階級は、抑圧され、虐待され、奴隷としてとりあつかわれる値打ちしかない」

また、『婦人自衛官』の中で、旧軍隊からの幹部が発している檄をとりあげて、「光栄あるわが国体を護持する根本要素は、祖国愛の徹底と、防衛に関する使命感の透徹である。（中略）およそ指導者たる者は過去の歴史をかえりみ、将来を洞察して適時的確に国民に向うべき方向を指示しなければなりません。そして国民は自己の利害を超越して国の方針に従うべきではないでしょうか。

……

私たちは、この反革命暴力と対決し、うちかたねければなりません。

……

革命の歴史をふりかえりましょう。世界に目を広げれば、豊ですばらしい勝利の教訓にみちているではありませんか。女性が武器をとってたたかいぬいた世界革命運動史、民族解放・革命戦争史から私たちはもっと学ばなければなりません。……」

①「爆取」制定の要因になったロシアツァー・アレキサンドル二世爆殺を指揮した二七歳の女性ナロードニキ、ソフィア・ペローフスカヤの紹介。

②彼女は、ロシアで処刑された最初の政治犯だった。その意志をついだヴェーラー・フィグネルは、シュリッセンブルグ要塞で二一年間生きて闘った。

③オランダ侵略軍とたたかった指導者、チュ・ニャ・ディン。（映画『チュ・ニャ・ディン』で公開されて

いる）。

④そして、圧倒的多数の無名の女性たちの決起。「人民のよりよき半分の女性」の決起なしにたたかいの勝利はない、と語っている。

この第二節を次のように結んでいる。

「革命的暴力の奪還のために私たちはもっと世界革命運動から学び、〝マルクス主義軍事論〟を学び、もっと実践を、勝利の実践をつみ重ねることです。水泳を取得するには水の中に入らねばならないのですから。」

裕さんの意見陳述の結語は、ベートーヴェンの「第九」の話で締めくくられている。

着想から完成まで三二年という歳月、彼の中であたためられ、最後の交響曲として書かれた「第九」も、第一楽章から第三楽章までは彼の人生のすべての苦悩を反映したかのように重々しく暗いイメージの曲想がつづきます。しかし、第四楽章でついに苦悩をつきぬけて歓喜へ、例の合唱が人類の未来を明るく力強くうたいあげるのです。

問題は苦悩から歓喜への転換をどうやってかちとるか、です。音楽家諸井三郎は書いています（『ベートーベン』）。

「より大切なことは、彼が行った個人的な事情における宿命的な不合理に対する解決を、ただ単に個人の範囲にかぎらず、さらに広い世界の問題にまでこれを発展させていったことである。すなわち、すべての不合理なるものと戦い、これを打ち破ることによって、人間の精神を解放し、人間に自由と尊厳とをもたらすこと、ひとことでいえば、人間解放の精神に徹すること、これが彼の終生の旗印となったのである」

というわけで彼の思考はなかなか弁証法的だと思うわけですが、歌い出しはバリトンの独唱ではじまります。

——おお、友よ、この音ではなく！　われわれに好ましい、歓びにみちた音を歌いはじめしめよ——と、みんなをリードします。あとはシラーの「歓喜によす」という詩が続きます。「……すべての人々は兄弟《はらから》となる（初版では「乞食は王侯の兄弟となる」でした）抱き合え、百万の人々よ！　この口吻（くちづけ）を全世界に！……」

ベートーヴェンがシラーの革命的な詩を選び、自ら「この音ではなく、別の音を——」と歌い出しにつけ加えたわけです。私はここにベートーヴェンの思想の革命性を確認するものです。

私たち流に言い直せば、現にある既成の概念や価値観ではなく、「別の」もっと人間的な新しい価値観を、スターリン主義に汚されたエセ社会主義ではなく、本当の社会主義・共産主義を、真の革命の理念の実践を、ということになるでしょう。私たちは真の革命党、労働者の前衛党として、「この音ではなく、別の音を——」と提起するのです。そして必ずや人類の未来の歓喜を、声高らかにうたいあげようではありませんか。

私たち獄中の五人と獄外を結ぶ通信の題名は『寒梅』といいます。ある若い同志が、みぞれの中に立っている東京拘置所の梅を見て、ああ、なるほどと合点がいったそうです。『寒梅』——この響きといい、そこから喚起されてくるイメージといい、私たち爆取弾圧被告にとても似つかわしく、ふさわしい、と。

喚起されてくるイメージとは〝情熱〟であり、同時に〝受苦〟であると。マルクスは『経済・哲学草稿』の中で述べています。

「対象的な感性的な存在としての人間は、一つの受苦的な存在であり、自分の苦悩を感受する存在であるから、一つの情熱的な存在である。情熱、激情は、自分の対象に向ってエネルギッシュに努力をかたむける人間の本質力である」

「自分の対象」とは自分を抑圧してくるあらゆる力です。その力に対抗する力、人間としての怒り、労働者階級としての怒りこそ、私たちのたたかう者の原動力であります。この怒りを失ったところに敵への敗北、屈服があるのです。

革命には、ときに、この情熱を打ち砕くような混乱や沈滞や絶望とさえいえるような局面があります。しかし、どんな反動の時期でも新しい価値観を生みだす情熱を内包しながら人類史は着実に前進するのです。

革命はまた、道のないところに道をつくって進むものです。道のないところに道ができるのは人が歩くからです。先頭を歩く人間は傷だらけにもなります。そればかりか、本多書記長をはじめ多くの同志の死が示したように、敵に倒されることもあるのです。しかし、それを恐れてどうするのですか？

「労働者階級の解放は労働者自身の行為でなければならない」(『共産党宣言』)とすれば、労働者階級の解放すなわち革命勝利の展望は、傷だらけに耐え、同志の死に耐え、自らも死をも引き受けて、試練をのりこえながら切り開くところにしかありません。

情勢は、みたび「戦争か革命か」の時代です。革共同が求められている力量はあまりにも大きいといわねばなりません。一人ひとりの飛躍が求められています。飛躍には決断が伴います。階級闘争や党の歴史というのはこの決断のときの連鎖でもありましょう。(中略)私たち一人ひとりの人生をかけて一路前進しようではありませんか。若い同志たちは、私たち「老人組」をのりこえて前進せよ。

――支配階級を共産主義革命の前に戦慄せしめよ。プロレタリアは革命において、その鉄鎖以外に失うべき何物もない(『共産党宣言』)――

私たちはやがて全世界をかくとくするのです。

権力者よ！「爆取」で私たちを裁けるものなら裁いてみよ。必ず「十月の革命的挑戦」の完遂をもってあなた方を、天皇制、爆取もろとも裁きかえしてみせる。これが一切の結語です。」

一審の意見陳述を、このような結語でしめくくったのが一九九四年で、裕さんが四五歳の時。「十月の挑戦」というのは、岩手のアジトで爆弾つくりに着手した「爆弾闘争のはじまり」を意味することになる。ベートーヴェンが「この音ではなく、別の音を……」といって、シラーの「すべての人がしがらみから解放される歓喜の詩」をあてて、歌いあげたことを、裕さんはスターリン主義に代わる革命的共産主義の運動をもって革命に勝利しよう、そして未来の歓喜をうたいあげようと、思いを込めて語っている。

若かったね、裕さん。〝情熱〟といい、〝受苦〟といい。自分の死をも引き受けてすすもうよと、呼びかけている。ソ連が一九九一年に崩壊し、中国は七八年から改革開放路線をすすめ、九二年には市場経済へ完全移行していた。革共同中核派は、スターリン主義という、まちがった共産主義が破綻したのであって、これからは革命的共産主義の「われらが時代」がはじまるのだといっていた。

裕さんが、この最終意見陳述を岩手爆取裁判で述べたのは九四年一月一三日。東京地裁の一審の判決は、二ヶ月後の三月二九日にくだされた。裕さんが、八六年一〇月一一日に逮捕され拘置所におかれてから七年余りの歳月が経っている。裕さんの判決は、懲役五年。七年の未決期間が算入されて、その日釈放された。裕さんへの求刑は七年だった。裁判所というのは、いや、裁判官というのは、サッパリしたことができない。憎しみを示したいのか、自分の責任でものごとを決められないのか。判決の前の、三月一日に出していた保釈申請に許可を出さないのだ。求刑を越える期間、未決に入れられているのに、すでに判決の内容は決まっていたに違いないのに。たしか、相被告の川崎さんは、求刑が七年（刑期六年の判決）だったのに、七年半も勾留された。

保釈歓迎集会。今、わずかながら手もとにある資料を見ると、九四年の七月八日に裕さんの保釈歓迎集会が開かれている。そこに、裕さんの発言が要約されている。

「私たち五人の被告は、皆さんのたたかいに支えられた。二〇〇通を越す手紙と、三〇〇回にもなる面会。六年半の傍聴闘争。形に表れない熱烈な想い。時には批判も含めて、心揺さぶられ、思い起こすたびに胸を熱くするものばかりでした。……爆取は粉砕できる。爆取廃絶は不可能ではない。新鮮な気持ちでたたかう」と語っている。

また、八七年六月五日付で土田さん署名のある「裁判所第二回折衝報告書」があり、そこに、

「出席者
　神垣裁判長、陪席裁判官二名
　藤沢、幣原、佐貫弁護人
　平本、大竹検事」

とあった。

藤沢さんは、弁護団長。幣原さんは高校の同学年で、佐貫さんは、裕さんの高校のクラスメートで、七年余りの獄中生活を支えてもらい裁判闘争に力を貸してもらった人だ。土田さんは、革共同の救対部の責任者をながく担い、岩手爆取り事件の対策と裁判を直接担当していた。裕さんが東拘で中国語の勉強をはじめたときのよき助言者となり、裕さんのお父さんの信頼を得ていて、裕さんも彼を信頼していた。武が二〇〇〇年に浮上して土田さんに会おうとしたけど、裕さんも会いたがっていたけど、会えていない。理由は分らないけど、彼は九〇年代には組織を離れ中国に渡ったと聞く。

て、いつもの明るく優しい笑顔があった。**生きて会えるなんて**。目が合って一瞬、彼女が真顔になった。なんだろう……。午後の日差しをあびて、いつもの明るく優しい笑顔があった。梅雨の明けた信州を、組織が運行する車で移動する。旅館で、逮捕時の話、東京へ移送される話、警視庁の取り調べ、幅田の脱落の話がつづく。散歩はしなかった。裕さんが解放されて、最初の家族面会だった。

裸にされた身体検査はひどいし、取り調べで「女なんか革命運動をやるな！子どもを産め！」という刑事、検事の話も嫌だったよ。傷ついたのは「武に自首を呼びかけろ！」といわれたことだったけど、痛快でもあったと、話していた。

・永田洋子との文通を止められた

獄中での、多くの人たちとの交流、文通や面会が楽しかった、と語る。逮捕された若い学生とその親の文通。連赤の永田洋子との文通。これは、革共同の救対組織が永田との文通をいやがって強い制動をかけ、文通を止められた。永田は、死刑も決まって、自分のやったことに死をもって償うつもりでいたと、裕さんが書いている。裕さんは、「永田の苦悩に寄り添って、彼女の声を聞いてあげようと思った」といっていた。九〇年の二月に、坂本千秋が書いた手紙がある。いっしょに、救対のメンバーがワープロで書いた文章がある。坂本千秋と同じ主旨だ。そこでは、永田がどんなにひどいことをしたか、どんなに間違っているか、と永田の誤りが強調され、決して「自己批判」はできないのだから、「かかわるな」と決めつけている。

永田は、間違っていたに決まっている。一九七一年の暮れから、わずか二ヶ月くらいの間に一二人もの仲間を殺した連合赤軍事件を起している。九三年には最高裁で死刑が確定している。裕さんは、永田に自己批判させようと考えていない。彼女が話したかったことを聞いてあげたかっただけだ。だが、間違っているのは、永田だけなのか。

まだ前進社が六つ又ロータリーにあって武がまだ社につめるようになったばかりの時、チューさんに聞いたことがあった。「方針がまちがっているとき、どうするの?」と。チューさんは、すかさず答えた。「方針通りやるのさ。だめだったら、その方針がまちがっていることが明らかになる!」。間違っていると思うことを「情熱」もってやれるわけがない。「貫徹力」ということも強調されていた。これには、「黙ってやる。言葉を返さない!」というニュアンスが含まれている。このチューさんの話は、ままでは飲み込めないので「腑に落ちないまま」にしておくことにした。

チューさんの「間違っていると思っても、やるんだ」というのは、絶対服従ということだけど、それは、「貫徹力」とか、「献身性」とか、「無私の精神」とか、そういう「美しい」ことばで語られていた。この「無私の精神」というのは、高橋和巳の『内ゲバの論理はこえられるか』を引用する形で、永田洋子が使っているといわれている。「無私の精神」「献身性」という美しいことばが語られているが、社会主義的運動一般では「指導と被指導との関係」は、「絶対的服従関係」にほかならない。そして、この絶対服従の前提にあるのは、組織の判断、上に立つ者の判断には誤りがないという「前衛党無謬論」であり、組織中央の「自己絶対化」だ。党指導者は絶対的に正しく、命令は無条件に貫くもので、その思想と運動と組織に身も心も捧げる姿がよき革命家ということになる。革共同は、「宗教的信念をもって」という言葉までつかった。ここまでくると「帰依する」という宗教的な拝跪と変わらない。連合赤軍事件の「総括」が、こうした指導者の自己絶対化や帰依のような拝跪の姿勢を前提にしていなかったら、わずかな間に仲間たちを十二人も殺すなんてことができるわけがない。それと、もう一つの絶対条件がある。それは、閉鎖された空間、閉鎖された組織でのみ、可能だということ。批判や告発が正当に取り扱われるようなところでは決して成り立たない。革命党に批判や告発が正当に扱われることはない。社会にもない。社会は、利潤の追求で、人の話を聞かないことで成り立っている。組織や企業に、法令遵守が義務づけられているが、内部告発者が護られる保障はどこにもない。革命組織だけの問題ではなくて、社会のすべての組織、企業や軍隊にも「正義」は行われていない。アメリカにもない。ＣＩＡの盗聴を暴露したらロシアに亡命しなければならない。国の論理は、ＣＩＡの犯罪を護り、告発者を追放するのだ。

高橋和巳の『内ゲバの論理はこえられるか』にふれて、永田洋子が語っているもう一つのことは、「共犯関係におくことによって結束を維持する」ということがあるといっている。それは確かに、ギャングの社会的存在形態でもある。でも、非道を背景にしばりをかけ組織や運動を維持することは、左翼世界にかぎらずどんな組織でも、破綻を縫い込んでいくようなものだ。組織が破滅のサイクルに陥っていくのは、まず、やるべきことの判断や選択や担い手について、公正な討論が成り立たなくなることから始まる。すべてが権力的に、暴力的に処理され、特定者の強権でものごとが進められていくからだ。権力のもとでは、だれかが真っ当な批判をなしえて、周りにその正しさが分っても共鳴することができない。それが権力の本質だといってもいい。権力が与えるあらかじめの大義名分によって大部分の個人の感性は麻痺させられている。「サリンをまけ」といわれてもだれ一人拒否できなかったように。この関係では、「国民の命を守るために戦争をやる（戦争法をつくる）」というような転倒が可能になる。個人も組織も、人の感性が働かなくなるほどひどくなって、はじめて「総括」による粛正・殺害が行われるのだ。それが行われるようになっても、「総括は魂の救済」といいなすような、それを異常とも思わぬようなところまで人間の感性も精神も壊れていくのだ。

獄中の永田は、自分のやったことを総括するために、「反米愛国路線がわかっていない」からだという川島豪と別かれて、塩見孝也（赤軍派議長）と総括をしようとした。しかし、「連赤事件は、連赤指導部の資質の問題だ」という塩見とも別れる。永田のいっていることで、武の目についたことは、永田が「川島も塩見も、どちらも既に行っていた自分たちの総括を受け入れるように私をオルグする（説得する）だけで、連合赤軍問題の事実報告を要求しようとはしなかった」といっている。すなわち、永田は、〝二人とも私の体験をまったく聞こうとしなかった〟といっている。「この二人は、人の声を聞かず押しつけるだけだ」という指摘は、武にはよくわかる。人でも、組織でも、何があったのかに関心をもたないものは信用できない。先に権威や秩序や既定方針があって、話を聞きもしないで、自分の統治を押しつける。川島も、塩見も、そんな人間なのだ。

日本の裁判所が永田にくだした判断は、「（原因は、永田の）不信感、猜疑心、嫉妬心、敵愾心」で、「女特有の執拗さ、底意地の悪さ、冷酷な加虐趣味」だといっているらしい。永田は、この判決を「受け入れない」と表明しているという。裁判所の〝最悪の女性〟という認定にたいして、彼女がとうてい受け入れないと反発するのはわかるような気がする。

連赤兵士だった植垣康博が、永田について語っている。「永田は自我をもっていない。常に自分を支えてくれる男性を必要とし、かつ、その男性の思想に容易に染まり、それをあたかも自分の思想のように語れる。山岳ベースでは森恒夫の、裁判闘争では塩見の、それと決別してからは植垣のいうことをそのまま信じており、また連赤以前なら川島豪の強い影響下にあった」、という。そして、植垣は、このようなその時々の男のいうことを信じて自分の考えのようにいう永田を、チェーホフの短編小説『可愛い女』の主人公オーレンカにたとえている、という。

ウーマンリブ運動で名前のでてくる田中美津は、逮捕される前の永田に誘われて丹沢の山岳ベースを訪ねたことがあって、事件があった一ヶ月後に『永田洋子はあたしだ』という一文を発表している、という。裕さんが感じた永田というひとの印象は、判決がいうような「嫉妬心、敵愾心、女特有の執拗さ、底意地の悪さ」というものとまったく別な、植垣や田中美津の感じたものにも通じる、チェーホフが描く女らしい「人を思いやる気持ちにならずにはいられない、こころの優しさ。人との関係における素直さ」を、みていたのではないだろうか。リブ運動がそう成らざるを得ないような時代、男に負けないようになるとか、強い女にならねばとか、女性の進出、家族崩壊が強められていく時代だった。永田も田中美津も、自分が、素直で、優しい「女らしい自分」であることを、よく判っていた。時代の声を聞いて、そんな自分を変えたかった。組織が要求する「強い女性」になろうとしたのかもしれない。

なぜ、あのような事件が起こったのか。塩見のいうような「森や永田の、連赤指導部の資質の問題」ということだけでは説明できない。まず一つは、組織という人間関係の本質がたえず「力関係を帯びている」ことがある。企業でも、官僚組織でも、政治的組織でも、組織というものの本質である権力関係があるからである。そして二つには、指導部の資質がきて、三つめには「追いつめられている」ことがある。彼我の攻防の状況として、闘争の流れが精神に与えるものがある。体が弱ってくれば「鬱」にもなる。その時の連赤なら強烈な「敗北と絶望感をかかえて」いておかしくない。そして、四つめには、「閉鎖された空間」ということがある。この四つの複合的状況で、総括という名の殺害がおこなわれた。

しかし、どれほどの事情があったとしても、それがどんなに悲惨な状況であったとしても、事件が事件になるかどうかは、最後は、かかわっている人間の質（感性）による。ここが問題なのだと思う。加藤倫教というメンバーは、「誰かが声を上げれば、あれほど死ぬことはなかった。自分にはそれができなかった。それよりも革命という目標を優先してしまった」と語っているという。声を上げて、それで流れを変えるということは、追いつめられた条件の中ではいちばん難しい。できないとはいわないが、不可能に近い。加藤がいっている、誰かが声を上げて殺りくを止めさせるということは、その誰かが次の査問の対象になることがみんなに分っているからだ。査問は革命的行為だという欺瞞もあるし。「われわれは人を殺害している、この総括は間違っている」と声を上げるということは、武装闘争をやめ、指導部を更迭し、下山し、一からやり直すことであって、加藤がいうように「革命の目標」を降ろすのかと批判されることになる。

軍議の場では、組織会議はふだんにそうだが、威勢のいい、極論をいうものが人を黙らせる。講和派というのはいつでも冷や飯を食わされる。彼の顔をふり返えるのは、悲惨の後だ。かれらのばあいも、森と永田が下山したところを捕まってよかったのだ。指導者が捕まったことで、まだ救われるものがあった。メンバーがつかまったなら、さらに犠牲者が増えていた。連赤も、自分たちでは終わらせられなかったのだ。ものごとのけじめをつけるのは至難だ。日本軍もそうだが、最後までいくまえに、けじめをけられたら最高の人間資質だ。ゴルバチョフは、立派だった。法政の八・三海老原事件もそうだが、やっていることに、けじめをつけられない過程が悲劇を生む。

裕さんは、永田との文通をやめさせられた。裕さんは、「永田は自分に重なるものがある」といっていた。

獄中で裕さんと文通していた人たちに、クリスチャンの人がいく人も居た。その一人の婦人のお手紙をいくつか。最終意見陳述の一つ前の公判（九三年一二月一六日）では、「今日、法廷でお目にかかれてうれしかったです。帰り、裕子さんのお母さんと○○さんと○○さんと、合同庁舎二十六階でお茶をのみました」と。その一年前の九二年一二月一七日の手紙には、「十五日の公判は、ご苦労様でした。最後の笑顔は、今年最高！お母さんと一緒に居ます」と。最終意見陳述の公判日（九四年一月十三日）を傍聴した彼女は、「裕子さん、熱気に包まれた最終弁論の日、あなたと風間さんとの迫力を感じました。手を握り合ったお二人。映画のシーンでした。ハッピー・エンドならどんなにいいか」と。

岩国さんの妹のように。風間さんは慈恵生協の岩国さんのことで、彼女は、裁判の傍聴にも、拘置所への定期的な面会にも、かならず来てくれていた、と裕さん。岩国さんの年表に、「一九九四年　裕子奪還獄からまっすぐわが家に、同居開始」とある。一年余り、岩国さんと一緒に暮らしたよ、と裕さんが言っていた。

岩国さんの自分史の年表に、「七〇年、裕子さん、慈恵に来る」「七二年、裕子さん慈恵を去る」と書いている。裕さんが軍事組織へ回ったときだ。

岩国さんの年表から抜き書きすると。

七三年に慈恵の生協が閉じられた。生協の床に新聞紙を敷いて眠むり、毎朝ビラまきをした。六九年一一月の反戦闘争では、十六人が逮捕され、九人が起訴された。反戦労働者としてたたかい、噴出し、高揚した慈恵の反戦運動も終わった。

（岩国さんは）八〇年代には破防法の集会を組織したり、葉山弁護士事務所に招聘され就職した。職場を辞めて運動に身を挺していた。が、しだいに、組織との関係は「つかず離れず」になっていった。

九五年の阪神・淡路大震災を契機に、自分の判断で現地支援の活動に入り、その総括をとおして革共同の支援運動への批判を強めるようになり、より独自の運動を進めるようになっていた。

岩国さんは、七二年に田川和夫さんと別れる。岩国さんは、本多書記長と梶さんに銀座の茶店に呼び出され、和夫さんが組織から「逃亡した」と告げられる。これは、何回か岩国さんに聞いた話だ。本多さんが、田川さんの批判をはじめようとしたので、岩国さんは「何のためにいうの？　私はこうして残り、闘おうとしているではないか！」と、泣いて抗議したという。本多さんは、黙った。彼女は、「ココロザシガ、ヒクイゾ！」とメモに書き込んでいる。この書き込みの後に、先の「裕子さん、慈恵を去る」と書いている。どんな激動の中だったのか。七〇年から七一年の、反戦決起した労働者の職場復帰などの闘争で、頼りにしていたSさん（労組書記長、看護婦さん）が戦意を失い、苦しいたたかいになった、「十代で不起訴になった者全員が退職、全滅（慈恵の反戦運動が終わったということ）。青砥でハンスト突入、全逓芝でテント借り、南部地区委員会の支援を得て、夜中の見回り、朝ビラを次々発行。睡眠時間一週間で八時間」と書き込まれている。

岩国さんは、武が浮上した二〇〇〇年には、横浜の寿町で、裕さんのアパートと隣合った公団住宅に住んでいた。

「私は、罪人の父です」と、裕さんのお父さんは会社を辞め、岩国さんに自分を切ってみせた。岩国さんは、当時自分たちが「反戦派労働者のたたかい」と誇りを持ってたたかった六九年一一月決戦のたたかいの後始末をすべて引き受けて、戦いに賭けた誇りを守った。第一の一一月決戦で慈恵は、一六人の逮捕者を出し、九人が起訴されたが、解雇者は出さなかった。たたかい当日の夜中、定点に誰一人として電話が入らなかった。全員が逮捕されたのだ。翌朝、寮のルームメイトが欠勤届を出すところから早期保釈をめざすたたかいがはじまった。まず妊娠している看護師の保釈を佐多稲子氏などの協力を得てかちとり、一人二〇万～三〇万円の保釈金を集め、警察と大学が親元に帰そうとする一〇代の看護助手の職場復帰が第二の課題になった。大学が闘争参加者を解雇できるように就業規則改悪を狙い、これが第三の争点になった。「ハンスト」を組織し、大学前にテントを張って看護師自身がたたかった。生協に新聞紙を敷いて眠り、青医連の事務所が活動拠点になり、毎日闘争のビラが作られ、職場にまいた。

二〇一七年には、八三歳になっている岩国さん。そのときも、今も、くじけることを知らないタフでポジティブな人なのだ。その人生の総括、ネガティブなものがどこにもない。日本の戦後の「階級闘争」に異色のように登場した新左翼。激烈で、過激で、納得したらどこまでも思いを貫いて生きる。そんな新左翼を人格的に象徴するような人、それが岩国さんだ。人が出会い、それが続くには、意味がある。裕さんにとって、岩国さんは、大切な人であった。岩国さんが語る裕さんは、どこにいるかわからなくても気がかりで、思いをはせる、ほとんど妹だった。

二　「一五年」潜伏、いまひとつの成果

腰痛をほぐす。九四年に、裕さんが保釈になり、武は〇との生活から切れた。「いまひとつの一五年」。へんなタイトルをつけたが、あの〇の「不可解な暴力」に心身が壊れなかった土台に、「腰痛から解放されていく」体験があった。心身が壊れないという感覚は、「不可解な〇」に負けないという確信になり、

そして一五年の指名手配に勝てるという確信につながっていた。

山形の小さな駅で指名手配の新聞記事を見たとき武は、四八歳で、腰痛で身体がボロボロだった。バスや列車に乗っても立っていられず、つり革に掴まっても振り回された。数時間の山道でも、わだちや小石に足を取られ三度も四度も転んでいた。終いには、ただ散歩で歩くだけでも腰が痛くなり、歩けなくなった。ひどいときには、部屋の中でも立っていられず、四つん這いになっていた。

きっかけは偶然なのだが、潜伏生活がはじまると同時に隠れ家で日課になっている玄関と窓から外の様子を見張る「ウォッチ」をしていて気づいた。つま先立ちでかかとを降ろす運動をしながら腰を回していたとき、腰の周りがコリコリと音を立てている。意識して動かしてみた。いくらでもコリコリと音が続いていく。これは何だろう。腰の体表からコリコリと音が聞こえる。何が起こっているんだと思い、つづけた。一日、二日では、分らなかったが、一週間ほどつづけていくとコリコリと音のする部位が移動している。ひと月もしたら、コリコリの部位が広がり、内側に入っていることもわかる。これは、ひょっとして、凝りが解れているのかも知れないと思った。ウオッチをしている時だけでなく、寝ているときも布団の中で腰を動かした。具体的な経過は省くが、ある段階で、腰椎のところがポワッと生理的な感覚がして、圧縮されていた空気が抜けるように腰痛部位の解放感があった。あっ、これはいけると思った。ポワッという瞬間の感覚は、圧迫から解放される生理的感覚だ。その部位の凝りがほぐれると腰椎がポワッと解放される。ここまで読まれた方は、こんな話は霊能師か新興宗教めいた話だと思うに違いない。武も、いきなりこんな話をされたらそう思う。でも、これは、神がかりな話ではなく、武のなかで説明がついた。

腰痛は、腰の筋肉が、筋肉にかかる運動の負荷に対して、健康に反応している生理的防御反応だからだ。筋肉が自ら固まって身体を支え、労働など、とくに一定の姿勢の負荷に耐え、必要な運動が果たせるように体を保持して頑張っている姿なのだ。

今でも、「骨が丈夫だから、腰が曲がらない」といっている医者がいる。骨が曲がって腰が曲がることはありえない。骨はしなることはあっても、曲がったり、戻ったりはしない。核心は、筋肉が防御反応で固まっているのだ。大事なことは、筋肉が固まっていても、筋肉は生きているということ。生きている筋肉は、凝りをほぐしてやれば運動を再開する。曲がった腰も真っ直ぐになり、後ろにも反らせられる。ここで言う、凝りを解すということは、氷山の氷をこつこつと崩していく作業に似ている。三〇年、四〇年と一定の姿勢を保ってきて、だんだん筋肉の可動範囲が狭まっていくのは、ドミノが倒れて可動範囲が狭くなっていくことに似ている。逆に解れていくことは、倒れたドミノが起き上がって筋肉の可動範囲が広がっていくことになり、爽快だ。武はもう三〇年以上つづけている。ここを読んで試したいと思う方に役立つようにテクニックの要点を書いておく。

一、凝りは懸命な生理的防御反応

それらのことが身体の生理的防御反応として受け止められると、体を動かす辛さのすべての理由がわかる。車の運転しかり、農婦の労働しかり、大工が、パソコンの姿勢が、同じ姿勢をとりつづけることに対して、その体形を維持するために体を支える生理現象。この、けなげな生理的防御作用。支えつづける限度を越えると凝っていく。さらにつづけると、「ニカワ」のように凝固する身体。それでもその体位を維持しようとする「けなげさ」。しかし、肝心なことは、それはけしてニカワではなく、生きている筋肉が凝固した生理現象だから、それは「解れる」のだ、ということ。この身体の凄さ。

二、**痛いところが体のサイン**
テクニックの核心は、痛いところを意識して動かすこと。「意識して動かす」というのは、簡略にいうと、腰の周りはすべて随意筋だから、部位を意識して、左右を逆に、右を上にあげれば左は下に引くというように動かすことができるので、縦なら腹の側を下に引けば、背部の外側は上にあげる、というように、交互に動かすこと。ただ、それのくりかえし。解すことを考えないで動かすだけなら、スネークダンスのようにくねらすことになるが、くねらすのではない。

三、**凝りが解れる生理的快感、凝った筋肉は生きている**
椎間板が締め付けから解放される「スポッ」という抜けるような生理的感覚、その感動。

残尿感が消えるところから始まる。

便が軟らかくなり、便通がよくなる。

体型が「洋なし」から逆三角形に変わる。縮んでいた身長が戻っている。

身体のバランス機能の回復（ころばない）。動きのキレがよくなる。

凝った筋肉を抱えているのは砂袋と同じだから、砂袋が解れて動く筋肉になると、機能する筋肉になり、自重（砂袋）が消え、体が軽くなる。

皮下脂肪がなくなり、皮と筋肉とが分離し、体脂肪の燃焼が実感できる。

四〇代で腰痛で這いつくばっていたのに七〇代で山仕事をこなせている。

気持ちの良い包丁研ぎ、指をずらしながらの千切り、チェンソーの目立て、ほぼ八トンの薪割りを「美的に、自己陶酔的に」こなせるのも、そんな力が、腰の解放にある、といってても信じてもらえるだろうか。

四、腰痛が解れる意味

腰痛の「痛み」は、「ここを解して！」という体のサイン

実践的には、痛いところの先の、固まっているところを、随意筋を動かすことでグサグサと解していく、これが核心であり、「腰痛解し」のすべてだ。で、最後は、腰椎と仙骨の左右、それぞれの間にある背中から大腿につながる筋肉が、歯間糸を動かすように可動していくところまでいくことです。背中から大腿につながっている筋肉が、左右に交差して腰椎と仙骨の間に在るところの筋肉です。そこをゴリゴリと動かせるようになると、肩の凝りもなくなり、頭から足先までの筋肉がつながり、運動機能は飛躍的に拡大する。

「凝りを解す」とは、倒れたドミノを起していくようなもの。コリコリ、シコシコと一年もやれば、腰の動きは、変わる。すなわち、失ったと思っている身体機能が取り戻され、再機能するのだ。

「腰の凝り解し」は、一つは、一五年間の武を支えた心身を整える律動だった。二つに、余命一ヶ月と宣告され「家で最後を送りたい」と退院した裕さんを車道から家まで抱いて運ぶことができた。彼女にしてあげられたことは、他に何もなかったが、だっこして部屋へ運べて、喜んでもらえたことを抜きに、裕さんのことは書けないなぁと思った。三つに、七〇にして、山仕事ができたのも、ただひとつ、腰の凝りを解せていたからだ。だから、今も解しつづけている。

第三部

どこで生きていくの

2012年の初冬、長野。望月サニーヴィレッジ鹿曲双で、
黙々と薪を割る武（74歳）

第六章　地下から浮上、だが追放が待っていた

一　革共同集会で組織を指弾

・裕さんが神奈川県委員会に所属

裕さんは、神奈川県委員会に所属した。有罪判決が出て八年の未決勾留換算で釈放になった裕さんは、横浜で岩国さんと一緒に暮らした。組織は、神奈川に属した。岩手爆取りの裁判闘争はつづいている。動労千葉の物販で労組周りをする。三里塚闘争支援の産直物産の販売をする。杉並の都議選や区議選の選挙応援。相模原の市議西村綾子の応援。国鉄民営化の争議オルグもあった。

神奈川では、相模原市議選の選挙闘争が最大の焦点になっていて、戦争的緊張が高かった。九〇年代半ばでも、まだ革マルとの内ゲバはつづいていた。ウラの殺し合いは九〇年以降下火になっていたが、選挙闘争のような「公然面」での政治の場では、まだまだ内ゲバにしのぎを削っていた。

・革マルの襲撃から西村議員を守るとき

家族面会で、裕さんがいう。一九九六年の選挙だったと思う。「西村選挙の宣伝カーを運転することに

なったの。西村区議防衛に責任があるの。どういうことを考えておく必要があると思う?……」と。武の意見は、簡単だった。

「どの場面でも最悪のことを想定しておくこと。行き帰りも油断できない。でも、襲うとすれば、第一に街宣に出かけるところ。第二には街宣の現場。偵察してれば時間も場所も予想がつく。第三に、すべて終えて事務所に入る時。可能性が高いのは、西村綾子候補が車に乗って出発するときだよ。乗せる瞬間が一番危険。アンタは車から絶対に離れないこと。素早く綾子さんを乗せること。彼らは、集団で襲ってくる。その集団に、どう対応するか。策略なしで、単純。襲ってくる集団の真ん中、いちばん固まっているところへまっすぐ車を走らせ、そのまま突破するんだよ。低速で加速して突き抜ける。フロントガラスが割れるから顔を伏せて走り抜ける。どこで襲われても、最終的に避難するところを決めておくこと。車を隠せて、連絡ができて、だれもがその場所がわかるところ。そこへ向う。核心は、候補者を護ること。万一のときの病院も決めて組織的に確認しておくこと」と、いった。裕さんは、目を見開いて、「わかった」といった。事件は起きなかった。

「メンバーの要求に言いなりになるな」と育てられる党員。一九九四年、Oと切れることになって、梶さんの手配は早かった。二週間ほど後には、秋田出身の学生あがりでまだ「若いS」が「ついたて」として武と一緒に住むことになった。旅館やペンションでなく、地方のマンションに住んだ。移動が少なくなればささいなものも増やせるかと、欲しかった書見台を買ってきてもらうことにした。「大きな文房具店に行っても、ない」という。「じゃあ、注文しておいて」と頼む。「注文してきたけど、文房具屋はないといっている」という。書見台の絵を描いて、文房具屋に頼むようにお願いした。だが、彼が買ってきたものは、Ａ４の書類挟みだった。その後にも頼んだものと別なものを買ってきた。彼の話をよくよく聞いてみると、「組織において上に立つものは、下部メンバーの言い分をそのまま聞いてはいけないと、教えられている」ということだった。彼は、ある時尾根伝いに徒歩でキリをするのに事前に確認したことをやっていないことがわかった。聞いてみた。歯切れの悪い言い訳をしている。組織も、軍事も、人を育てられなくなっているのかもしれない。なにもいわなかった。

・またも組織内レイプ事件

九〇年代も終わり、時効を前にするころ、うんざりした話を聞くことになった。元東京南部の責任者で、その後ゲバ部隊を率いていた大蔵がウラ組織の隠れ家を維持していた女性を長期にわたって陵辱していた。その女性が告発して大蔵は前進社で査問を受けた。裕さんは神奈川に所属して、その女性雪音さんと一緒に住むことになった。大蔵は、前進社から逃亡した。武は、後で聞くことになるのだが、友人の川浦さんには思い当たる情景があった。裕さんが神奈川の支社で、被害女性の雪音さんが裕さんと周りをはばかるようにたびたび話し込んでいた。雪音さんの提訴を受けて中央が大蔵を査問したことを知り、支社で二人が緊張した雰囲気でいた意味がわかったという。

武は、この大蔵という人物をよく知っている。彼が南部地区に来たとき武が小西事務所にいたので彼の南部時代は外からしか知らなかったが、小西事務所を出て非公然になって、八六年に指名手配がでるまでの、ほぼ一〇年くらい月一くらいの会議で一緒になっていたからだ。裕さんが関西でＴの暴行を受けたころの会議も、大蔵と一緒だった。彼とふたりの時、武はＴのことを彼と話題にしている。ハーさんが「組織として謝罪する」というまでの二ヶ月余り、悶々としていたあとのことだ。武が「おれ、やつをやるからな」といったら、大蔵は「やつにも、やり返す権利があるぞ」といった。武は、「止めとけ」というのかと思っていたから、変なやつだな、と思ったが、彼のいった意味は今もわからない。二〇〇〇年に浮上して、小さな集まりであの「不可解なO」に会ったとき、Oが「大蔵から金をまきあげよう」と持ちかけるので、武は「その話をつづけたら、ここから帰るからな」といった。どいつも、こいつも、腐れ切っていた。

九〇年代も終わりになり、『前進』が白井批判を展開しはじめていた。革マルが便乗して「白井パンフ3」を、白井さんの名で出して、あることないことを書いていた。武は、『前進』をいくら読んでも事実関係がわからず、ハーさんへ手紙を書いて、白井パンフを見せてくれと要望した。でも、なしのつぶてだった。もっとも、このときハーさんは、自分の女性問題と数億円の使い込みを清水丈夫に報告した九四年の後のことだから、組織活動できる立場になかったのだ。なら、清水丈夫が返事を寄こすべきことだと思うけど、天皇が下っ端に返事なんぞ寄こすわけがない、わけだ。二〇〇二年の武追放の理由が「白井一派だ」という話だったので、白井さんがらみのことは、もう少し尾ひれがついていく。二〇〇〇年の四月、時効が成立したことを中央と確認して潜行暮らしを終わらせ、世間に浮上した。ふり返ったアジトの部屋は、一五年の潜伏を包むように温かくみえた。

・町の風景が目に入らない

今から思えば、このときの前進社に向う浮上の旅は、人の表情も風景も見ていなかった。人前にさらしている自分を、さらしながら移動する自分だけを意識していたような気がする。これまでと違う。

一九七〇年と七五年に保釈で出たときは、中にいたわずか一年ばかりの間なのに、目に入る女性がみんなキレイに見えた。二〇〇〇年四月のこの日、駅や町の人びとの姿を覚えていない。地下アジトから鉄ちゃんと二人で、江戸川の前進社に入った。

前進社で、歓迎会が開かれた。幾人か昔の話をしてくれた。TKさんが、例の社防のときの話をした。「革マルが襲撃してきて屋上でもみ合いになったら、どうするか」という問いに、武が「一緒に落ちるのさ。そのとき意識して自分が上になり、相手をクッションにするんだ」といったという話。よく覚えている人だ。

会議室の歓迎会が終わり、長椅子に囲まれた広い居間に移り一〇人くらいで話をしていた。隣の部屋から、Fが入ってきてまっすぐWさんに近づき、後ろからいきなり、Wさんの頭を殴った。Wさんは、裕さんの岩手爆取りの相被告人だった人。たいした歓迎をしてくれるもんだ、と思った。Wさんは、何もいわずFを相手にしなかった。誰も、理由を問わなかった。隣にいたEさんが武に耳打ちした「今、党は、炉心融解しているんだ」と。誰もかれも、それぞれが学生時代のキラキラの面影をのこしながら、三〇年という時の流れを顔に刻み込んでいた。書記長の熊さんから、「月一で会議に出るだけで、一年くらい休養に充ててくれ」といわれた。

この日、前進社に泊まって、翌日裕さんと横浜の寿町のアパートへ向った。「毎日が日曜日」って感じか。二〇一二年に裕さんが先立った後、浮上から一二年も経っているのに、武は町へでかけても、用件が三つ重なるときつかった。郵便局へよってアレコレの用事をすませ、役所によって謄本をとって、スーパーで買い物して帰ってくる。行き先の順番と用件を細かくメモして、いちいち確認して用事をすませ、帰ってくる。潜伏していた一五年の間も、町に出て買い物をしているし、散歩にも出ていた。ある意味で普通に暮らしていたのに。ところが、時効が終わって、娑婆に出てみると、はじめてお使いに出た子どものように、ぎこちない。長期の獄中暮らしも、出てきてからが大変だと聞いていた。なぜか不思議に、一五年の潜伏には、それなりの社会生活ができるようになるのに、一五年かかるようだ。娑婆に出ることになったとたんに、周りの様子が目に入らないことと関連があるのかしらん。

仲山が「見守り」役で。前進社で浮上組を束ねていたのは、ウラとかかわる任務に就いていた中井だった。武は、かれが開く会議に月一で前進社に通った。その会議のメンバーを相手に、ときどき三石さんが学習会をやっていた。三石さんは、元南部のキャップで、武が革共同に加盟した時の立会人だ。なにを思うのか、思わないのか、一五年間の話を問われたことはなかった。中井との会議とは別に、仲山が武の相手をした。数ヶ月に一度、この一年の間に三回くらい、外で会って話をした。武のケア役だったのだろう。中根さんには一度、喫茶店で話しているが、中根さんにも、一五年間の様子を聞かれることはなかった。

仲山とは、そのころ中央が『前進』で白井さんが一九九九年に刊行した『二〇世紀の民族と革命』）を、批判していたので、話題にした。武は「あの『前進』の批判は、批判になってないよ。引用したものを見ると、逆に白井さんの方が正しいことがわかるよ」と、白井さんに「さん」をつけていった。でも、仲山は、「どこが、なぜか」という話はしなかった。「あれはね。筆者が、編集長だった白井に頭があがらないからだよ」といった。『前進』の元編集長に頭が上がらないのだというのだ。しがらみはどうでもよかった。仲山が、武と、民族本の議論をしたくないようだった。

「『前進』の白井民族本批判が批判になっていない」というようなことは、中井の会議では、話題にしない。仲山が、党の理論学校の校長だったから、話題にしただけのこと。このときから二年後の二〇〇二年になって、武追放の口実が、「白井一派だから」ということにされた。これは、今思えば、このとき彼にした話が、根拠にされたのかもしれん。

・新年活動者会議で発言中止

浮上してすぐ、大垣さんが連絡をくれて、組織問題を話した。彼は若いのに柔軟な大人のセンスをもっていた。ほぼ一年間、党の実情を中心に、運動や人の生き方、ものごとのとらえ方などの話をしていた。すぐに、常任Eが加わり、武が前進社に行くたびに、外で話し合った。翌二〇〇一年一月六日の活動者集会で武が発言することになった。武がまとめた内容を検討してもらった。二人から、「きつすぎる。もっと柔らかく」と注文がついた。組織の現状への意見は、少しおとなしくなった。毎年一月にもたれていた活動者会議に、二〇〇人余りが集まった。

書記長の熊が主催し中央に議長がいて、基調報告や各戦線の報告がすすめられた。司会が、会場からの発言を求め、手をあげた武を指したので、マイクの前に出て話し始めた。語りはじめるとすぐ、中央の司会席から、紙が渡ってきた。「発言を終わらせて！」とあった。これは、無視して、発言をつづけた。二度目の紙もすぐ回って来た。まだ、三点にまとめた話の、一つ目を言っているところなのに、あきれた。「発言をやめろ！」というので、結論をいいましょう」といって、箇条的に話し始めたら、三度目の紙が回ってきた。うんざりした。話をはしょって席に戻った。席の周りに居た人たちに、発言を要約したプリントを渡しながら、裕さんが、怒っていた。「どうして、ちゃんと話さないの！」。裕さんが武に怒ったのは、後にも先にも、このときだけだった。武が中央に批判をぶつけることに、彼女は恐れていないようだった。武が話した内容は、「党の衰退を克服するために、指導部は現場党員の声を聞くべきだ」という一点だけだった。党の現状を「衰退」とすることが気にいらないだろうし、へつらいやおもねりのない意見はまったく聞いてもらえなかった。

（武の発言の要旨をプリントした紙）

プロレタリア世界革命の勝利のために、革命の戦略問題を解決するために、いくつかの意見を述べたい。時代が要請する課題に応えるためには、衰退している党の大きな飛躍が求められている。党の飛躍は、党の的確な組織的現状把握からはじめて、党員が主体的な力を発揮できるようにすることであり、広く深い組織の地下茎を社会に張りめぐらすことであり、そのために組織の頭から足先まで変革していくことが求められています。

ひとつは、さまざまな意見や批判を大切にしてほしい、ということです。党の現状への批判や意見は、とくに批判は、運動や組織の力です。その力の源泉は現場です。ようは、現場の批判を聞けることが、党の飛躍の、党の変革の基礎だということです。現場の声を聞けるということが、『前進』の主張にリアリティをもたせ、労働者へのオルグが大地にしっかり根を張ったものになる。このことと一対のことだが、指導部の失敗や誤りを率直に認める作風をもってほしいということです。率直に反省し他者の意見や批判を聞くことが肝心です。この両面の資質が欠落していたら、ダイエーやそごうのように、どんな組織でも破綻します。

具体的には、日常の会議のありようです。党活動の生命線としての会議が、党員の生き生きとした、腹の底からの一致をかちとる、主体的な実践の場になっていなければならないということです。われわれが革命に勝利できるかどうかは、この一点にかかっているといってもいい。いや、この一点を抜きにした革命組織も、革命運動も、ありえない。

ヨットは横風を受けたとき、よく走る。重力の負荷なしに骨も筋肉も育たない。批判に耳を貸すこと、批判に応えることが推進力になる。

二つには、組織運営のあり方として、意志決定過程にメンバーが参加できるようにしなければならないということです。重要な路線や方針の決定、全国委員会総会に党員の総意が反映されていることが必要だということです。細胞を基礎とする革命党の組織運営は、非公然体制のもとであっても、党員の主体的意見が反映されているべきものです。本来、革命党の組織形態は、主体的で民主的な組織活動が前提になっているわけです。

高く太い木は、しっかり大地に根を張った地下茎から養分を得なければ立ち枯れてしまう。

三つには、指導部の形成は下からつくる、という組織づくりのあり方に挑戦すべきだということです。たたかいの総括や新たなたたかいの実践は、いつでも「人によっておこなわれる」わけです。党内の組織的関係も、党の外との関係も、その組織の人間を通した信頼関係でつくられるわけです。わたしは、われわれの指導部形成論をもつべきだと思っています。世界のさまざまな人民の運動が、そのほとんどが、指導部の権威主義や綱領の絶対化、原理主義や保身に陥り、組織が変質・腐敗していっていることを、真剣に総括する必要があります。やろうと思えばできることです。党員ではなくて、党の指導部が自己変革をいまからはじめてもらいたいと思います。

以上。

二〇〇〇年八月は、広島反核平和集会に参加した。七月に沖縄でサミットが開かれていて、武は異様に興奮してやたら大声をだしていた。裕さんや大岡さんと一緒に、武の妹に連れられて尾道から向島へ渡り、手厚い再会の祝福を受け、広島で数日過ごした。仲山から「沖縄に行ってみたら」と誘われ、紹介状をもって、知花さんや住民運動をやっている人を紹介され、名護市の辺野古や伊江島へ行き、戦跡や展示場をまわり、海に入って、一週間ほど遊んだ。沖縄への行き帰り、武は生まれて初めて飛行機に乗った。

二〇〇〇年の夏から、横浜寿町の市営住宅に引っ越した。裕さんが武の浮上前に、二人になるからと市住宅課に申し込みをしていて、空き部屋に入ることができたのだ。社から浮上組の若いメンバーらが引っ越しの手伝いに来てくれた。この市営住宅に移る前のアパートにUさんが会いに来た。たまたま、土鍋で根菜を焼いていたので、裕さんと三人で晩飯を食べた。喜んでもらえるようなご馳走ではなかったのに、彼はすごく美味しいと食べてくれた。彼は、武をあちこちの集会に連れていき、人に会わせ、話を聞かせ、党の現状を端的に見せてくれた。Uさんと本格的なつきあいが始まった。そして、中央労対指導部のGさんが交じり三人の、ときに裕さんが入って四人の、定期的な顔合わせがはじまった。二人とも、何でもよく知っていて、一五年間の空白を埋めるように、理論や運動や組織の問題を教えてくれた。武のための勉強会だ。

・時効、してやったものと、してやられたもの

引っ越し前のアパートに神奈川県警の若い公安が言いがかりの口実にもならない家宅捜索の礼状をもって警官たちとやってきた。最新の『前進』を押収していった。若い公安の腰が緊張していた。この勝負のついた彼我の、おかしくも動かしがたい空気。してやったものと、してやられたものの関係が空気になっ

て漂っていた。

この「いかんともしがたい空気」が、はっきりと衝撃波になって建物を振るわせた。羽田署が、武に押収物を返還するから取りに来いと通知してきた。二〇〇一年の春ごろになるか。救対の女性メンバーと二人で事前の交渉に出かけた。受付で、名乗った。受付の警官が正面にある階段を二階へ上がった。ほんの数秒の間があって、上から下へ、空気が膨張し張り出したのがわかった。声にならない気配だ。公安担当に、武が来たことが伝わったのだ。

「どこに住んでいたんですか?」

「オレが何をやっていたか、よく知っていたくせに。でたらめな指名手配、よくやるな!」

「まぁ、まぁ……」

「この羽田署のすぐ前だよ。あんたらが出入りしているのを毎日見ていたよ」

そんな会話をして、押収物の内容や量、引き取る日取りを確認して羽田署をでた。

後日、二トントラックを前進社から回して押収物を引き取った。押収物は、基本的にあずかっていた清水丈夫の本だ。あとは、革マルの情報カード。青森の叔母と叔父のところに預かってもらっていた。一九八六年三月に礼状が出たときにすぐ組織に、荷物の移動を要請した。が、その秋に押収されるまでなにもしなかった。元全学連委員長が「礼状が出て半年以上も置き放しじゃ、持っていかれるのは当然だよ」と前進社でいっていた、と聞いた。だれもが、そう思うだろう。当時のリーダーが「申し訳ない」といった。敗北って、やることをやらないいつけのようなものだ。

書記長の態が、押収物の返還には本人を行かせないといっていた、という。武の羽田署行きが気にくわなかったようだ。何が気にくわないのか、あんな面白い瞬間になかなか立ち会えるもんじゃないのに。同行した救対のメンバーが、何を意見したのか。

会議が体をなさない。二〇〇一年六月の都議選にむけて、拠点の杉並区で選挙運動が始まった。四月頃の会議で状況報告があった。選対報告を批判した。中井は、指摘していることに応えず居直った。武は、「そんなんじゃ、話にならないよ。こんな討論あるもんか。革命党の議論じゃないよ！」と、心底、呆れた。

中央の見解を求める手紙を書いた。一つは、この都議選の取り組みの問題と会議の在り方について、もう一つは、中央が組織のメンバーに一年以上も、連絡も取っていない、会ってもいないことについてだった。中井に「中央に理由を聞いてくれ」と頼み、中井が「聞いてみる」といっていたのに。「組織の事情を考慮しなければ……」とか、「責任を取るために、中央に聞かなかった」とか、最後には「中央に聞くか、聞かないかは、おれの自由だ」なんて、尻をまくった。そんな前進社常任の姿勢についてだった。

現場で、起こっている問題、指導部が「やるといってやらない問題」、「指導部の、批判に聞く耳をもたない問題」、「討論の空洞化の問題」、「自分を改めようとせず、〝「うるさい〟となってしまう指導部のいないおりの問題」などについてだ。もう普通の会話がなりたっていないこと、こういう組織の体質を変えなければ運動の未来はない、と書いた。しばらくして熊に呼ばれた。彼が話し始めたので、清水丈夫からの返事の手紙はあるのかと聞いた。彼は、手紙はないが、口頭でのことづてだといった。聞いて、呆れた。

「ささいな組織の問題を言い立てるな。組織全体の立場に立ってくれ」という。

情けない。物をいう気が失せた。

・梁山泊にガサが来て

態は、話をつなげて、杉並の選挙闘争に全国から集まる活動家の寮の運営をしてくれという。六月の投票まで、一ヶ月余りの杉並の寮の経営だ。確か、人は「梁山泊」といっていた。つきあった。全国から活動家や地方委員の、名うてのつわ者が集まっていた。総勢二五人くらいか、地方の活動家のことをほとんど知らない武に、つわ者たちはお手柔らかに接してくれた。朝早く出ていく者の食事を作り、昼間は食材や日用品をそろえ、帰ってくる人の食事を作り、夜中はなにかと話しにつきあい、忙しく楽しく動き回った。彼らの話しは、面白く問題意識を語った。ある人が、生ハムを差し入れてくれる。広島の活動家がそれをカルパッチョにしてくれる。二週間をすぎたころ、武は疲労と寝不足で、朝、ベッドから起きられなかった。その朝、警視庁がガサにきた。猛者たちが玄関で押し問答をしている。その間に、焼却するものや、水却するものが、手早く処理されていく。武も、ベッドのそばで私物を調べられた。またたく間に梁山泊の一月余りがすぎていく。長谷川さんは、落選し、寮から、潮が引いた。

こけおどしの選挙敗北の総括。中央指導部は、二〇〇一年七月二九日に都議選の総括をする「革共同政治集会」を開いた。全国から、あの梁山泊で話しに花を咲かせた面々も参加し、ふたたび会場であいさつを交わした。武と裕さんは、神奈川の部隊と一緒に行動し会場へ入った。選対責任者Mの基調報告がはじまってすぐ、腹の底から、驚いた。

敗北の理由が、「石原都政との対決は誤りだった。小泉政権との対決こそ強調されるべきだった。同列においた誤り、これは、思想的転向ともいうべき誤りである」というのだ。「思想的転向ともいうべき誤り」とは、よく言うよ、ほんとうに呆れた。もし、そうなら、一年も前から出されていた都議選の闘争方針を支持して、それで闘ってきた全国の同盟員が、みんな中央と同じように、思想的誤りを犯していたことになる。小泉首相よりも、石原都知事に焦点を当てて批判したのが、思想的誤りだって。よくいうよ。小泉をもっと批判すべきだった、とは。どっちを強く批判するか、そんなことが、どうして思想的転向という問題になるのだ。もっと、単純にいえば、都議選なんだから、石原批判をもっとしっかりやって、都民に聞いてもらうべきだったというならわかる。それを「石原批判をしたのは、思想的転向というべき誤りだった」というのは、こけおどしの誤魔化しだろう。なぜ、敗北したのか、問題をまともに切開する気がないということだ。逃げているだけだ。こんなあほらしい総括につきあうのは犯罪に等しい。そう思ったので、武は大声を出した。

「なにが、思想的転向だ。でたらめな総括するな」

（基調報告はつづく）

「都議選だろう。石原批判が、なぜ間違いなんだ！」

（基調報告はつづく）

「こけおどしの、坊主懺悔するな！」

（基調報告はつづく）

「敗北から、総括から、逃げるな！」

会場の別の席からも、やじる声が聞こえていた。革共同の集会で、ヤジは、初めて聞いた。それに、自分がヤジることになるとは、夢にも考えられないことだったのに。

基調報告が終わって、休憩になり、武はロビーに出た。反軍の小多さんが話しかけてきた。破防法を担当しているＳＨさんがやってきた。三人で雑談をしていた。ロビーの隅で熊たちが話している。書記長だから、熊が直接、言いにくると思っていた。何をいってくるか興味があった。でも、来なかった。席に戻ったら、前の席のHさんが、「熊さんに、近くでヤジっていたやつは誰だって聞かれましたよ。いや、だれか分らなかったって、いいました」という。Hさんは、反戦青年委員会の神奈川代表を長くやっていた人で、職場や現場の党員、他党派にも、信頼されていた人だ。

二 「党中央批判は白井主義だ」

白井主義ということが組織内で言われていた。中央の言いなりにならないことを、「白井主義」と言っていた。都議選総括の革共同集会に武は、「梁山泊」の寮長のようなことをして参加している。浮上してから一年半も経っているのに武の所属は決まっていなかった。二月には、希望した三カ所すべて不可にされた。武には思い及ばなかったのだが、中央は、武をどこの組織にも所属させる気がなかった。熊や中井に「どうするのか」と、真面目に問いかけていた。七月になって武は、「かつて所属していた反軍に配属してくれ」と要請した。反軍の責任者の小多さんとメンバーの了承を得ていた。

その要望をだす前に、水谷と仲山の二人と話し合っている。二人に、「おれを塩漬けにするつもりなのか?」と聞いた。水谷は、「特異な経緯による途上問題」といった。「だから、何んなんだ」という問いには答えない。仲山は「所属組織の留保は、花井の直言が原因ではない」といっていた。花井は武の組織名。ノラリクラリだ。二人とも、武を塩漬けにする理由は言えないけど、塩漬けはつづけるというのだ。

二月に要望していた部署は、ひとつは労働者組織委員会、ふたつ目は未組織労働者の地域の合同労組を担当する部署、三つ目に中央から地区に移って、ひとりのメンバーとして地区で活動する、というものだった。武は、現場に行きたかったのだ。中央といちゃついている気はなかった。これを全部断わられた。中央の意思は、武をどこにも、係わらせず、干ものにするということだ。

反軍の担当者全員と幾度か話をした。そして、中央への要請書には、私がそれを望み、反軍もそれに応えてくれるといっているので、それがなによりなのではないか、と。そして、活動するところを得て、生き生きとやっていけるんなら、それはいちばんいいのではないか、と書いた。反軍闘争も、いま飛躍することが要請されているので、中央も私もそれに応えようではないか、と。

そして、二〇〇一年一〇月になると、またまた、呆れることが起こった。反軍の事務所で反軍の担当者と武、それに水谷と仲山が出席して武の所属を確認する話し合いをした。ノラリクラリと、グチャグチャと言っていたが、武の反軍への所属を認めない理由は、武が白井擁護運動をやっているからだというのだ。そして水谷によると、その理由が、武が静岡の人に白井のことを話したからだ、というのだ。

静岡の人というのは、在日中国人による日本政府への戦時中の賠償責任を求める裁判闘争を支援している人だ。東京の集会で紹介され、静岡に行ったときに会ったことがあり、そのときに彼から「白井さんのことはどうなっているんですか？」と聞かれたことがあった。このときに武が何をいったのか、水谷の話の直後、静岡の人に確認する機会があった。武が「あなたに聞かれて私が、白井さんのことを話題にした経緯を覚えていますか」と聞いたら、彼は「帰りのタクシーのなかで、私が『白井問題はどうなっていますか？』と聞いたら、『完全に外部の問題になっていて、組織内で、どうにかなるということではないだろう』と、いわれたと覚えています」といった。それだけのことであった。

武の腹は、「白井問題の事実関係を中央に聞いても応えないし、『前進』でやっている白井民族本批判は難くせづけでしかないし、逆に白井さんの正しさを証明しているし。白井問題は、革共同にとって、のどに刺さった抜けないトゲみたいもんだよ」というもの。これが、武の白井問題だった。だが、武は、それを外部の人に言う必要がなかった。静岡の人には、組織的に解決できるような段階ではなくなっている、と応えたのだ。この時点でも、真実が問題なのではないことは分っていた。中央に服さないものへの処分の口実が「白井一派、花井追放」だから。

この話が水谷からでたとき、「誰が報告したのか」と聞いたら、岩手爆取り被告の十亀さんの女房のケムさんだという。ケムさんはそのとき入管のキャップをやっていた。入管とは、外国人の入国や国内での生活にかかわる政府の入国管理の弾圧と闘っていた。武が、ケムさんに確認すると、ケムさんには、静岡の人が武に話した通り伝わっていた。普通なら、問題になることではない。でも、そのとき、ケムさんのなかでは、「白井問題を外の人と話題にすることが、問題だ」となって罪の香りがつけられていた。問われて話したことが「罪だ」というのだ。で、これが、水谷や中央に言上されていくと白井という名を口にしたことが、彼らの頭の中で化学変化を起し、真実も事実もどうでもよくて、組織処分の口実になる。「花井は、白井擁護運動をやっている」となるのだ。この呆れた議論を、水谷と仲山を相手に反軍の事務所で二回やった。三回目は必要なかった。

このとき、二〇〇一年一〇月になると、なにが問題かではなく、なんでも反組織問題になっていた。水谷や仲山との議論で、彼らが語ったことは、次のようなものだ。

・花井が常任を辞めて、現場（地区）に行くというのは、脱落するということだ

・転向しようとしているから、白井を擁護している
・中央の常任が地区の一メンバーになることを仲山は、「党についての組織観が崩れた」といっていた。これは、「党とは常任でつくられる組織のことだ」という、地区のメンバーを人間扱いしていない、革共同の組織観を率直に語ったものだ。

・現場でやらせてみれば

武の「現場に行く」という気持は、仲山やこれまでの党の定理である「党は常任がつくるもの」ということへの武の反省として、「現場から党をつくる」という考えをもって浮上した。これは、新日文の石田郁夫さんが「兵卒は迅速をもって尊ぶべし」と『前進』に書いていて、兵卒が気に入った武は浮上後の自分のあり方にしようと肝に銘じていたからだ。中央からものを見ない、考えないと決意して、浮上した。であるにしても、常任をやらないのは、脱落だ、転向だというのは、筋違いだろう。武は、脱落でも転向でも、なんといわれようと、現場で運動ができればいいと思った。それに、仲山は、「脱落したい、転向したいと思っているから、党批判をするのだ」といっている。確かに武は、中央の知能指数の高い人たちの無能さにうんざりしていた。相手にする気もなく、見限っていた。彼らには、「何をすべきか」がなくなっていた。彼らは、地位にしがみついているだけだった。武にどんなレッテルをはってもいいから、地区でやらせてみればいいのに。木から落ちた実は、新しい芽になることもあるのさ。意味のある組織ができるかも知れない。なにが怖くて、いや、なにが嫌で、やらせてみないのさ。

「同じ血が流れていることを証明せよ」。それにしても、どこの組織でも、どこの国でも、指導者は、批

判する者との対話を嫌がる。議論ではなく対話ができれば批判の解決も見えるのに。浮上した直後、あれは、熊に言われたのだが、「同じ血が流れていなければならない」、すなわち「同じ血であることを証明せよ」というのだ。この血の論理、粛正の論理、排他のセンス、万世一系や、ナチスと、なにも変らない感性。「みんな違っていて、やれることをやって、必要なものを受け取って、みんなで生きていけばいい」というセンスがなければ、ナチスのアウシュビッツや、スターリンの粛正みたいなものに、みんな嵌まる。そして中央は、自分から、花井を排除しなければ中央性を証明できなくしてしまった。そのために、ウソで固めるしかなくなった。

脱落だ、転向だといわれようと、現場で活動するといっていたのは、事実だ。でも、白井さんを擁護したことはない。信じられないかも知れないが、白井問題について一度も議論したことがない。水谷からも、仲山からも、熊からも、一度も「白井を擁護するのか」と聞かれたことはない。中央は、こんな凡庸な男が怖いのではない。自分がやっている卑劣さが、その枯れ尾花が、幽霊に見えるだけのこと。うそは、真実を愛するマルクス主義者のすることではない。どちらが、転向者なのか。

武は、二〇〇二年一月七日付「中央への要請」という文書を提出している。そこでは二つのこと、自分が白井主義者だといわれているけど、一体自分のなにが白井主義で、その誤りは、どこにあるのか、自分のどこを、どうとらえれば自分が反省すべきことが分るのか、このことを私に分るように文章で説明してくれと書いている。もう一つは、私の党改革の意見が、どう間違っているのか、自分は自分のまちがいをどう理解すればいいのか、分るように私に説明してくれ、と書いている。もちろん、返事などない。反軍への所属も、消えた。ここまで、武と裕さんをけんもほろろに突き放してしまうことで、彼らは、自分のアキレス腱を自分で晒してしまった。恥ずかしい。

・御崎さんのメッセージ代読を拒む仲山

〝真実を愛するマルクス主義者である〟はずの革共同との「最後のいざこざ」がやってくる。二〇〇一年一二月一五日。「獄中同志の奪還」を掲げた「反弾圧闘争全国集会」が開かれた。主催する革共同が反弾圧運動をたたかっている「令状の会」を集会に招き、代表者である御崎勝江さんにあいさつを要請していた。勝江さんが都合で参加できなかったので、「令状の会」は主催者に、メッセージをおくり、その代読を裕さんに頼んだ。ところが、頼まれた代読のために舞台の袖に入った裕さんを、集会をしきっていた仲山が、裕さんの代読を拒否した。わずかな押し問答があって、その場で御崎直人さんが抗議したが仲山が聞き入れないので、直人さんは「連帯のあいさつ」そのものを拒否して退席をした。ここまでが革共同の党利党略なのだが、ここからが漫画なのだ。仲山は、なにごともなかったかのようにメッセージを別の者に読ませた。そうしておいて、仲山と革共同は、その後、「令状の会は、高田裕子を代読者にして集会破壊を狙った」とデマを流した。「令状の会が反弾圧運動を破壊するために、救援組織の全国ネットを作ろうとしている」とまでいう。あれも、これも、ウソをならべて「集会や運動を破壊しようとしている」と吹聴した。真実は、裕さんの代読を拒んだ、ただそれだけのこと。真実が嫌いでウソが好きな革共同と仲山は、裕さんが舞台から、集会参加者に何か話しをすると、幽霊でも見たのかしらん。

・岸と水谷が「白井問題について書け」

この「反弾圧の集会」でもう一つ、喜劇が進行した。会場にいた武を、岸と水谷がロビー脇の廊下に呼び出した。すでに、この時点で、『前進』が「花井との闘争」を書立て、非公開の「花井追放」通達が二度、出されていた。二人が武にいったことは、「白井問題について、文書を書け」だった。まぁ、なんとも直接的な。「白井擁護の言質がほしい」。それを、熊でもなく、仲山でもなく、岸と水谷ができて要求するとは。武は、知らなかったけど、このとき、岸も、水谷も、政治局員だった。小多さんの反軍事務所で二度にわたって武の反軍への配置希望を拒否したとき、水谷が「花井は白井一派だ」という言葉を口にした。岸とは、まったく、話をしたことがない。あの、前進社で防衛体制を敷いたとき、禁止された煙草を持ち込んだ岸が、入り口の受付にいた武をいきなり殴って以来、その前も、その時も、その後も、一度も話したことがない男だ。その彼が政治局員だということを知ってほんとうにたまげた。

でも、この二人に武は、真面目に対応した。「いいよ。ぜひもない。書くよ。書いたものを必ず『前進』に載せることが条件だよ」といった。グチャグチャいっていた二人がそれで黙った。返事ができない。追い打ちをかけた。「いいチャンスだから、喜んで書かせてもらうよ」と。二人は、もう「書け」といわなかった。二人とも、黙って、引いた。白井問題は書かれ、公にされたらまずいわけだ。それを、二人は態度で示した。それまでに、「花井は白井について書かない」という話も流していた。そして、政治局員の二人が出てきて、「白井問題について書け！」といったのに。ところが、「書くよ。いいチャンスだから『前進』に載せて」に、絶句する。これって、何なんだ。

武が白井問題について書くとすれば、「中央批判をするものは、白井主義者だ」と、なぜいえるのか、という一点にすぎない。中央批判が許されないとすれば、組織は、運動は、革命は、どうなるのか、ということを考えてみる。ただ、それだけのことにすぎない。

『前進』に書いてあることをいくら読んでも、なんで、白井さんが反革命なのか、わからない。この時点で武に分っていることは、白井さんが一九九九年に出版した本『二〇世紀の民族と革命』で、白井さんが、民族問題においてレーニンのロシア・ボルシェヴィキ（ロシア共産党）が犯した誤りをハッキリさせ、それを克服していく課題を論究していることだ。どんな誤りを、どんな風に克服していくのか、切々たる彼の思いが伝わってきて、いい仕事をしたなぁと思っていた。だから逆に、この本を批判した『前進』の論文は、なるほどと思える考察は一つもなく、「ためにする批判」でしかなかった。要するに中央、清水丈夫を批判するものを反革命と決めつけて追放する口実が「白井主義」なるものなのだが、でも白井問題というようなものは、白井さんが清水丈夫やその指導を批判したことから始まったのではない。田川和夫さんは革マルとの戦争に反対して政治局から去った。白井さんは、本多さんが革マルに殺された後の政治指導に「三・一四本多書記長虐殺への報復戦争」を呼びかけ政治局員として責任を取っていた。政治局内部でなされる真摯な議論を「中央批判」とはいわない。真剣な議論がなかったら命を賭けて運動することができないからだ。

事実は、九〇年代半ばに白井さんがソビエトにおける民族問題を研究し執筆した「初稿」を、清水が出版禁止にしたこと、これが事実の発端だ。それでも、白井初稿が出版されるかもしれない不安にかられた清水は、白井さん夫妻を「見解の相違があったから、話したい」と呼び出し監禁し、その間に二人の部屋から、ありとあらゆる紙類、コピーから書類、本を根こそぎ盗み去り、白井「民族本」の出版を阻もうとした。これが事実の事件としての展開だ。白井さんは、革共同との決別をこめ、強奪への答礼として『二〇世紀の民族と革命』を九九年に出版した。これに驚いた清水は、スターリンのトロツキー暗殺に匹敵するような残虐さで今度は、二〇〇二年一二月、白井さんを襲撃した。革マルを襲撃し経験を積んできた中核派のテロ部隊は、白井さんの両腕、両足の関節すべてを挫滅させた。執刀した医者は、こんな破壊は交通事故でもありえないと驚いた。襲撃と同時に『前進』は、白井主義なるものの批判をはじめた。なにが、悲しいか。白井さんが言っていた。「強奪されたこと、自分の足で歩けなくなったこと、いや、なにより、自分が作ってきた『前進』が、こんな風に利用されることに腹が立つ」と。連れ合いの浄子さんは「認識や意見にどんな違いがあったかなんて、たいしたことじゃない。このやったことの、余りのひどさに、言葉を失う。信頼が前提で、その信頼関係だけは、絶対的なもので、人生も命も、なにもかもかけて、やっているのに。このやり方の余りのひどさ…」と、ことばを飲んでいた。「中央を批判することは、白井主義だ」ということとの経緯の帰結は、このようなものだ。『前進』に書かれた白井批判で、考えさせられる言葉は一つもない。しかも、清水は組織内で民族本を閲覧禁止にしている。でも、武にとってだいじなことは、思想や理論の違いではなく、生き方、その品格の違いだ。革命論でも民族問題でも、ちがいは対話で乗り越えられる。白井さんが二〇〇九年に前著を書き直して『マルクス主義と民族理論　社会主義の挫折と再生』を出版したとき、自分が両手両足を折られたことにひと言も触れず、内ゲバ非難より、世界に向って自分の思想的営為を訴える精神的高さをもっていたことだ。片方はテロ襲撃、他方は恨みや怒りを抑えて思想を語る、この違いだ。

武が言ったことは、「中央は、現場党員の声を聞けば…」ということだけだ。中央は、「清水指導体制を全面的に肯定せよ。それが白井問題の解決だ」といっていた。このチグハグ。「中央に、ひざまずけ、清水に、帰依せよ」、ということでしかない。どんな組織でも、対話ではなく暴力や追放に踏み込んだら、組織は保たない。そんな武の中央への思いを党中央が『前進』に載せるわけがない。だから、岸も、水谷も、スゴスゴと引き下がったのだ。

・編集局のスパイ事件、坂本千秋と場外で

しかも、この集会の終了後、おまけがついた。会場の出口で坂本千秋と口論することになった。坂本千秋は、岩手爆取りの被告Sの妻であり、かつ『前進』の編集局員だった。坂本千秋が、つぎの〇二年の新年が明ける一月一六日の公判に裕さんが出廷しないのではないかと、不安に駆られ、出廷させようと、あの手この手のツテを求めてあがいていた。直接いえばいいのにいえない屈折。坂本千秋に武がいった。

「『前進』のスパイ・シリーズ、編集局員のスパイ事件をなぜ載せないんだ。自分たちが処分したスパイ事件なのに、なぜ、隠すんだ」

「そんな事件ないよ」

「しかも、罪もない部員を同罪にして追放して。その部員夫婦の離別まで組織は強制してるじゃないか！なぜ真実が怖い。スパイ以上に腐っているのは、編集局じゃないか」

「誰に聞いたの？」

「裕さんの証人出廷。なぜ、出廷しないと、思っているんだ。もし、心配なら、堂々と本人に確認すればいいだろう。確かめればいいじゃないか」

「……」

「中央が、組織としてやるべきことはハッキリしているじゃないか。彼女へのしばりを解くのが筋だろう。手を縛っておいて権力と闘かえって、おかしいと思わないのかい。あんたが、上にでも、神奈川にでも、縛りを解けって、いえばいいでしょう。裁判闘争に勝ちたいなら……」

坂本千秋も、気の毒な人だ。被告の家族なのに、いうべき意見を上に言えない。

他のことは知らないけど、中核派の指導部は、政治というものを、また同じことだが、組織指導というものを、ウソをつくことだと思っている。そんなことを長い間繰り返してきて、もう、どこにも真実がなくなり、自分がついたウソに自分が縛られてしまい、ほどき方もしらない。

好きなように罪をでっち上げられるんだから、花井を白井一派に仕立て上げたいなら、「『前進』に載せるから、書け」といえばいいし、「羽生（裕さんの組織名）を証人に出廷させたいなら、神奈川の処分は取り消すから出廷せよ！」といえばいい。ウソをついても、誰か第三者に迷惑をかけるわけじゃない。全部、自分の組織の中で、自分の一存で全うできるウソなのだ。それなのに、それが、できない。なぜ？

ここが面白い。ついたウソを守らないと権威がなくなる、いや自分を保てないと思っている。自分がついたウソに縛られている。人間精神のおかしみよ。だから、ウソをつく革命家にはなれても、人がついてきてくれる徳のある政治家にはなれない。歴史を変えられる革命家にも、なれない。

プチ・オレンジを解雇された。裕さんへの組織的処分は、この騒動の翌二〇〇二年、一月から始まった。所属組織の神奈川県委員会は、裕さんに対して、県委員会会議の出席を停止し、細胞会議の主催を禁止し、機関紙『前進』の購読を止めた。裕さんは、活動や運動にかかわるすべてのことを禁止された。そのうえ、三月には、職場である法政大学の売店「プチ・オレンジ」を解雇してきた。職場というのは、だれにとっても、生きるための生命線であり、職場があって、社会や人間関係も成り立つ。その糧道を断ってきた。裕さんは、組織からなに一つ、咎められる理由がなかった。彼らは、裕さんが『前進』の架空購読料上納問題を会議で問いただしたことがあったことを思いだして、それをこじつけて処分理由にした。架空購読料とは、中央が地方から上納金を巻き上げるために、『前進』の購読部数を実売部数より増やして、それを上乗せして購読代金の上納を水増しして回収していた。いくらなんでも、そんなことを理由に処分するんだから、県委員会が紛糾することは避けられない。「この羽生さんへの処分はおかしい。撤回せよ」という批判が県委員会で起った。が、県の指導部は、その発言者のうち瓜生さんら二人を処分した。

中央は、『前進』に「白井一派花井との闘争を」と書き、「白井一派花井を打倒、追放せよ」という非公然の「内部通達」を三度出している。「闘争」から、「打倒・追放」になった。その最初の「内部通達」をあの梁山泊に来ていた地方の人が見せてくれた。二度目の文書は、前進社にいる中央の人が見せてくれた。三度目の文書は見る気にもならなかった。

三　二〇〇二年、決別のとき

・権力とたたかえというなら、処分を解くのが先決

この二〇〇一年一二月の「獄中同志を奪還する」という集会で、御崎さんのメッセージの代読を拒否したいざこざは、武と裕さんを組織から追放する幕開けだった。その頂点は、爆取り裁判の同志を支えるべき東京地裁で演じられた。

被告人の妻坂本千秋から頼まれて来た、という話が一つあった。もうひとつ、神奈川県委員会から来たというのがあった。それから、かなり押し迫って、かつて裏で車両部隊を率いていたＤさんが裕さんに電話してきた、ということがあった。市営住宅の近くまで来ていて会いたいとか、電話だったりとか。みんな、「出廷してくれ、縛りと出廷は関係ない。出廷すべきだ」と、懇願半分、あきらめ半分、「処分は正し

い」という脅しも言えない。いつもなら、脅しているのに。「縛りと関係ない」というのは議論の仕方を知らないし、出廷させようとする者の言葉ではない。

Dさんは、武がハーさんの下でインフ活動やらアジトづくりやらをやっているときの、裏の脈管のボスだ。脈管とは、車の運行を担う部署で、非公然の領域を守備範囲にしていた。彼は、武には気心の知れた人間だった。その彼も、直に顔を合わせて話せばいいのに、来られないのだ。「肉を切らせて骨を断つ」みたいな、駆け引きもできなくなっている。裁判がぶっ飛ぶというのに誰もネコに鍚をつけられない。

二〇〇二年一月一六日、東京地裁。七階でエレベーターを降りると動員された傍聴要員のメンバーたちが法廷横の廊下に並んでいた。エレベーター前の広い通路の隅には公安の刑事たちが二〇〜三〇人並んでいた。公判が始まる三〇分くらい前だ。熊と仲山と中根の夫と坂本千秋とケムの五人が、武を囲んだ。熊は書記長で、仲山は塩漬けの武の預かり人で党の思想学校の校長。中根の夫は六九年一一月決戦直前に武の革共同への加入に立ち会った経営局の責任者。坂本千秋は爆取り被告の家族で『前進』編集局員。ケムは爆取り被告の家族で静岡の人に白井のことを武が語ったと確認した入管の責任者。花形役者が勢揃いだ。

「なんで、羽生さんが出廷しないんだ」（注、羽生は裕さんのこと）

…ほんとうに馬鹿だな、出廷しないと思っている。彼女が出廷しないような法廷に武が来るわけないだろう…

仲山が、いう。

「権力とたたかう気があるなら、出廷すべきだ」

武は、呆れて言う。

「彼女が出廷しないと思っているのは、お前らだろう」

…来るに決まっているだろう、とまで言った。なのに、だれも気づかない…

「彼女にたたかえっていうなら処分を解けば。手を縛っておいてたたかえって、どこの世界で通用するんだ」

口々に、反革命だと、叫んでいる。

中根の夫が、いう。

「裁判闘争を破壊するのか！」

武が、熊にいう。

「書記長。あんたの〝処分を取り消す〟のひと言で、みんなが安心できるんだろう。すぐ連絡してやるから、そしたら、気持ちよく傍聴席に居られるだろう」

口々に、裏切り者だの、反革命だのと、叫んでいる。

武が、いう。

「書記長、裁判を破壊するな、権力とたたかえって、みんながいってるよ。いい裁判闘争ができるかどうかは、あんたの言葉ひとつでしょう。『処分は撤回する』って、いえば。だれが、裁判の破壊者なんだ。彼女を処分しているあんたらが、裁判の破壊者なんだよ」

熊が、「反革命だ！」という
呆れた武が帰るように、エレベーター前に動く、囲みがついてくる。

囲みながら、裏切り者だの、反革命だのと、叫ぶ。叫ぶ。

中身のある話は、何もない。

夫が被告になっている坂本千秋までが、

「反革命だ！」とつぶやく。

被告夫人のケムもつぶやく。

「裏切りだ！」


二～三〇人の刑事どもが、ニヤニヤしながら、見ている。

開廷を知らせるベル。消耗を深める五人が武から離れて傍聴人の列に。誰も、心をこめて話すやつがいない。武が後に並ぼうとすると、後ろにいた仲山が、「傍聴させない」という。寝食を共にした、憎めない男だけど、これで、終わりだと思った。ドラマならここで一発殴る場面だと思った。私服が目を皿にして見ている。ニヤニヤどもにつけいらせたくなかった。殴るのは、やめた。彼の襟首をつかんで、グサグサと揺さぶって、突き放した。彼が、よろけて踊った。後ろを見ずに、エレベーターで外に出た。

法廷では、裕子が証言した。

この時、革共同への連帯とか、被告たちへの同情とかでは、まったくなかった。裕子は、国家権力対私として出廷し、かつての仲間たちのために事実を証言した。


待ち合わせの場所に裕さんが笑顔で来た。

「藤沢先生は、ニコニコとすべて分っていたという顔をしていた。人に信頼してもらえるって、凄いことだね。気持ちいい。被告のみんなは、ホッとしていたし。あの時、物語や映画なら、証言の最後に『実は、私は組織に処分されましたので、本当は来たくても来られなかったんですが、国家の不当な弾圧とたたかう方が私には大切なので証言させてもらいました』というんだろうね」と笑った。

藤沢先生は、岩手爆取の裁判の弁護団長だ。なにもかも見通していらっしゃる。裕さんの気持ちは伝わっているに違いない。裕さんは、五四歳になっていた。青春をかけ、人生の全てだった組織から切られるのだ。不思議なほど、さばさばしている。やることはやった、後悔することはない、ということか。

これは、二〇一七年になって聞いたことだが、中央が「あいつに騙された」と言っていると。武も裕さんも「処分を解かないなら、出廷しない」とは一度も言っていない。でも、彼らは「処分を解かないと、出廷しない」と思っていたのだ。ただ、ただ、「出廷して戦えというなら、処分を解けば」といっていただけだ。彼らは、自分たちが処分を解かないなら、高田裕子は出廷しないと勝手に絶望した。だれと戦っているんだろう。彼らの頭の中がどうなっているかよく分る。組織がどんな問題を抱えていようが、権力との関係が第一なのだ。組織のもめごとなのに、彼らの思考から「権力」が抜けてしまう。権力とたたかう法廷なのに。頼まれなくても、出るに決まっている。いったい彼らは、人間のなにを信じて、革命を口にするのか。

・顔をさらして前進社を去る

幕切れは、サッパリしていた。地裁の茶番があって、数日後、二〇〇二年一月、武は前進社に行った。定例の仲山との塩漬け儀礼の日程が入っていたからだ。二階に上がると、仲山が「お前の来るところじゃないだろう」といった。「そうか。じゃ、終わりだ。お前にそんなこといわれる筋合いはないわ」と言い捨てて、階段を降りた。

三五年間、一人で出ることも、顔をさらして出ることもなかった「出社」。戻ることのない前進社から出た。どこかで監視している公安に、アゴをあげ顔を見せて外に出た。公害にくすむ東京東部の一隅。でも、どこまでも、外は、明るく、いい天気だった。アーケードの中を旧国鉄の新小岩駅に向った。赤ら顔で社へ向う中井と遭遇した。見られたことも分らなくなっている。動物なら、のどに食らいつかれておしまいだ。革共同が、内ゲバが、あの緊張した時代が、終わっていた。中井のボケは、つくった惚けではなく、ほんとうに惚けていた。武は、六五歳になっていた。この年、二〇〇二年の一二月、白井朗さんと角田富夫さんが、「同志」であった中核派の襲撃を受けた。清水丈夫は、トロツキーを暗殺したスターリンと同じだ。

今は、党から離れている伊藤隆明さんが、熱心な星野支援者だ。二〇〇〇年に浮上して、彼に薦められて星野と獄中結婚した星野暁子さんにあった。暁子さんと無期刑のかれをどうやって奪還するか、という話をした。革共同中央は、星野の「仮釈放」による出獄を決して認めない。その後、武は、獄中の彼、星野にあてて三度メッセージを書いた。賢明な星野氏は、党に注文をつけるような野暮な人間に語る言葉はないらしい。前進社を出てから一ヶ月ほどして、暁子さんが会いたいと武に電話をしてきた。品川の喫茶店で会った。「白井一派とは、つき合いません」という。「あんた、白井さんの民族本を読んだの?」と聞いたら、「読んでいません」という。「どうして、反革命だっていえるの?」と聞いたら、「党が〝そう〟言っているんだから、〝そう〟なんです」という。「〝そう〟なの! じゃ、終わりだね。お幸せに!」と、別れた。でも、彼女、それなりに「けじめ」をつけにきた。「もうつき合わない」とわざわざいいにきた。中根さんも、三石さんも、一言もない。彼女らしい筋のつけかただ、えらい。人間の情けを持ち合わせていない革共同中央が壊滅するまで、星野の仮釈放はないだろう。

だが、革共同がどうであれ、山は山だ。目標は目標であって、目標がなくなるわけじゃない。頂上をめざす登山でも、困難な状況にあったら、遭難を避けて引き返さねばならない。もし、遭難したら、すべてに優先し戻る決断をして、なんとしてでも戻らねばならない。

・岩本さん、星さん

岩本さんと会うことになった。岩本さんは、元『前進』編集長で、なにごとにも、組織の事情や理論に精通している人だ。武が七一年に反軍闘争にかかわったとき、社の反軍担当常任の大木さんと一緒に反軍の細胞会議に来てくれた。任務に絡んだつきあいはなく、雲の上の人だった。でも、最後の別れのあいさつをした。彼も革共同には数少ない仁義のある人だった。心や感性や価値観のところで誠意を持っている人なのだ。

かわいそうに、彼我の事情を知らないで、辛い思いをしてしまった人がいる。東京南部の星さんだ。地裁の茶番から二ヶ月後の三月初めに、保釈された岩手爆取り被告の板垣さんの所属が南部だったので、彼の歓迎会を南部でやろうと企画して、武にぜひ参加してと、手紙をくれた。武は、「喜んで参加する」って、返事を書いた。中央が追放した人間を、南部地区が堂々と招く。南部もやるもんだと感心していたら、日を置かず「高田さんが、参加すると混乱することになるから、来ないでください」と痛々しい手紙が返ってきた。武が参加することが分った組織は、その断りを星さんに押しつけた。気の毒な星さん。卑劣な組織。

ツグミのUとGとの月一の顔合わせはつづけていた。元メンバーのIさんも加わって、Iさんのお世話で、裕さん、武の五人で、湘南や信州に足を伸ばして遊んだ。ときどき反軍の小多さんと話をすることができた。江戸川の前進社に背を向けた後も、定期的に付き合っていたのは、例の裕さんが代読を断られた「礼状の会」を立ち上げた御崎勝江さんの会合だけだった。むすこの御崎直人さんが主催していた国賠問題の学習会に、浮上後裕さんと一緒に参加していた。御崎直人さんは、一九八〇年一〇月に、中核派が東京大田区の南千束で革マル派学生五人を殺害した事件の犯人として指名手配された。だが、これが、まったくのでっち上げだった。誤認とかのまちがいではない、ほんとうの、為にする、ねつ造だった。

・このような手紙は書きたくない、御崎勝江さんの手紙

この事件で指名手配された御崎さん親子のことをすこし書くことにする。

五人の革マル学生が殺されたとき、直人さんは、東京東部の東上線沿線で、読売新聞の拡張をしていた。お母さんの勝江さんは、この指名手配がえん罪であることを訴え、新聞拡張の雇傭契約や当日の稼働歴を示す書類、その日一緒に拡張をしていた人の証言などの証拠を示して、指名手配の取り消しをもとめ、裁判所や警視庁に対し、法律や行政や政治的にできる、ありとあらゆることをやり、街頭にも立った。

が、警視庁は誤りを認めず指名手配を取り消さず、一五年間も誤りを居直りつづけた。その手配の時効をまって浮上した直人さんは、そのあまりにも明らかな不当きわまりない「指名手配」と、それがアリバイで崩されても取り下げない警視庁の行政責任にたいする国家賠償訴訟を起した。一審の東京地裁は、直人さんの訴えを認めて直人さんへの指名手配はえん罪であり、その人権侵害に対する賠償責任が国にある

と判決した。

が、二審東京高裁と三審の最高裁は、一審判決を全部ひっくり返して一言で返した。「民事訴訟法の手続きに違反しただけだ」と。信号無視しただけでも大惨事が起こる。ブレーキを踏み損なっただけでもバスは崖下に転落する。「信号無視」も、「ブレーキの踏み損ない」も、しかし、瞬間のことであっても、その誤りは取り返しがつかない。だが、お母さんの勝江さんは、一五年間も、「アリバイがあるよ」、「違法な手続きだよ」といいつづけてきたのだ。もし、国の法的倫理に立つ司法が、法の下の正義をいうなら、いつでも自分の誤りを正せたはずだ。単なる民事訴訟手続き違反ではない。お母さんの声や、訴えや、怒りすら、押しのけて、誤りを糺す声を無視して、すなわち強引に維持してきた「手続き」なのだ。勝江さんと直人さんが二七年もかけて「誤り」を訴えてきたにもかかわらず、「手続きの誤り」ではない。「誤り」を一五年間正さなかったのだ。

このようにして、この国、日本の最高裁が示したことは、正義や真実よりも、あえて「その誤った手続き」を維持したのだ。そして、それで、どんな大惨事になろうと責任はとらない」と居直っていたのだ。この一件は、国家というものがどういうものかということを、よく示している。「国というものは国民のアイデンティティ＝心身のよりどころだ」というけど、そしてその「よりどころ」の現れである紐帯、その絆のためにという論理を用いて、国は国民を戦争へも動員する。けれども、国は最後のところ、人としての信義のところで誤りを正さない、責任を負わない。国家というものは、最後のところで「居直りの体系」なのだ。「幻想の共同体」といわれるゆえんだ。そのことを、この御崎直人さんの国賠請求訴訟にたいする二審と最高裁の、木で鼻を括ったような一言の判決が、はっきりと示している。

お母さんの勝江さんは、八〇年に事件が発生してから二〇〇七年の最高裁判決までの二七年間、犯人のねつ造、手配のずさんさ、糺しても聞かぬ居直り、最後は責任すら取らない国家権力を告発してたたかってきた。お母さんには、裕さんも武も、厚い支援を頂いた。裕さんは獄中にいるときからも、出てからも、武もさまざまな運動の支援や活動の支えを、そして一五年の手配中には精神的な心配をいただき、二人ともども、勝江さんに温かい配慮をたくさんしていただいた。勝江さんのメッセージを裕さんが代読するのを仲山が拒否したこと、そして逆に、令状の会を運動の破壊者にするためのウソをふりまく革共同や仲山に心から怒っている手紙がある。堪えに堪えた大人の怒りが伝わる。

二〇〇二年一月二四日木曜日

革共同　様

「このような手紙は書きたくない」。

私に、書かねばならないようにしたのは誰でしょうか。

党とは三〇年来の付き合いです。その間、直人がデッチあげられたわけですが。

足を踏まれたことがありますか？　踏まれたら「痛い」のを知っておられますか。踏んだ人はどんな理由があっても「ア！　ごめんなさい」と全面的にあやまるのがこの社会生活でのエチケットであり、社会人として当たり前の行為でしょう。

電車が混んでいたから、電車が揺れたから、押されたから踏んだのであって「何でおれがあやまらねばならないんだ」「おれには責任ないヨ」と居直ったら、踏まれた人は怒るのが当たり前でしょう。人権や世界の平和のために闘っていると称するグループの人間が、もしこの理がわからなかったら、そのグループはまやかしのグループのそしりを受けても仕方のないことと思います。

私ども、令状の会は、常識では考えられない立場に立たされております。私どもの会は本当に小さな運動体ですが、今、苦しい生活の中で、膨大な経済的圧迫を覚悟しながら国賠をやっているのは、ダテヤスイキョウではありません。

知られないところで警察や裁判所の不当なデッチあげで苦しんでいられる方々が多くおられます。そのような不当な権力の行為を少しでもなくしていきたい、犠牲者を一人でも出したくないとの思いで、無理を承知で国賠を提訴し、強大な権力と闘っているのです。その心を踏みにじるような行為を「人権を重んじる」といっているグループが行うとは、何ごとでしょうか。どんな理由をつけようとも、私どもの会の面目をつぶすような行為は許せません。

抑圧された人の味方だといったって、そんなこと信じられません。

一二・一五集会で大変な結果になりショックをうけております。新聞に集会をするという記事があり、私としては何をいまさらと思いました。星野さんは獄中二七年、「爆取」の四名は長期に拘禁されており、これは人命に係わる問題であり一刻でも早く取り戻したいと、署名を集めたり、抗議行動に参加し、できることはしてきました。事務局の方に市民としての闘い方、ビラまき、裁判所への抗議の仕方（私は一五年間一六〇回に及ぶ裁判所へ抗議をしてきたので）、司法記者クラブへのアピールの仕方等などをお教えし、知恵のある協力をしてきたつもりです。自由人権協会から声明を出して頂く時も、お願いに行きました。小菅への月一回の面会の度に、獄壁を破ってでも四人を取り戻したいといつも悔しく、情けなく思っていました。折りも折り、直人より「礼状の会」として集会に参加して発言してほしいといわれた時、私としては参加したくなかったのですが（つまり党として、今まで何をしてきたか私には皆目見えませんでしたので）、どうしても協力してやってほしいといわれ、その後集会の責任者という仲山さんがお見えになり「是非に。小田原さん（キリスト者、反戦闘争や反弾圧運動にかかわっている人：武注）も参加するから」といわれたので（大変高圧的な口のききかたをする人だと、不愉快でしたが、弾圧されている人たちの為だからと）一五日は予定が入っているのでメッセージということで参加することにし、仲山さんから、代読者は会員にお願いするといわれ、そのように決まりました。しかし、いろいろつもる思いがあり、何を書いてよいか考えがまとまらずにいましたが、直人が「日頃考えていることを、お母さんの言葉で書いてほしい」といわれて書きました。メッセージはびっくりするほど好評でした。「礼状の会」の者としての参加ですので一応会員の方々にお見せして、了解して頂き、その折高田さんに代読をお願いしました。

ところが当日、代読者は実行委員会の方でやるので、高田さんに降りてくれとのこと。直人が抗議をしたにも係わらず、私の知らない人が代読したとこのこと。大変不本意そのものです。高田さんでは、どんな不都合があるのでしょうか。明白にしていただきたい。実行委員会に代読者をお願いしたことはなく、また、実行委員会の方で代読者を出すことに方針を変えるということは、私も直人もまったく聞き及んではおりません。「令状の会の会員にメッセージを代読させてほしい」と要請されたのは実行委員会の方です。このようななされ方、世の礼儀として成り立つものではありません。高田さんに対しても失礼な許せない行為です。高田さんに謝ってください。

礼状の会はそもそも私が立ち上げた会です。国賠も私が言いだし、どなたの力もかりずに提訴したことは、皆さんよくご存じと思います。アリバイがある者を決して逮捕してはいけない。まして裁判所が証拠保全した者に逮捕状を出してはいけない。これは決して許すことのできない権力犯罪行為であり、このことに対して国賠を提訴したので、たまたま私の息子が当事者ということなのです。二〇年前「救う会」ができたときから、私は何十回も「私の息子の為ではない。不当な警察の令状請求、裁判所の不当な令状発布と闘うのだ」と言ってきております。これは総ての人たちに関係のある問題だからです。市民運動や党の人たちにも関係があることで、二度とこのようなことは許せないと頑張っているのです。

ところが今回の集会の資料の五ページに「御崎直人同志の国賠闘争に勝利し……」とあり、あれではまるで、党が国賠で頑張っているようで、まったく納得ができません。資料に載せるとのお話は一言も聞いておりませんし相談もうけていません。どういう意味でお書きになったのか、明らかにしてください党に対しては藤井高弘さんの保釈の時、保釈金を立て替えてほしい。刑事保障でお返しするとのことで当時いらっしゃいました土田正昭さんに五〇万円お渡ししました。また前進社移転の時銀行からの融資がおくれているので、出たらお返しするとのことで、角田富夫さんに五〇万円お渡ししました。しかし、今もって返金はもとより一通の礼状も来ていません。どういうことでしょうか。借りたものを返さないのは犯罪でしょう。国賠には膨大な費用がかかります。お貸しした百万円是非かえしてください。他の方で、やはり同じ立場で怒っている方が多数おられます。

先にも言いましたが、考えてみますと党とは三〇年来のおつきあいになります。その間色々ありました。時間をやりくりしての、破防法裁判の傍聴やオウムに破防法がかけられる時にはハンストをしたり、一〇・三〇事件の時には連日現地にはいり街宣をしたり、党員が手術なさった後一カ月私宅で面倒を見たり、衣類を買って差し上げたり、裁判所に警察に抗議にいったりもしました。保釈者は（今でも名前をおぼえています）の身元引受人になったり、党で車を買うとき保証人になったり、私の名前で駐車場を借りたり（このことは当裁判〝御崎直人国賠裁判〟の疎明資料にも書いてあります）数えられない位いろいろお手伝いしました。皆が一生懸命に闘っている姿に協力したばかりに、恥辱的な（直人に全く関係のない事件で）ガサを五度も受けたり、私の名誉は傷つけられています。一体全体、あれは何だったのでしょうか。

一二・一五集会で為さったことは、私の今までしてきたことに対して何を意味する行為なのですか。おたずねします。

このようなスキャンダルを外部に漏らさないために、なるべく大きな事件にしたくないとの思いで一カ月余りも隠忍自重している私どもに対して、陰謀話をデッチあげ、全国に流したようですね。「令状の会」は反党分子の巣のように言いふらしているとも聞きましたが、本当でしょうか。デマの上にデマを重ねて多くの方に言いふらされている私どもとしては、すべての事実を明らかにして会の名誉を守らざるをえなくなります。外部に明らかにしてよろしいのでしょうか。冤罪と闘うといいながら党は、自身の健康も顧みず一生懸命党につくしている者にたいして、冤罪をでっち上げていいのでしょうか。私には理解できないと同時に党に対する信頼は全面的に崩れ、幻滅を感じ、怒りで胸が張り裂けそうです。時間が経てば経つほど、私の怒りは倍増してきています。
二月三日には礼状の会の総会を持ち、会としての善後策を皆さんに考えて頂くつもりでおります。
今日は思いつくまま書きましたが、まだまだ、色々ありますので、後便で述べます。

逮捕令状問題を考える会
御崎勝江

御崎勝江さんの革共同への抗議の手紙。要点を載せようと思ったけど、削れなかった。あの時代、多くの人たちが党にかかわり、さまざまな思いをいだいた人たちの気持がにじみ出ているので、そのまま載せることにした。人の思いを踏みにじるだけでなく、「運動を破壊しようとしている」などと、平然とウソをデッチあげる体質。この体質への怒り、三〇年もよかれと思ってつきあってきて味わう、ほろ苦い悲しみ。この抗議の手紙を見ていると、やるせない思いは、運動に参加した本人よりも、支えた家族の方に、より辛いものがあるように思える。勝江さんは、二〇一六年に亡くなられた。

党を周りから支えた人たちの気持ちを、「同じように怒っている人が、大勢いる」といっている。権力にあらがっているのだから、権力に嫌がらせをされるのは理屈でならわかる。だが、どうしてたたかう党が、支え、応援する人たちをいたぶるのか。どれだけ多くの人が、自分の中に見いだした理想が崩れていくのを、苦い思いで味わったことか。文中で勝江さんにお金を借りに来た土田さんは、獄中の裕さんが温かく支えてもらった救対の責任者だった。心を患い運動から離れて、その後中国へ行ったと聞いている。白井さんと一緒に中核派にテロられた角田さんも、革共同の運動からはなれ独自の市民運動をやり始めていた。武が角田さんにはじめて会ったのは一九六五年の日韓闘争のときで、彼は柔らかい物腰で、神奈川の隊列につきそっていた。革共同は、白井さんを襲撃したときに、同時に彼も襲っている。内ゲバも、内々ゲバも、いわば、革共同中核派の、心の襞を外側へひっくり返して見せたようなものだ。彼の何が憎いのか。内側に向ける憎悪とは、もはや精神の錯乱、病んだ理性というほかない。革命を信じたものが心のよりどころにすべきものに泥を塗り、ともにたたかう者へ憎悪のエネルギーを向ける。権力にではなく内側へ、憎しみを募らせていくだけの、「病の自己運動」になってしまっている。

・横浜地区、女性部への手紙

裕さんが、「横浜地区のみなさん、および女性部のみなさん」と題して、この間の一連の事情を横浜地区組織のメンバーに説明した文書がある。

ちょっと長いけど載せておきます。

横浜地区のみなさん、および女性部のみなさん

このかん、私の「組織問題」といわれている諸々の事態について、みなさんに心配いただき、かつ、私の力になって支えていただいていることにたいして、心から感謝します。ありがとうございます。

昨年一一月下旬に、私の言動がこれ以上容認しがたいという理由で、ＩとＭ（Ｉは、県委員長の岩田、Ｍも神奈川県委員会の指導部メンバー）に、呼び出されて、「組織規律違反」を理由に、自己批判を要求されました。それ以来、二カ月が経過しました。

私は文字通り、寝ても覚めても何をやっていても、私の「組織問題」というものが、頭から離れず、考え込む日々がつづきました。「病気」にもならずにこられたのはみなさんのおかげです。

二カ月の間に、事態は激しく動きました。

ついに、一月二八日に至って私（たち）の生存、生活の糧である法政大のプチ・オレンジから排除＝解雇を知らされるのです。まだ、正式な通告ではありませんが、「前進社」（中央）は解雇を「検討している」ということを知らされました。

事ここに至って、私はこれまでとは次元の異なる問題となったと思います。私は、私にかかわることがらの問題はどこにあるのか、事実関係を、この手紙に書きたいと思います。最後まで読んで下さるようにお願いします。

① 自己批判要求
私が「組織規律違反」を犯したといわれている問題は、『前進』の負担金（一律、毎月二〇〇〇円を負担すること）について、決定事項にもかかわらず、私が反対し、メンバーに反対意見を言ったことが間違っているとされたことです。

この問題では、Mのデマから始まりました。「あなたは決定を無視してメンバーに払わなくてもいいと言った」と。こういう事実はありません。私は「八月から負担金を払うことが決まったけれど、私は問題があり、反対である、議論しているので今は待ってほしい、八月に遡って払ってもらうようになるかも知れないけれど、その時はよろしく」と言ったのです。

ちなみに私の反対の理由は、(a)九六年にこの問題が提起された時、半年後には見直すと言われていたのに、現在までなし崩しである(b)「不実問題」の見直しが重要(c)紙面改革が先決(d)今は二〇〇〇円だが、いずれ値上がりもありうるだろう……現にその後、指導部は一人で三部負担することが義務づけられた(e)要は、二〇〇〇円を負担することでは根本的な『前進』財政問題の解決にはならないというものです。この議論のときに、紙面改革に関連して「たとえ二ページでも、面白い、読まれる『前進』づくりが大事なのではないか」と言ったことが、「二ページでよい」と言ったと、曲解されました。

さらにMは、私がHGさんに「払わなくてもいい」とは言わなかったことを認めた後は、指導部の私がメンバーのHGさんに反対意見をいうことは、それ自体が圧力になるから言うべきではないとも言いました。私は、メンバーの主体性を大事にしたいと考えて話しました。なお、実際に二〇〇〇円は八月から払われていません。NHさんは未払いです。（このことは、裕さんのもとに、メンバーがHGさんと、NHさんの二名いたということ）

②礼状の会問題

自己批判提出の期限前に、一二・一五集会がありました。私は御崎勝江さんが代表している逮捕令状問題を考える会（礼状の会）の会員として、彼女のメッセージを読むことを託されて、集会に向いました。しかし、メッセージは別の人が読むことになっているので、と私が読むことを拒否されました。（礼状の会は、前身の支える会が発展し、御崎国賠訴訟を契機に、名称変更した。私は、自然の成り行きとして、御崎勝江さんと同じ思いを共有できる体験者（自分の家族がデッチあげ指名手配をされている者）として、出獄後から会員になっています。

「一二・一五集会の妨害者は羽生（裕さんの当時の組織名）」であるという報告が流されています。事実は逆であり、礼状の会の会員が読もうとしたのを、主催者の都合で拒否されたことにあります。「言った、言わない」のレベルをこえて、党の都合で、大衆団体との約束事をホゴにするという点にあります。御崎直人さんが怒って、抗議の文書を発しました。これに私が反対しなかったことが、問題だとされました。勝江さんに私が代読を頼まれて、その代読を拒んだ党。その党は、そんな道義を失った党に抗議する勝江さんを、私が批判すべきだというのです。ここまで腐敗している組織が成り立っているのが不思議です。文書の中にある「信じてはならない組織」を信じたのが、間違っていた云々の文言については、御崎勝江さんの、これまでの長い間つきあってきた革共同への思いを代弁したものと聞いています。
また、御崎直人さんが抗議文書を大衆団体にばらまいている、というウソの報告がされています。事実は会員に抗議文書とは別の事実経過報告だけを送付したのです。逆に、組織内外に礼状の会を誹謗する情報を流したのは党の方です。たとえば、集会の真の破壊者は羽生だとか、礼状の会の黒幕は花井（武の組織名）であるとか、御崎直人は反党活動をしているとか、角田とつるんでいるというデマを流しています。その上、都革新（注：当時の革共同の選挙活動を支援する杉並の市民組織）の後援会の人にたいして、Kさんまでが、「御崎は、Oさんに、新しい救援組織の糾合を提案したので、Oさんが怒っている」というデマまで言っています。こんな事実はありません。

③　処分の理由

一月一一日に、IとMにより、私は、(a)、会議に出るな、(b)、地区委員と会うな(c)、細胞会議はやらなくていい(d)、一切の活動禁止、（唯一の活動は自己批判をして総括を深めること）(e)、支社への出入禁止を（注：支社とは、革共同の神奈川事務所のこと）言い渡されました。

この日の決定は「統制処分ではない」と報告されているようですが、私への処分は「中央決定」と聞いています。また、一連の私への決定は「神奈川県委員会決定である」とか、「中央決定である」とかいわれています。

処分の理由は何でしょうか。この間の討議と一月二三日のIの文書を含めて判断すれば、以下のようになるでしょうか。

(a)、『前進』負担金問題や、大衆団体の立場から党を批判するような組織原則逸脱がある。
(b)、「第三次世界大戦はない」論を展開している（私は「ない」といったことはない。帝国主義間争闘戦の原理、本質論を否定していない。ただ、現実と労働者、人民の意識や感性との乖離を感じる、この乖離を埋める納得のいく説明が必要と思っている）。
(c)、白井、小西問題にあいまいな態度を取っている（私は問題とされている内容がよく分らないから議論すべきだといっている）。
(d)、六全総（注：革共同全国委員会総会）の到達地平に追いついていない、核心部分での一致がない。
(e)、都議選総括に反対している。
(f)、路線問題や組織問題を討議する場ではない〇〇で、反対意見ばかり言う、やることをやってから意見を言うべきだ。
(g)、決定には従え、党中央の方針に責任をとることを媒介にして、下部に責任を取ること。まず上部機関に責任を負うことが正しいあり方である。「上意下達だ」「踏み絵だ」というようなことを言うのは許されない。
(h)、〇〇では反対意見を言うな、レポートを出せ、等々。以上です。

私への処分にたいして、処分の在り方を問うたＵＲ（瓜生）さんにたいして、「連座責任」を理由に中央決定と称する組織統制処分がなされました。この組織統制処分は、組織のあり方がまったく新たな次元にきていることを示しています。こうした事態について、私とともにたたかってきた誠実な人たち、私たちを信頼し苦闘している労働者、明るい未来を求める人民にたいして、会わせる顔もない、言葉も失う思いです。

④　すっきりした気分で証言したかった

一月一六日に、迎賓館・横田裁判（＊）があり、私が弁護側証人として出廷することになっていました。私は、一月九日に弁護人と打ち合わせをして、若干の緊張もありましたが、獄中の同志のために全力を尽くそうと決意し、心の準備をしていました。その翌日には東拘への面会行動がありました。そのとき、坂本千秋さんから「組織問題を獄中に持ち込むことはゼッタイ許さない」などと、私への不信と敵対をあらわにした言葉を投げかけられ、とても平常心では獄中の仲間と面会できないと思い、私は退席しました。こういうことがあった翌日に、上記の一月一一日の処分決定が下ろされました。

（＊）「迎賓館・横田裁判」とは、岩手爆取り裁判の被告、須賀、板垣、十亀（そがめ）の三人が、この「岩手爆取り事件」とは別に、一九八六年四月一五日の横田基地ロケット攻撃と五月四日の迎賓館ロケット弾攻撃を理由に再逮捕され、爆取三条に重ねて爆取一条の罪を着せられた裁判。さらに、この横田と迎賓館弾圧には、一九九三年に逮捕された福嶋さんも連座させられた。彼は、横田基地へのロケット攻撃にも、迎賓館ロケット弾攻撃にもまったく関係していなかった。二〇一七年現在、「迎・横裁判闘争」はつづいている。

私への処分という、私の人生を左右するこの事態について、一日中考え込んでしまいました。組織は、私に対しては、一方で私に問題があるからと、党員としての活動を一切禁止しておいて、他方で権力の前で証言しろというのです。組織の内側では、組織活動をするなと心身を縛っておいて、組織の外に対しては法廷で証言せよ、権力の弾圧と闘えというのです。たたかいに起つ人間の手足を縛る組織。考えれば考えるほど、今の中央や神奈川の指導部は、人の心も分っていないし、いかにして人を戦いに勝たせるのかということも、分っていない。いや、人の命やその運命をもてあそび、革命運動をなめていて、たたかいに臨んで意識を研ぎ澄ますこともしらないとしか思えない。もっといえば、たたかいにはじめから負けている。たたかいに勝利するつもりなど、はじめからないというほかない。でなければ、人や運動や組織に対して、こんな仕打ちができるわけがないと思うのです。

私の願いは素朴でした。私は、まず、私の縛りを解いてほしい、すっきりした気分で証言させてほしい、神奈川の責任でまず処分を撤回してほしい、と思ったのです。翌、一二日に、Mに「今のままでは一六日にすっきりした気持ちで出廷できない。岩手爆取り裁判でさわやかな証言ができるように神奈川で責任をとって下さい」と、通告しました。このことが「証言拒否」とされていきました。このことは、曲解とか、意地が悪いとかという次元をこえて、いまだ一五年を越えて獄中におかれている同志の闘争を頓挫・敗北させても、私への処分を貫くという組織の意志の表れというほかない。組織指導者のメンツをまもるために、人の命や運命をもてあそぶ、なさけない人間たちというほかない。

その後、一六日の朝まで、神奈川としてはIが、「一切の活動禁止とはいっていない。これとそれは別問題だ」と電話してきただけでした。またウソをいうのです。ことば、ものの言い方ではない。何をやっているかだ。裁判に勝利するために何をするか、という思いは、もう組織には全くないのです。他方、神奈川の代わりに登場したのは、本社の人たちです。すべての人たちに共通している論理は「縛りと法廷は別だ」というものでした。「証言しないと、あなたのこれまでの人生の一切を失うことになるのだ」「人間として許さない」とまで言っていました。人を信じることができず、縛ることしかできない、縛れば思い通りに動かせると信じている倒錯した人たち。

私は、言った。

「一個の人間だよ。手足を縛られ、心が泣いているのに、〝それ、たたかえ！やれ、たたかえ！〟と言われれば言われるほど、党もその指導部もまともな存在だとは思えない。私は行かないとは一度も言ってない。自分たちのたたかいが〝まともなもの〟であることを証言するのだ。だから、すっきりと戦えるように、今からでも縛りを解いてくれ。それを、本社中央は、神奈川にいうべきなのだ、羽生の縛りを解け、と」。私は言いつづけました。

「獄中の同志を裏切るはずがない。必ず行くよ」と、私を信頼してくれていた同志がいたことを後で知り、うれしかったことをつけ加えておきます。それに比べて、私への徹底した不信を口にする人たちは、何を信ずるべきなのかも見失っている。人を信じるということはどういうことなのか、知らないのだ。道義をもたない運動者たち。運動を待ち受ける、悲しい結末を予感させせると思いました。
ところで、当日の朝、地裁で、彼（花井）が天田書記長たちと話し合いをしていたことを、「権力（私服）の前で、組織問題を暴露した」「獄中の人間を人質にとるのか」「出廷拒否を取引の材料にした」などといわれています。「組織問題を暴露した」とは、よくいうよ。「立派な組織判断や行動」をしているなら、晒しても、晒されても、人に感動を生みだすだけだ。組織と個人のあつれきはどこにでもある。問題は、暴露されたら困るような対応をしていることなのだ。そのことこそ反省すべきなのだ。要は、現実世界への立ち方が、人に対する意識が逆立ちしているのだ。人を人として見ることができていないのだ。出廷しないなどと、一度もいっていない。ただ、縛りを解けば、といっていただけだ。あの中央には、相手の心をまともに読める人間もいないのだ。

さて、二カ月の激動は、ついに私を職場から解雇すると言う事態へ発展しました。労働者の中へ、を合い言葉に、労働運動を実践している、当の組織が、その中には解雇撤回のたたかいもあるのに、人の生存権を奪うようでは…。善し悪しに関わりなく理由があったら解雇していいという「革命」の側からの、資本へのメッセージです。

二〇世紀の革命運動の中で、どれだけの人が運動に命を賭けたでしょう。革命的共産主義運動、これも「（ヨーロッパに現れた妖怪）幽霊の正体見たり、枯れ尾花」でした。私は、理性というものが、人の誤りを正せると信じていました。でも、革共同指導部の姿は、保身の心情に囚われていただけでした。さまざまな心情から「私を解放して下さい」と祈ったマザーテレサに遠く及ばない。なさけない知性、保身に囚われた、誤りを正せない理性の腐敗でしかない。私はどんなことがあっても生きていきます。どんなに未熟でも、こうあったらいいと思える人間として生きていきます。それが、みなさんと同じ道を歩んでいるなら、よろこばしい。

二〇〇二・〇一・二九

以上
高田裕子

・プチ・オレンジの解雇

武が前進社を追い出されたのは、この裁判所騒動のあった一月のうちのこと。裕さんへの組織からの追放工作が情けなくもつづいていた。

法政大学で組織が経営管理する売店「プチ・オレンジ」の解雇についての裕さんの文書も載せる。

「プチ・オレンジ解雇通告」されたときのメモ

三月八日、一三：四五「通告」

・「文書にはしない。していない」、という

・「解雇というレベルではない」、と。

・「拠点の配置問題である」と。

この「口頭通告」への、裕さんの文書になる。

プチ・オレンジの解雇について回答を求める

㈠　解雇の理由は何か。

党中央は、「解雇ではない。拠点政策だ」「配置転換だ」と言うが、経営政策の結果としてリストラがあるように、「拠点政策」の結果として解雇があるのではないのか。だとしたら、羽生が首を切られなければならない中央の政策とは何か。その正当性とは何か。「拠点政策」とは、何のための、どういう政策なの

か。解雇を決定した中央として、羽生の解雇が、コミュニズム（共産主義の理念）に照らして正当で、根拠のあることであることを、示すべきである。

㈡　組織活動を禁止されて、その上、組織が雇用している職場を解雇されたメンバーに、中央が「自己批判を要求する」ような組織関係とは何か。

組織的実践なしに、どんな自己解放（＝自己批判）が可能なのか。コミュニズム運動における組織と個人の関係、同じことだが意識の再調整、その実践の問題として、答えて欲しい。

私、羽生にたいして、組織指導を批判したとして、まず組織活動禁止という処分がなされ、その上解雇された。処分の理由や根拠や正当性が所属する当の組織で明らかにされず、処分もやむを得ない、となったわけでもない。一方的に、問答無用に、「まず、処分ありき」であった。それなのにいまだに、「処分ではない」と言い張っている。

こういうことが、労働者の信頼を得るべき革命運動にとって、どんな意義があるのか。「拠点政策」などという政治的な言葉でなく、労働者にわかるように説明するべきである。

以上、文書で回答を求める。

〇二・三・一四　　高田　裕子

つづいて、党は、裕さんへの『寒梅』（＊）の配布を打ち切った。内部ゴシップの外部への波及だ。健全な組織運営から見れば、恥も外聞もない錯乱状態への突進というほかない。

（＊）『寒梅』とは、岩手爆取り事件被告たちが獄中から、労働者人民へ発したメッセージで闘争や裁判、獄中生活、読書や詠んだ歌など軟らかく読みやすい通信で、十亀さんの熱烈なファンもいて、広く読者を得て、好評だった。

・県委員長、地区委員会へ

六月まで、読者に直接郵送していた『寒梅』を七月から、受け取ることができなくなっています。私が、法政大学の職場を首にされた問題は、組織問題ですが、今回の、この問題は、対外問題です。私と全国の読者約三〇人との関係を断ち切ろうというのでしょうか。彼らとの信頼関係をこわすような無責任なことはできません。是非、革命運動と読者、民衆との関係に傷をつけることなく、今まで通り送れるように、回復の措置をとってほしいと思います。

このままでは、読者に、送れなくなった理由を明らかにしなければなりませんから、組織問題と、〝外〟にかかわる問題を区別して下さい。問題を根本から解決すべきです。

尚、この手紙は、風間（岩国）さんに託しますが、地区委員のみなさんの尽力をよろしく、お願いします。

以上

二〇〇二年七月二三日

高田裕子

この外との関係に責任を取れるように求めた県委員会への要請が受け入れられるような、そういう精神が残っている組織ではなかった。裕さんは、運動にかかわった自分の最後の責任をとるために、運動を支えてくれた寒梅の読者の人たちに、悲しい報告をする。

『寒梅』読者のみなさんに

大変ごぶさたしてしまったことを、まずお詫びいたします。半年近くも『寒梅』を送ることがかなわなかったことには、それとしての理由があります。しかし、その理由が、わたしに到底納得のゆかないものでしたし、いまも納得できずにいます。

私の身辺に何が起こっているのか、それはどんな問題をはらんでいるのか、そのことを考え悶々とする毎日が続いています。

問題の性質上、なにかすっきりと答えがでたのでみなさんにお伝えするということはできませんので、ひとつの区切りをつける意味でも現状報告としてペンを執りました。

なにが起こっているのかということですが、結論的に言うと「(組織の)上部で決定した方針に意見を言うな、許さない」ということに尽きます。

わたしはこれまでいろいろな機会にいくつかの問題について意見を言ってきました。反対意見や批判を含めて「自由」にモノが言えました。ところがある時から、「意見を言ったことを自己批判せよ」と要求されました。

なぜ、意見を言うことが誤りなのかを問うても答えません。おそらく答えられないのでしょう。意見の是非を論議する力がなくなったということです。

そして、「中央決定として」〇一年一二月に、会議への出席停止、活動禁止、事務所出入禁止、集会への参加禁止を言い渡されました。

さらには、法政大学の職場も解雇されました(〇二年一月)。

ついには、七月から『寒梅』の配布も止められてしまったのです。

また、わたしの夫も、「本社に来るな」と言われています。その理由は、〇二年一月の爆取り裁判の日に、地裁で、「権力(私服)の前で党を批判した」というものですが、それも、一連の問題の一局面に過ぎず、夫を排除するための口実にされているのです。

わたしの問題意識の根底には組織や運動が活き活きと発展するには、何が必要か、いま何が問われているのか、という自問自答があります。運動や、組織の現状について危機感があります。数年来いろいろ意見を言ってきた背景には、組織の現状を変えていきたいという思いが、……社会の矛盾、人びとの悩みと一つになった運動を実現していきたいという思いがあったからです。

さて、事態の、問題の核心はなにかということです。一言でいえばそれは、「中央指導部批判は許さない」ということです。批判を許さないどんな運動も、組織も、理論も、力を失います。世界のコミュニズム運動が消滅したように、やがて、革共同の運動も、組織も、理論も、腐敗し、破滅するしかないでしょう。

批判が成り立たないなら、日本の革命運動だけでなく、世界のコミュニズム運動も、またあらゆる既存の組織も体制も破滅するしかないでしょう。覇を唱えた文明が滅んできたのも、おなじことでしょう。

アメリカ体制としてのグローバルな世界支配は、資本主義への批判を許さず、アメリカ体制に背くものを根絶やしにする身勝手なものです。日本も、他の国々も、アメリカ型資本主義体制に楯突いて生き延びることができないから、こぞって追随しています。このような現代世界のありようが、まちがいなく人類を破滅に向わせています。この資本主義とアメリカの世界支配体制のありようを根底的に批判できるのはコミュニズムしかありません。わたしは、生涯をこのコミュニズムにかけていきます。その生き方を変えるつもりはありません。『寒梅』の配布が拒まれ、交通が遮断されているのは残念ですが、こんな理不尽がいつまでもつづくわけはありません。一〇年も経てば関係はすっかり変わるでしょう。獄中の同志との再会を心から願っていますし、実現できると信じています。

みなさんも、お元気でお過ごし下さい。

二〇〇二年一一月一七日　高田裕子

革共同との関わりは、この〇二年一一月の裕さんの文書ですべて終わった。二〇歳で、大学闘争で逮捕されて、はじまった革命運動の終わりです。裕さんは、五四歳になっていた。

四　なにをおいても働かなくちゃ！

・温かく迎えてくれた人たち

神奈川には、追放された裕さんと武を温かく包んでくれる人達がいた。岩国さんとも時々食事をしたり、話をしたりした。藤川さんや有田さん、大岡さん母子と親しんだ。都下の大島のN夫妻にも数日招かれて遊んだ。一般に、組織を離れた男たちは寂しい。つながりを絶ち、身内への連絡もとらないものもいる。が、女性には力がある。親和力、共感力を働かせて、親しくつきあい、話し合う。

ツグミのUさんやGさんとのつながりは、時代の流れを掴む場になった。でも、革命運動の挫折は、飲み込みようがなく、理想に賭けた思いをぶら下げたまま、ツグミはつづいていく。

プチ・オレンジをクビになった裕さんは、横浜市の育児サポートを始めた。保育所の保母さんも、臨時でやった。どうやって生きていくのか、ともあれ、やれることをやっていく。

武は、夜の一一時すぎから朝七時までの時給千円の、コンビニのバイトをはじめた。武の勤務は、わずか週二日だったのに、続かなかった。一ヶ月ほどで、全身に発疹が出て起きられない。店主は、発疹にただれた顔を見ただけで、辞めさせてくれた。四月からマンション管理会社の小川さんの紹介でマンションの清掃をはじめた。清掃をきっかけに、マンション管理に興味をもち、新聞の求人欄にあたり、裕さんに、聞いてみた。「夫婦住み込みの管理人、やってみる?」と。二人で三〇万円くらいの給料だった。裕さんの返事は、明るい笑いだったので驚いた。「住み込み」も嫌がらず恐れを知らぬ、お嬢さん。別荘やマンションの管理をやっている大きな派遣会社に二人の履歴書を送った。かなり経って丁重な断りの手紙がきた。隙のない文章に「興信所調査」の匂いがして、この、二人を雇うところはないという社会の意志を感じた。

ところが、これも運命なのか、管理会社の小川さんが、清掃の仕事に代わって、住み込みのマンション管理人の仕事をしてみないかと、声をかけてくれた。大きな人材派遣会社に断られたら、誘ってくれるところがあった。横浜、三渓園のマンションだ。北海道へ帰る管理人夫妻とあいさつをした。Ｌ字に建てられたこぎれいなマンションの裏から屋上が突き抜ける青空を見上げた。二〇〇三年の七月、感動があった。

・住み込みマンション管理人

二〇〇三年の夏、住み込みマンション管理人。とにかく楽しかった。エントランスといわれる玄関が、顔。入ると左側に郵便受けがならび、エレベーターにつづく。右側が管理室のカウンターがあって、顔の清潔感で、出入りする人の気分が決まる。清掃の仕事も兼ねていた。清掃は、エントランスとエレベーターからはじまり、七階ある廊下を、ほぼ半日かけてあたる。

下校する小学生の男子が武に聞こえるように「ここのマンション、管理人が代わったら見違えるようにキレイになったんだ」と言った。なんで、わざと、と思ったけど、大人たちの噂の、褒め言葉として、聞いた。

廊下をモップであたる。ふり返ると、キラキラしている。この感覚がよくて、やめられない。二〇〇四年の年賀状にこのマンションの暮らしのことを書いた。

迎春
二〇〇四年　元旦
清々している人も、むきになっている人も、哀しんでいる人も、住民は、だれもが精一杯生きています。

その切実さは、凄い。

老婦人と、春のよい日にオメカシして写真を撮る約束をしました。

どんな暮らしが、あったのか。

彼女の記憶を風貌にできるのか、私が試されます。やってみよう。

いまの仕事は、こどものころの風景の、寺の庭男に連なります。

ここは、ゼロから、やり直す場所に向いているかもしれない。

写真は初冬の職場の風景
たかだ　ゆうこ　たけし

武は、この社会で普通に暮らしている人々の日常の姿に目を洗われている。生きていることを「凄いこと」と感じている。掃除は美唄の寺の、庭男の記憶につながる。清掃は、気持ちを解毒してくれる。汚れは、日陰や曇りの方がよく見える。陽が当たっていると、明るい所も、日陰も汚れは見えない。

マンションで起こるさまざまな問題を理事会で検討してもらい、住民に知らせる。この単純なことが面白い。

隣の会社との境界が曖昧で、塀の改修ができないままになっていた。地番の図面や書類を準備し、なんどか会社と話して納得してもらい、左官屋さんが入って改修できた。二人が暮らした寿の市営住宅にある家具は、裕さんの馬込の実家が家を建て替えるので、テーブルと椅子のセットと整理タンスをもらった。

このマンションで、長野出身のご夫婦が、粗大ゴミに出した茶タンスをもらった。一人住まいの老婦人に、もう使わないとゴミに出そうとした出刃包丁をもらった。ビールの空き缶は、ホームレスの人がきれいに持っていった。

裕さんが見ていた男の子の若いお母さん（ののとうさん）が二人目の子を帝王切開で産むことになった。お父さんが外資系の金融に勤めていて朝早く夜が遅かったので、夜、男の子を預かってもらえたらということだった。ののとうさんは、市の規約で夜は預かってもらえないことを心配していた。裕さんは、規則に触れないように、これは子育てサポートではなくて私的に預かりましょうと、お母さんを安心させ、二歳の祥馬君を預かった。弟の仁大君が無事に生まれて一件落着だ。ところが、この親子の出入りを見ていたマンション住人の杉田婆さんから横槍が入った。「バイト禁止なのに、管理人は子育てのバイトをしている」と管理室に物言いに来た。裕さんは、母親ほどのお婆さんに、「杉田さん、若いお母さんは私のお友達よ。あなたもお友達が困ったときは、助けてあげるでしょう。あなたも困ったときは、遠慮なくいってね。いつでも手を貸しますからね」といった。杉田ばあさんは、マンション住人の評判が変わるほど、すっかり温和しくなって、裕さんのファンになった。

この三渓園のマンションに、岩国さんを誘って食事をした。御崎さんのお母さんも来てくれた。中国へ行った権ちゃんも来てくれた。ツグミのＵとＧは定期的に、横須賀の仲間の有田夫妻や大岡さん母子も、藤川さんも、見えた。ささやかな食事のなかで、みんな、「管理人は、武の天職だ！」とからかった。

横浜から八王子へ、マンション管理人の職場が替って、母を看ることになった。一九七一年に武が反軍の小西事務所に入ることになって新蒲田の暮らしを解体したとき、母は、東京赤羽の武の弟のところに行った。弟が結婚してからは、神奈川の日吉の妹夫妻のところに。そして妹夫妻と仙台に移っていた。母の痴呆が進んでいた。二〇〇〇年に浮上してすぐ、武は裕さんと二人で仙台の母に会いに行っている。二度目は仙台のデイケアの施設を訪ねた。三度目は、母の故郷である青森の津軽、田舎館村へ、母の上の妹タキ叔母さんを、母ときょうだい皆で訪ね、津軽びとの魂の故郷岩木山に参った。叔母タキ、タキの子姉妹（武の姪）二人と、母ちた、裕さんと武、武の二人の仙台と広島の妹、そして赤羽から埼玉へ移った弟。岩木山の麓の温泉旅館で、再会できたことをよろこび、武の浮上を祝ってもらった。

母の戸籍名は「ちた」だが、名付けられた名は、「つた」だった。「蔦湯温泉」の「蔦」だったが、津軽弁が「ち」と「つ」の発音が同じなので、出生届けのときに、「ちた」になったという。蔦は、さまざまな民具になって暮らしに役立ってきたが、山では巨木をも枯らしてしまうやっかいな、うとまれ役でもある。武は、フト思う。蔦、ひょっとすると「自分は、やっかいな男」なのかもしれない。こう書いて、二〇一六年に岸が川口顕さんにいった言葉が思い返された。岸は、「あいつは、危ないやつだ」といったそうだ。自分は、やっかいでも、危ない人間でもないが、人がそう受け取るのが分らないわけではない。武は、母の資質を受け継いでいる。

明治の終わりに生まれた母は、とにかく忍耐強い。津軽風にいえば「じょっぱり」だ。母が津軽弁で、独特の節回しで読む「百人一首」は、味わいがあった。下の句と上の句をそらんじて、全句覚えていた。母は小学生の時、妹を負ぶって学校へ行っていたので、教室で授業が受けられず、廊下で窓越しに先生の話を聞いていたという。「百人一首は、廊下で覚えたんだよ」といっていた。母の料理は、武の味の原点だ。煮魚、これが美味い。北海道の原野で採ってきた山菜の煮物も。シャケ、またはニシンと野菜を御飯で漬ける「飯漬け」は、不思議な味わいの発酵食だった。母の漬物は、何を漬けても美味しかった。広島の妹のはなしを聞けば、母は小学校を終えて、青森の医者の家に家事見習いに入って、料理を覚えた。その後、市民病院の付添婦をしていたとき、写真館の技師だった父と知り合い、傷ついていた父に同情して結婚したと、妹にいっていたそうだ。武が作る「母の味」は、潜伏生活で連絡に来るメンバーがよろこび、裕さんはいつも、美味しいといってくれた。

子どもの武は母から、青森の東側、下北半島の恐山で口寄せをしているイタコの辛い修行の話を聞いた。盲目の女性が、修行して霊能力を得て、亡くなった人のことばを伝えるのだと。「辛い思いをして育った人は、人の心、悩みや悲しみがわかるからさ」、「生きていかねばなんないから、一生懸命修行するのさ。魂込めて祈れば霊の力がつくのさ」と、いっていた。

太宰治は津軽の岩木山を、「十二単を拡げたようで、透き通るくらいにあでやかな美女」といっている。岩木山は、母のふるさとの田舎館からは西へ二十五キロくらい、弘前からは西北西に二十キロくらい離れている。八月一日から三日間、村ごとに集団をなし、山頂にある奥宮を目指し、声を和して、祭礼する。祭礼、それは、津軽の人びとが顔をほころばせて、ことばを口にする「お山参詣」だ。母は、その唱文をつぶやくように、口にする。

サイギ、サイギ　　(懺悔懺悔)
ドッコイ、サイギ　　(六根の迷いを捨てる)
オヤマサハツダイ　　(お山の八つの神よ)

コウゴウドウサ　（金剛のような信心で）
イーツニナノハイ　（一つ一つの神に拝し）
ナムキンミョウチョウライ　（神仏に帰依し、従う）

山を下りるときに唱えることばだといって、
バダラ、バサラ　（極端に乱れ、はしゃぐ、跋折羅）
「いい山かげた朔日山かげた。バダラ、バダラ、バダラヨー」（といいながら、バダラ踊りを踊る）

独特の韻で唄っていた母。武は、「お山参詣」を見たことがなく、母が語ってくれたことばの意味もおぼろに覚えているだけだ。男衆が白装束に身を包む絵を見たことがある。村の衆は、それぞれの村の神社で、みそぎをおこなって山へ向う。武がわずかに雰囲気を知ることはできるのは、浪岡町にも村の若衆の「裸まつり」があったから。「お山参詣」は、収穫と祖霊神への祈願だ。「いい山かげた朔日山かげた」の「かげた」の意味は、わからない。神のおわす、八月一日の山を「駆けた」、なのかなぁと思っている。岩木山の麓を巡る車椅子から母は、微かなことばを口にして、頂を眺め、目を外さないでいた。

岩木山詣でから四年。母は、九十一歳になっていた。裕さんに相談した。今まで放っておいた詫びのつもりで、母親を引き取ろうと思うが、どうだろうか。裕さんは、喜んですすめてくれた。裕さんは、数年前に両親を亡くしていた。お父さんを一九九七年に、お母さんを一九九九年に。お母さんは、一人で入浴中に倒れたために事故扱いになり、検死など行政手続きのために、弔ってあげたい気持が素直に通らなかったことを悔やんでいた。裕さんは、人のために何かをしてあげるために生まれてきた人のように、このときも、「是非ともお母さんを引き取ろう」と、いってくれた。これまた、不思議に、母との同居を三渓園マンションの理事会に提案する寸前に、管理会社の小川さんが「八王子のマンションの管理人をやってくれないか」と、改まって要望してきた。かなり珍しい話だ。会社が管理する八王子のマンションの住み込みの管理人が居住者の投票で「否認されたので、そこへ」というのだ。小川さんは、このとき八王子を管轄する立川支店に移動していた。立川支店長に紹介された。八王子のマンションは会社発足時からの管理物件で失いたくないという。三渓園のマンションには、「母の面倒を見なければならなくなった」ことを了解してもらった。〇三年七月から〇五年十月まで、二年余りを楽しく仕事をさせてもらった三渓園マンション。今、裕さんがメモしていた「頂き物」のリストを見たら、五百六十一件もあった。その中には、別れが決まってから、会食に招かれたものもある。「世の中に着地していいよ」といってもらえたのかも知れない。

面白い要請。理事長の岩倉さんは、品のいいご婦人だった。歯切れのいい口調で、何が大事か、はっきり言った。

「評判を落とされた管理人の代わりです。厳しい目があります。それでも、やって頂けますか」と。

「ええ、やらせて頂きます。なにごとも伺いながら、納得いただけるようにやっていきたいと思います。そして、信頼を回復したいと思っています」

「ひとつ、毎朝、六時には全館を巡回してマンションの状況を把握しておいてください。清掃については、特に気を配ってください」との要望であった。

これは、面白い要請だと思った。管理会社担当の石橋さんも明るい顔をしていた。裕さんは、ニコニコと聞いていた。

二〇〇五年九月中旬に市営住宅の荷物と一緒に、八王子のマンションに入った。朝、六時に全館の巡回をはじめる。B棟に管理人室があり、九階まで、階段が三本、A棟は六階まで、階段が四本あった。すべての階段と廊下の巡回は、慣れて一時間くらいになった。この巡回は、管理上すこぶる有効だった。朝早く、動物の糞尿や汚物、落とし物、器物の損壊などが、確実に掌握できる。朝、八時から作業につく清掃員に的確な指示ができる。清掃をする人は、A棟に二人、B棟に二人就いていた。

楽しい巡回はつづく。理事長岩倉婦人は、武が巡回するときに散歩にでかける。建物の裏側が各階の廊下で、そこに立つと、高尾山や八王子の街並みが見え、時に散歩姿の理事長が見える。

理事長との仕事は、一緒にバスで、八王子のペット飼育の専門家を訪ね、講師の依頼をするところから始まった。ペット飼育の講演会を開催し、理事会のもとにペット委員会を常設して、飼育規則を作って苦情に対応するようにした。

・マンション特有の居住問題

騒音問題が持ち込まれた。個別的な上下の住民の間の音問題だった。夜の一一時半すぎになると「変な音がするから来てくれ」と声がかかる。

四階の天野さんが気になって眠れなくなっている。想像が膨らみ、上の階の三輪さんが不穏なものを作っているのではないかと、かなり参っている。ちょうど天野さんが寝ている部屋の上で音がするという。しばらく一緒に音を確かめていたが、そのときは音らしいものが続かなかった。つぎの日、上の階の三輪さんに確かめてみた。すでに話はあったらしく、中学生と小学生の女の子がいて、家族会議をやり、生活音を点検していた。はっきり思い当たることがなく、飼っているインコの音かと、気にしていた。両者に、管理人が仲立ちして、音の原因を確かめてみましょうと確認する。気になる音とその時間をメモしてもらい、それを管理人がお手紙で三輪さんに渡して、その返事をもらう。天野さんには、夜三度ほど音を聞きに呼ばれた。録音して、それを聞いてもらったり、上下左右の住民の声を聞いたり、天野さんと三輪さんと直接話すことになったりして、最後はカメが歩く音なのかとなったりした。

そんなことを繰り返して分ったことは、塾から帰ってくる中学生の女の子が一一時頃風呂に入るとき、フタを洗い場に置く音だということがわかった。

どこのマンションでも騒音問題は騒動になる。そして、主な原因は微妙な生活音だったり、子どものはしゃぐ音だったり。ここでも、お姉ちゃんがお風呂へ入るときの音だったことがわかると、騒音も可愛い音に変わる。当事者同士が話し合うことが多いのだと思う。第三者が入って丁寧にあたれば解決できないことはないのかもしれない。

音問題が、次に出てきたのは、〇八年になってからだ。二階に住むピアノを職業にしている若い夫婦が上の階の音を気にしていた。三階には、老夫婦と四〇代の息子が居た。息子が夜帰ってきたときの音、部屋を歩くときの生活音が気になるという。老夫婦は、前から音の苦情を受けていて、どうするか、長らく悩んでいたという。老夫婦から武に、提案があった。防音のために、全室を畳にしようかと思っているというのだ。

武は、老夫婦に「分った。じゃ、それでこの騒音問題を解決できると思うので、畳の話は誰にも、しないでおいてください」といって、理事会に諮った。理事会の主催で、双方がそれぞれの代理人と一緒に問題解決の話し合いの場を設定することになった。老夫婦には、その話し合いの場で、畳を入れる計画を提案してもらうように確認した。

この理事会主催の騒音問題の話し合いがもたれる前日に、老夫婦の娘さんという人が管理人室へ訪ねてきた。この娘さんは、テレビ局に勤めていた。その会社の顧問弁護士に相談したら、「畳を入れる話は管理人にだまされているのだから、提案するな、といわれた。だから、明日の話し合いに畳の話は提案しない」という。たしか、畳の見積もりは一四万円余りだった。

この弁護人の識見には驚いたが、こういう話は議論しても始まらない。武の腹は決まっていた。翌日、話し合いが開かれた。理事長の吾妻さんはじめ、多数の理事、双方当事者とそれぞれの代理人が席に着いた。老夫婦とその娘さんも来ている。武は、娘さんにメモを渡した。

「畳の費用は、私が持ちます。話し合いが進んで、私が、何かお考えがあるかとたずねたら、必ず畳を入れるとの提案をしてください」と書いた。

一四万円余りの金で、騒音問題が解決するなら安いもんだと思った。理事長が司会を武にやってという。話し合いが進んで、ピアノの若夫婦の代理人の江川さんが「会社の床をリフォームしたときの防音マットがあるので、使ってみないか」と提案した。話が一挙に煮詰まり、皆でマットを貼る作業をやることになった。日取りも決めた。作業には、音楽夫婦の夫も手伝いに来た。その後、状況を確認したら、若夫婦には、期待したほどのものではなかったようだ。それでも我慢したのか、もう、音問題はいわなくなった。でも、防音マットは、ずれたりして、生活が不便になったと老夫婦はこぼしていた。

その対策に取りかかってから二年半かけて解決したのが、電波障害問題だった。数年先にテレビ電波がデジタルに変わる。この八王子マンションが立てられたとき、周辺の一六〇戸の住宅にテレビ電波が届かず、マンションと他のビルからテレビ電波を中継発信して受信できるようにしていた。それを、デジタル化を期に地域の有線テレビ会社に移管して、住民の自主的な受信体制に移行することにして、住民の合意を得る作業に着手した。マンションの南側と北側の住民との説明会を開き、個別に訪問して確認書をつくっていった。手間のかかる地道な仕事だったが、電波塔を建ててもらっていた会社との交渉や管理室に脅しに来るヤクザな人もいたが、そもそも受信の権利のない人だったことがわかり、ドキドキがドデン返しになった。ていねいにあたっていけば道は開けた。家族が崩壊している受信者宅でも、認知症の親を心配して来ていた息子さんに会えて、手続きがスムーズに進んだ。総ての問題が解決終了したのが、〇八年の三月末だった。

　エレベーターや給排水設備の更新とか、建物の耐震化や立て替えを見通しながら、屋上防水など目の前に出てくる課題を解決していくために、修繕委員会が立ち上げられていた。公募も含めて委員が決まり、毎月定例で開かれていった。屋上防水につづいて街灯の増設と監視カメラを設置した。防犯対策とか防災対策は、マンションのような集合住宅では大きなテーマだった。かつて、国がやる九月一日の防災訓練に反対していたことを思いだす。ここでは、老人の一人暮らしなどの高齢者家族の避難などをどうするのか、図上計画だけでなく、なんらかの実地訓練をやっているかどうかで、あきらかに明暗が分かれることは予想がつく。居住者の班構成と連絡担当者と統括者を決め、防災用具の整備と置き場や簡易トイレの準備までできた。高齢者世帯が増えている時代、避難訓練がやれたらと思う。街灯の増設は市の助成金が当てられ、電力料金の一部が助成されていた。監視カメラは、規約作りに気をつかった思いがある。事件があったときの所轄警察への情報提供をどうするのかというところが焦点だった。住民のプライバシーに配慮して、基本的には、理事会の判断を前提に柔軟に運用していけるようにした。

住民のWさんが自治会活動に熱心で、住民の親睦を深めようとマンションのホームページをつくることを提案していた。彼の熱意を受け理事会でホームページの作成を決定して、Wさんの知人に数十万円の費用で作成を依頼し、設置することになった。Wさんにホームページ担当者になってもらい、管理人の方から更新に必要な情報を渡して、定期的に更新してもらうことになった。理由は分らないが、Wさんは一度もホームページの更新作業をやらなかった。打ち合わせの会議にも来ない。電話にも出なくなり、直接部屋をたずねることにして、何度か訪ねた。

このホームページの維持管理の問題がでてくる前にWさんは、理事長の岩倉さんに当てつけがましいちゃもんをつけていた。管理組合の集会室にかつて寄贈されたテレビがあった。映りが悪く、誰も見ていないテレビ。だれが、いつ、寄贈したか分らないものだった。武が仕事をするようになって処分した。Wさんは、このテレビが処分されたことをとりあげて理事長の責任をいいたてた。この「いちゃもん」に伴走したのが、Nさんという年寄りだった。「Nからの手紙」が理事会で検討された。理事長の責任をいいたて「男性が、上から切り下ろすようなものいいをなさるのは、考えられないこと」と、岩倉理事長が呆れていた。

「このテレビの処分問題ですが、では、Nさんに、一言お詫びをいわなくちゃと電話したら、『捨てたものは仕方ない』とぞんざいなもののいいよう。しかも、咎めのある口調で。いたく傷ついたが、思い直して二度目の電話をした。そのとき、『理事会の横暴』ということばをいわれたので、『どういうことか、伺いたい』といったが、逃げられた。『波風立てることになるからいわないことにする』と。

『もう、私の中に波風は立っていますよ』と迫ったが、高飛車なものいい、声高な声で、脅したりする態度をとった。一言、つけ加えると、女性のひがみかも知れませんが、Nさんは、私が女性だからこのような態度を取られたのではないでしょうか」

岩倉さんという人は、このやりとりからわかるように、道理を踏まえ品位をもって対応している。しかるに、ただ難癖をつけるためだけの、Wの協調性のない侮辱的な対応をとられるなら、理事長を降りてもいいといわれた。当時、副理事長の吾妻さんが

「Wさんも、Nさんも、自治会を隠れ蓑にして理事会にたてついているが、理事会と自治会の関係をはっきりさせる必要がある。理事会は所有者の組織で、自治会は『居住者の親睦のための組織』だといいながら、そこをわきまえていない。親睦といいながら不協和音を引き起こすなら、自治会の存在そのものが問われる。自治会を存続させたいなら、いざこざを起すのではなく、解決していく指導性をもってもらわねばならない。Wさんも、Nさんと一緒になっていざこざを引き起こすような大人げないことをするなら、自治会規約も問題にするし、援助もスムーズにいかない。

岩倉理事長体制は、八王子マンションにとって大切な存在だ。五役がサポートして、岩倉体制で任期をまっとうしましょう」

と理事会の立場を明確にして、理事会と住人の心をまとめていった。

この理事会の意向を武は、Wさんに伝えに行き、岩倉さんがWさんに渡していた「Nさんの手紙」を返してもらいたいといった。すると、Wさんは「Nさんの手紙」を細かく破っていて、武は、その小さな破片になった「Nさんの手紙」を受け取ってきた。Nさんという人は、日本画をたしなんでいて、彼のお爺

さんが、有名なビールのビンラベルのデザインを描いた人だ。Wさんは、定年になった後の生きがいにピアノ演奏をやり、メディアにも登場していた。「これからは、自由人として住民の絆のために役立ちたい」と、マンションに来たばかりの武に語っていた。この教養人のお二人は、どんな理性の声を聞いたのか、岩倉理事長をいたぶることを当面の生きがいにしてしまった。岩倉さんは、初めて会ったとき武には万葉人のような品格のある人で、裕さんと武が管理人として最初の理事会に出席したときの毅然とした対応に、ふたりともほれぼれしていた。ものごとを裁く能力があり、しかも真摯でチャーミングな婦人だった。NさんとWさんの二人は、この可愛い真面目さをもてあそぼうとしたのだ。可愛い女の子をいじめる男の子はかつてどこにもいたが、子どもならまだしも、毅然とした人の道を失った大人気ない男というものは情けない。

岩倉さんが、裕さんが亡くなったときお手紙をくださった。そのころの雰囲気や裕さんと岩倉さんとのふれあいもわかるので、載せておきます。

・忘れられない思い出！

高田　武　様

頂いた封筒を手にして何気なく裏返してみると奥様のお名前に線が入っておりました。はっとして急いで開封致しましたところ思いもかけぬ訃報に愕然といたしました。お別れした時にはあんなにお元気でしたのに…。

腹膜癌を患っておられました由、主人は腎臓癌だったのですが、どんな癌でも末期は、本人はもとより看病する者にとっても耐えがたい苦しみです。残された月日を宣告された本人の気持を慮ると周囲の者はいたたまれません。本当に癌は残酷です。

最後はご自宅でご主人様に看取られて静かに心癒やされて旅立たれたご様子何よりでございました。お二人の絆はどこか心の深いところで繋がっていらっしゃるようにいつも拝見いたしておりました。

奥様との思い出には忘れられないものがございます。私がWさんとトラブルを起して大人げなく会合の途中で帰宅してしまった折、翌日心配してお尋ねくださったことがございました。穏やかに一つ一つ諭すようにお話下さった時、なんだかお姉さんのような気持が致しましたことを今でもよく覚えております。きっと芯のしっかりした知恵の深い方なのだと頭の下がる思いでございました。

亡くなられてまだ半年、まだまだ日々の空虚感から抜け出されるのは難しいとお察し致しますが、毎日のお仕事に出かけられますことで、どうぞお気持ちが前向きになられますようにお祈りいたしております。

今年の冬は例年になく厳しいものでございます。極寒の中でのお仕事くれぐれもご自愛くださいましてお風邪など召されませぬようどうぞお大事にお過ごしくださいませ。

二〇一三年一月七日　岩倉

なんとも、NさんとWさんは、いわずもがなのことをやってしまった。ホームページの件で、Wさんが、武の電話に出ないことは書いた。武が、二度目にW宅を訪問したとき、「ホームページの管理ができていません。決めたことや確認したことを、どうしたらやっていけるか、話し合いあわねばなりません。

あなたは、どういう形で……」と、言いかけたとき、Wさんは「管理人の分際で……」といってしまった。「Wさん、それをいっちゃお仕舞いだよ。話すこともできないし、理事会にとりなすこともできないですよ」といって帰ってきた。かれは以降、管理組合や自治会の活動に、一切関わらなくなった。

似たようなことは、同じように起きるものだ。駐輪場の照明など改修問題が提起され工事をやることになった。かの日本画のNさんが、増設される照明の明かりが部屋に入ってくるとか、子どもらがたむろするようになるとか、懸念される問題を七項目、自分の要求として出してきた。要求も、全部要求なのか、優先順位があるのか、武が文書で回答を求めた。返事がなく、要求をはっきりさせたいので、自宅へ話を聞きに行った。応接室でお茶を頂きながら、「Nさんの要望を理事会がきちんと知りたいというので、落とせない要求と、その要望の優先順位を聞かせてもらいに来ました」といったら、具体的な話になる前に、このNさんも、「管理人の分際で……」と言った。「Nさん、それを言ったら終わりでしょう！　理事会は、あなたの要望をきちんと確認したいって、言っているんですよ」と、席を立った。

市川さんという高齢で引退したお医者さんのご夫婦がいた。ご主人が癌で亡くなられた。八王子のいちばん大きなホテルのホールで追悼の食事会が催されることになり、武が市川さんの夫人に招かれた。着ていくものがないとか、儀礼的な場の対応を知らないとか、はじめてのことで戸惑うことばかりだったけど、是非にという誘いを断われずに、一緒に招かれた山際さんに連れていってもらった。なにか、記念になることをと考えて、追悼の会のアルバムをつくってあげることにした。全体の雰囲気とテーブルごとの出席者を納めて、質素なアルバムをつくった。市川夫人が、とても喜んでくれた。

マンションの人たちから、日々、頂き物をした。武の知らない珍しい食べ物から、故郷からの新鮮な海や畑の食べ物、果物や名だたる銘菓。長い間のならい性で、断ることを知らないから、よく頂き、よく食べた。市川夫人からいただくものの珍しさ美味しさに驚かされた。

亡くなられたご主人は、人の道を追求し、晩年は仏像を彫っていた。裕さんと武が、長野の望月に移り住むことになったとき、市川夫人は、ご主人が仏像を彫るために用意していた檜や欅の木材をすべて譲ってくれた。武が長野で木を伐る仕事をすることになり、木にこもる精霊を受け取ったような気分になった。長野は望月の春日温泉は、市川夫人が学童疎開していたところで、ご夫婦でよく遊びにいったところだといわれた。この春日温泉は、二人が移り住んだ蓼科山の麓からほんの一五分の処だった。

石本夫妻は、サニーの独酌愛好会の会員になり八王子マンションから親睦会へ、望月まで年に一・二度たずねて来てくれてお友達づきあいをしてくださった。奥さんの祐子さんが裕さんの一周忌に句を詠んでくれた。

美しき遺影を前に悔しかり　永遠の別れの窓の外《と》明し
淡々と看取りし妻を語る人　独りとなりし暮らしを思ふ
「裕子さん幸せでしたね」といふ吾に「そうだと思ふ」とその夫《つま》の言ふ
たのしげにマイクにのせてうたふ声　ふたたびかえらぬ石狩挽歌
八月の一五夜の月見上げつつ　吾が名と同じ逝きし人思ふ

・お袋を引き取って

『ちたさん　八王子日記』と表書きされた裕さんが記録してくれていたノートが五冊ある。二〇〇五年一一月三〇日、仙台から八王子へ移動して、はじまり、二〇〇七年一〇月二六日、九十六歳で死去するまでの日記だ。この日記は、「〝痴呆ばあさん〟を介護する嫁の奮闘記」そのものだ。裕さんと会話するばあさんの生活観、家族的基礎を失った不安定な心情に、ばあさんの人生が凝縮されている。思うように動けなくなっていく哀しさや断絶した記憶、指名手配された息子へのこだわりが意識の底に刻まれているなど、弁解やその場しのぎに滲み出ていて、それが、すごく面白いのだが、膨大すぎて残念ながら載せられない。

ちたばあさんは、どこまでもケアホームで暮らしていると思っている。息子とは一緒に暮らせないとなったままだ。息子だ、息子の嫁だ、といっても決して信じない。「声をかけてもいけない、名乗ってもいけない、道で会っても、知らない振りをするんだよ」と言われてきたから。「息子だとか、嫁だとか、どう名のられようと、受け入れられない。私は一緒には住めないのだから」という意識で止まっている。そんな母を見ていると、いいも、悪いもない。取り返しのつかない記憶の世界に生きている。

日記をみていると、母の意識は、二重の彩りをもっている。基底にあるのは、悲しげな陰影に包まれて、子どもを放って田畑を手伝いに出かけねばならなかった、子どもに思うようにさせてやれなかった、貧困と悔恨の記憶を引きずっている。武の知らない母は、意味深なことをいって、ホームでスタッフや利用者たちを煙に巻いたり笑わせたりししている。こんなちたばあさんの姿が、日常の言葉やふるまいが、日記につづられている。

それにしても、裕さんのけなげさにはおどろきだ。武の悪い癖で、どんなに辛いことでも、その大変さを大変だと思わないところがある。大変でも、しんどくても、それで、当たり前みたいな。それを、自分だけでなく、人に対してもそうするので、そばに居る人は大変かもしれない。裕さんが一般に、活動や組織や人との関係について、愚痴っているのを聞いたことがない。後年、川浦さんに「武は、裕さんに優しくない、冷たい」といわれても、分らなかったけど、こういうことを言っているのかも知れない。

もうひとつ、裕さんがお袋に「私たち、毎日ケンカばかりしていて……」と言っているのをみて、自分が裕さんとケンカしているという実感がないので、これも驚きだった。ケンカの実感がないといっても、実は、武は、この母の介護がつづいている間に、とんでもない失敗をしている。それは、ちゃんと、後述する。武はどうも、内に辛く当たっているのかも知れない。内面と外面がちがうとしたら、武の、渡世感覚が古いからかもしれない。この日記に書かれた「毎日のケンカ」ということを、裕さんがどう思っていたのか、ちょっと話題にできていたらよかったと思う。介護そのものの大変さと、その大変さがわかっていなくて、ケンカを売る、優しくない朴念仁を相手に、泣き言のひとつも言わない裕さんに、たけしは一方的に救われていたことがわかる。

それだけに、あの一瞬の、覚醒した瞬間が、人間の意識のおかしみを現しているように思える。裕さんや武の弟、厚と、その娘、悦子さんたちと一緒にお袋が、仙台を出て八王子へ着いた時、「おおそうか、たけしか！」と言った。その瞬間、リアルな目と声になって、その生きた目の光の中にお互いが通い合った。真顔で、目にも声にも張りがでて、身体まで生気が通っている。認知症というのは、意識の休息といえばいいか。また「生きている意識」というのは、身体に力が入り、気も張っているものだと、あらためて思える。

「お世話になったね、ありがとう」 武の母ちたが永眠した前日の一〇月二五日、母は、裕さんに「お世話になったね。ありがとう」と、きちんと礼を言った。たまたま、武も側に居て、母の感謝の言葉を聞いた。翌日息を引き取った。きちんと礼を言えてよかったと、安堵した。

八王子のマンションで、母を見送った。簡略な家族葬儀をおこない、遠方から来てくれた武のきょうだいと甥や姪たちと会食をして回想のひとときをもった。このときから、武のなかで、人の一生にとって、生まれ、生きること、そして死と、家族と、幸せ感というものが通底していることを意識した。

・「心臓がバクバクする。目も見えない…」

この章を閉じるにあたって、後述するといったケンカ、「武の、ののしり」を書いておかねばならない。ケンカではない一方的なものだった。脳裏に焼きついているのは、裕さんが台所の流し台のコーナーにうずくまり、嗚咽の中で言ったことだ。

心臓がバクバクする。
目も見えない。
頭が破裂する。
今は信じるけど、明日はわからない

きっかけは、武が、キッチンのシンクにある汚れ物が片付いていないことを非難した。…ほんとうは、何を非難したか覚えていない。怒りを爆発させて罵倒したことは覚えている。裕さんが崩れたのを見て、武は自分の逸脱がわかった。抱きかかえて言った。「金輪際だ。二度とやらない。許してくれ」。居間にいるお袋の目が見えた。
たぁちゃん、
裕さんは、ほんとうにたぁちゃんのことが好きなのよ。
こんな怖いたぁちゃんは、嫌いだよ。
たぁちゃん……

後日、長野に行ってから、このことを二人で話題にしたとき、裕さんは「たぁちゃんの怖い本性を見たよ」といって笑ってくれた。たしか川浦さんがいたとき、武の優しさが話題になり、「武は、ほんとうは怖い人間なのよ」と言ったことがあった。裕さんは、人からこんな酷い仕打ちを受けたことがないにちがいない。岩手爆取りの早朝の家宅捜索のとき、シンクに汚れ物が残っていたことを週刊誌に書かれて、彼女のなかでシンクの汚れ物は気にしていたことなのに。そんな思いにお構いなしの、この、武のひどさ。裕さんの慟哭。こんな悲しい裕を見たことがなかった。おそらくは、母が引き起こす騒動への八つ当たりだろうか。どんな騒動が起こっても手当てするのは裕さんなのに。それに愚痴ひとつ言ったことがないのに。武は、ただ、側にいるだけでしかないのに。裕さんの手当で、おふくろが安らいでいるのに。裕さんを見ていない。

これは、武の人生におけるいくつもの失敗の中で、もっとも悔やむべき行為にちがいない。武が人を非難するとき、たいがいは、一呼吸おいてものを言う。でも、きょうだいなど身内には、この一呼吸を置かずに直接ぶつけている。いとおしさも、敬愛も、放り出している。裕さんの涙に、頭を殴られた。

武の前で裕さんが涙を流したのは、三度あった。六つ又ロータリーの前進社の前で別れたとき。そして裕さんがウラの人間に暴行を受けた話をしたとき。それから、この「心臓がバクバクし、目がみえず、頭が破裂するような」悲しみに沈んだときだ。裕さんの悲しみ、いや恐怖か、それは取り返しがつかない。裕さんは、人との、命の、こころのつながりを、大切にしてきたのに。取り返しのつかない、痛恨の失態だった。

二〇〇七年一〇月、きょうだいや姪や甥とともに、八王子マンションで母ちたを弔ったとき、武は七〇歳を、裕さんは五九歳を迎えようとしていた。管理人の仕事はやりがいがあり、楽しくやっていた。老いていく過程を、どう過ごしていくのか。無年金で生活保護をもらう気がなく、裕さんが親から譲られた遺産は、武があてにしていいものではない。

どこで、どんな風に暮らしていけるのか。目の前の課題を考えておかねばならなかった。まず、「どこで」を決めることにした。公営住宅に入ろうとして調べたが、都も、横浜も、公営住宅の家賃は、五万円以上。とても払えないことが、わかった。都会には住めないのだ。地方の空家を調べた。伊豆のようなところを見て驚いた。ネット情報で、手の出るようなものは、長野の空家ぐらい。「長野は、どうだろう?」というと、裕さんは「長野、いいね。ロッジにも行ったし、私の故郷だし!」と。裕さんは、法政の売店にいたとき、冬休みと夏休みに、八ヶ岳のロッジにバイトに行っていた。信州の山や光、風の気配を知っていた。奥蓼科に画家がアトリエに使っている山荘が二〇〇万円の値を付けていた。二人で見にいった。帰りに、案内人が以前にお世話になっていたところだと連れていってくれたところが、裕さんがバイトをしていた「ロッジ」だった。ロッジの中野繁さんは元メンバーの中野清一さんの弟。繁さん、マリエさん夫妻は、よく来たねと、蓼科山の別荘を紹介してくれた。その別荘が、終の棲家になった。裕さんのロッジでのバイトが、運命の布石のように繋がった。

武の全国指名手配を事前に教えてくれた丸さん夫妻に助けられた。八王子マンション管理人を、元京浜協同劇団の丸さん夫妻にお願いした。丸さん夫妻は、マンションの人たちと理事会から、すばらしく温かい歓迎を受けた。丸さん夫妻に、これで二度目の救いの手を述べてもらった。武が指名手配書が出る前に潜ることができたのは、丸さんの奥さんが「警察が高ちゃんの聞き込みをやっているよ」と、知らせてくれたからだ。丸さん夫妻は、絵を描き、物書きをしていて、彼らのセンスが、マンションのひとたちや理事会の信頼を深めていった。

「高田さん、どこ行くの？」、「信州へ行くことにしたんだ」そんな会話が住民とやりとりされる中、川口顕さんがマンションにきて、長野行きの相談に乗ってくれた。「じゃ、オレが、車で佐久まで送ろう」と言ってくれた。エントランスから車で見送られるなんて、できすぎにちがいない。マンション管理人になってから、長野へ行くまでの暮らしは、あまりにも晴れがましくて、自分の人生とは思えない。夕方の五時にエントランスで住人に見送られ胸を熱くし佐久へ向った。顕さんが佐久のお兄さんのところに向ったのが二二時を回っていた。

第七章　最終の地

一　望月の星の下で

・女神湖の夏、そして冬

沈む夕焼けを追い、軽井沢、浅間山を左に見て、望月に入った。三人の信濃入りは、さらりとしていた。顕さんが、裕さんにすごい提案をした。顕さんが四輪駆動のジープをあげるから使ったら、という。どうやって生きていくの、なんていう不安が吹き飛ぶように、山間の森に引き込まれていった。二人の未知の「都市脱出」を「サニーヴィレッジ」が、優しく迎えてくれた。

顕さんが道から玄関までの土砂盛りを教えてくれ、中野さんが給湯器を新しく替えてくれ、管理事務所の手続きを整えてくれていた。中野さんは、革共同からの離脱者で裕さんと同じ世代だ。一九九〇年ころ、組織を離れた人は多い。裕さんが法政の売店で働いていたとき、夏と冬の休みにバイトしていた八ヶ岳のロッジは、彼の弟さん夫妻が経営していた。彼もまた、学生時代から人生を革命運動に捧げていた。家族の肩入れは、非常なものだった。内ゲバがはじまり、池袋の千早町にあった前進社を、鉄壁の「千早城」に一夜にして変えてくれたのもお父さんだった。彼も、人のために生きた善良な男だった。彼から女神湖のカフェレストランを手伝ってくれと頼まれた二人は、引っ越しの荷ほどきもせず、翌日の朝から女神湖に向った。

カフェ・レストランは八ヶ岳蓼科山北麓の女神湖にあった。地元の煮物料理をアレンジし、写真を入れたメニュー看板をつくって体裁を整え、八月とはいえ朝夕は、「寒いね」と口にする信濃の高原の暮らしが始まった。東京からコーヒーなどカウンターを任せられる川浦さんに来てもらった。「革共同は炉心融解をしている」とささやいたEさんのツテで、東京のツグエさんというお嬢さんが、天然の酵母をつかったパンを焼いて送ってくれた。本当においしいパンだった。彼女がつくるチョコレートも素晴らしかった。彼女は、熊野古道で霊地巡礼のお遍路さんをつづけている女性で、時代の流れではなく自分の感性で生きている人らしい、骨太なパンだった。

女神湖の花火大会で夏のピークを迎える。店も、道も、人で埋まった。手作り味噌をつけたキュウリが飛ぶように売れる。武は、「寅さん」になって道行く人を振り向かせた。子どもが、武の口上のまねをして通っていく。瓜の浮かぶ大きな水桶に花火が散って秋の到来を告げていた。

さあ、さあ　見てらっしゃい　寄ってらっしゃい
花火はさわやか　トマトはうまい
食べればわかる　無農薬
手作り味噌で　キュウリもたべて
身体に優しい　おふくろの味さ
こころもからだも知ってる　お母さんのあじだよ
さあ、さあ　寄ってらっしゃい　見てらっしゃい　食べてらっしゃい

数年前に望月町は佐久市に合併した。「サニーヴィレッジ」は、かつての中山道で江戸から二五番目の宿場である望月宿の南、八ヶ岳の北端・蓼科山の北の山裾にある別荘地だ。蓼科山の西に女神湖があり、中野さんのカフェ・レストランがある。サニーヴィレッジは、かつての「望月町協和」から「佐久市協和」になって「望月」という名が外れた。かつて紀貫之が「望月の駒」を詠み、中山道の望月宿でもある、「望月」という美しい名を懐かしむ人が多い。

中山道は、この望月から、佐久市の中心「岩村田宿」を通り、小田井や追分を抜けて、軽井沢に入り、松井田や熊谷を通って江戸へ入った。望月宿の西は、馬籠宿や中津川を通って、京の三条大橋までつづいた。京と江戸をつなぐ二大街道の山側の道になる。

この街道の望月宿のところで、中山道が国道二五四と重なっている。二五四は、都心の文京区から群馬の下仁田を経由して信州の松本へ向う国道なのだが、川越街道、児玉街道、富岡街道、信州街道といわれる道とつながっているので、かつては「江戸道」とか「川越道」と呼ばれていたらしい。この川越街道は、大名などが使う中山道よりも江戸との距離が短いので、役人や女性がよく使ったといわれている。あのネギやコンニャクで名のある下仁田あたりでは「姫街道」ともいわれていたそうだ。中山道と川越街道が望月で重なり、川越街道が松本までつづく国道二五四となっている。

今の望月宿は知らぬげに黙っているが、長野県の人びとは、歴史の流れや政治のことばに敏感なひとたちである。一五〇年前に挙兵した水戸天狗党の三千人の兵士が京都の一橋慶喜へ「尊皇攘夷」を訴える嘆願を胸に常陸の太子をでて、下仁田で戦い、ほぼ千人の兵士が望月宿を通過している。和田峠で戦い、下諏訪を通り、越前国敦賀新保で降伏する。望月の先、笠松峠に弔われている天狗党志士の墓を訪れ、先人へのあいさつから二人の望月の暮らしが始まった。

そして維新、そして開国の後、明治一七年、水戸天狗党の決起からわずか二〇年後。今度は、自由民権の旗をかかげた秩父困民党のもとへ農民たちが決起し、秩父から武州街道を通って、信州へ入った。武州街道は、関東から信州に通じる街道で、川越街道のひとつ南側になる。蜂起した農民たちは、武州街道を長野と群馬の県境十石峠をこえて信州へ入り、八ヶ岳の東側、佐久郡東馬流で、高崎鎮台兵と警官隊の追手と銃撃戦になり、壊滅させられている。武が長い間、気になっていたことは、この武装蜂起に信州佐久郡の南相木と北相木の人たち多数参加していたことだ。その相木村と二人の暮らしが、深く関わることになる。

・佐久民衆が決起した秩父困民党

秩父困民党の武装蜂起は、蜂起して五日目に指導部が崩壊している。信州の東馬流で最後に壊滅したのは、蜂起から十日目だった。四千数百人の決起、十数人の死刑など、明治一〇年代では最大の民衆蜂起になった。彼らが集めた数千の銃は火縄銃で、鎮台兵がもつ最新の村田銃には敵わなかった。電信が使われ困民党の動静が手に取るように政府に知られていながら、困民党は自由党そのものが、蜂起の二日前に解散していたことすら知らなかった。

秩父事件に係わったとして、この信州佐久郡から参加して逮捕された人は、五五八人にものぼっている。資料から内訳を見ると、南相木、二百人。北相木、一八四人。大日向村、六〇人。高野町、四四人。小海村、三二人。宿岩村、一五人。海瀬、一〇人。穂積、二人。他、一二人といわれている。今の北相木村は人口が八百余人。南相木村は千余人の村で、当時はもっと、四倍とかの住民がいたとしても、両村合わせて三八四人もの村人が検挙されている。信州人の意識性と、北相木村からかけつけ蜂起の総領を引き受けた菊地貫平と井出為吉の人徳、二人への村人の敬意が、決起の力になったようだ。

信州に入った秩父困民党は、井出為吉の実家を本陣にして決戦に挑んでいる。東馬流の井出の実家は、今でも「秩父困民党本陣跡」として、記帳台が置かれている。近くに困民党兵士の慰霊の墓があり、そこには「暴徒の墓」と書かれている。暴徒と書かなければ建てられなかったのだという。思いは、南と北の相木村農民に巡るが、参加した農民のことはほとんど語られていない。相木の人びとは、この決起のことを語りたがらない。秩父では困民党が英雄として誇らしく語られるのに、信州の困民党への感情は屈折している。

信州の人たちは、その後の満蒙開拓で最も多い数の県民を送り出している。敗戦後、満州から戻ってきた人たちへの住民の感情にも困民党に決起した人たちへの眼差しに似たものがあると聞いた。文明を前に進めるのは人間の本性。文明のもたらす格差や自然破壊への怒りを表わすのも人間の情念。時代の風に敏感な信州の人たちの気持ちも、つぶされた戦いの歴史に沈黙する相木の人びとの気持ちも、文明の流れと人間の運命との葛藤のように思える。

・木こりになった

一〇月下旬、中野さんの知人和田さんに、稲の脱穀の手伝いを頼まれ、裕さんと手伝いに行った。後で聞くと、根性を試されたようだ。一二月下旬、和田さんに木を倒すところを見に来ないかと誘われ、中野さんと三人で少年自然の家近くの大学の山小屋で、雪の中の作業を見た。間もなく和田さんから「山仕事をやってみないか」と声がかかった。ちょうど、人生二度目の運転免許証を受け取ったところ。山仕事は、昔話の世界だ。この年末、雪の山仕事に二日行って、自然のなかでその神秘に向き合うことになった。

一一月の中旬を過ぎると、様相が変わった。窓に、玄関に、プチプチを貼っても、部屋は暖まらない。二階の六畳二間へ登る真ん中の階段から、風が吹き降りてくる。どの部屋の窓にも枠をはめプチプチを張った。居間とキッチンの間に幕を垂らして風の流れを遮ろうとしたが、無力だった。一二月になると、二階の寝室はマイナス五℃にもなる。掛け布団を重ね、毛布を重ねても寒い。屋根には、五センチくらいの雪がのっていた。寝るとき消した石油ストーブを二台にして、朝まで燃やすことにした。

朝起きて階段を降りていくと、床のあちこちに水がたまっている。頭を上げると、天井からポタポタとしずくが垂れてくる。えぇ、何が起きているの？　天井は、屋根のトタンを受けた合板を支える梁が走っている。夏向きの別荘だから、天井にも、壁にも、床にも断熱材は入っていない。窓ガラスの結露は、彫り深いみごとな模様を描く。居間の西側に大きなガラスの立ち上がりがあり、プチプチは貼れないまま。居間の南に窓はなく飾りの暖炉がはめ込まれ、冬の太陽の恩恵はない。それにしても、ここで暮らしていけるの？　二重窓にしたり、断熱材を入れる力はない。結露と格闘し悶々とした。新聞にタウン情報誌が入ってくる。その中に、カラマツストーブという文字と大丸家具店の薪ストーブにあたる女性の写真が目をひいた。テレビでも、カラマツストーブが取り上げられた。それに、八王子マンションでリフォームの仕事をしていた工務店の志田さんから「ストーブ大全集」という分厚い冊子を餞別にもらっていた。

「ここがダメなら行くとこないね。設置費含め、百万、ダメ元でやってみようか」

「いいよ。ターちゃんに任せるよ」

「やろう！　ダメならまた考えよう」

はじめての信州の、冬の主からのあいさつに応えることにした。

薪火のある暮らしカラマツストーブ。二〇〇九年の正月。臼田の大丸家具店に、二台の薪ストーブがカッカと燃えていた。店長と不思議な女性が、カラマツストーブを語った。

「かまど式なの、だから、やっかいな燃焼装置がないの」、「高温に耐える鋼材だから、鋳物のようにマツの燃焼に耐えられず穴が開くこともない。もう、二〇年以上も使っているの」、「温度の調節は、この空気孔の弁だけでできるの」、「だから、中に薪をいっぱい入れて口を閉じておけば、朝に炭ができるの！」、「ストーブの上も、中も、煮炊きに使えるの。中で魚もピザも焼ける。上は煮物ができるの」、「山に伐採され捨てられたカラマツを有効利用したくて、このストーブを選んだの」、「だから、山に放置されているカラマツ材を有効に使い、山を再生したいの」と。

二人は、即決した。武には、見てすぐわかった。吸い込みのよさに惹かれた。北海道で石炭や、おがくずを焚いていたのでストーブの善し悪しの検討はついた。

店長の弟、明善さんが、大工さんと一緒に据え付けに来た。煙突を直塔にして屋根を抜いた。明善さんが雨漏りを心配した。武は「雨漏れも愛嬌さ」なんていって、直塔の威力に賭けた。明善さんが「どうして、こちらへ？」、「うん、挫折してね。隠棲としゃれたんです」と応えた。

三日も経たないうちに氷室のような家は一変した。窓という窓から結露が消え、フキンやタオルがパリッと乾き、夜寝室に上がると、フワッと気持ちのいい暖かさ。寝床が信じられないくらい快適に。ストーブで湧かした湯たんぽまで心地よい。

すぐ、プチプチを外し、玄関と台所と、トイレのドアも外した。二階の二つの部屋のドアも。家全体を一個のストーブで暖めた。その威力に驚き、生き返るような感覚に浸った。カラマツストーブの感想を頼まれ冊子に文章を載せた。「あの氷室の高田さんですか」と薪取りで話題にする人に会った。

山で、和田さんに「カラマツストーブを入れようと思うんですが」と聞いた。彼は、「いいんじゃないか。薪のことは心配しなくてもいいよ」といってくれた。燃料が手に入るよろこびは後でわかる。なにかが動いた。山仕事に就き、薪ストーブが入り、中古の軽トラックが来て、山暮らしモードになった。和田さんに山仕事をやってみないかと言われたとき「師匠に、弟子として仕事を教わりたい」といったら、「いいよ」と受け入れてくれた。自分を「はい」しかない世界へ置きたかった。

最初の山仕事は、集落にある貯水槽の周りをかたづける仕事だった。しなだれた木、柵を覆う木の枝、巻き付く蔦。太い枝や小枝に伐り分けて、トラックに積み、刻んでは積み込み、運ぶ。二日目は、山の県道の倒木処理だった。年が明けると、松食い虫の処理に入った。これが、冬から春、夏、そして秋から冬へ、ほぼ、二年つづいた。仕事に通ってすぐ、薪運びの声がかかった。御代田から軽トラのスプリングが撓るほど玉切りした赤松を運んだ。これを皮切りに家の周りの空き地に薪材が積まれていく。大型トラックで運ぶものは二メートルくらいの長さ。直径四〇センチを超える太いものは四〇センチに玉切りして運ぶ。瞬く間に薪材で空き地が埋まり、人が「三年分はあるね！」というほど、薪材の山がいくつもできた。「豊かだなぁ！」と思った。

ストーブの脇に台を置き、足をのせて過ごす時間がたまらない。足元から伝わる暖かさ。身も心も解れ、意識ではどうにもならない神経までが悦に入る。豆や根菜の煮物が定番になった。ダッチオーブンでつくるお好み焼きが美味い。五徳で焼く魚が朝の定番になった。火床はサツマイモや肉のオーブンになった。食べ物の味が、冷めても落ちない。薪火の食べ物が、暮らしの旋律になった。裕さんは、「ええっ、縄文の人たちはこんな美味いものを食べていたの！」と感動する。心身の内側から覚える薪火の暖かさや食べ物のうまさは、暮らしから失われつつあるものだ。友人が訪れ格別の団欒になる。あの氷室からの、この逆転、その驚き。

四輪駆動車が、カラマツの林を抜け、峠を越え、裕さんのシンボル・カーになった。二〇〇九年の春から裕さんは、「たてしなホーム」に勤めた。ホームには、障害を持つ四〇人近い入所者と、五〇人近い人が生活介護に利用し暮らしている。ひと月も経たないうちに、車の好きな入所者が四駆ジムニーのカタログや写真を色々そろえてプレゼントしてくれた。裕さんは、入所者に好かれた。施設が運営されて二三年経っていた。二十歳で入所した青年も四〇代半ば。永い人が多いという。裕さんが仕事でやっている洗濯物のかたづけを手伝ってくれる人。自分の洗濯物をたたみに来る人。入所者の驚くような才能を聞く。自分の部屋をありとあらゆるもので精緻なモザイクに飾る人。カメラのように記憶を脳にキザミ、絵に描く人。お盆に「たてしなホーム」の祭があった。神輿が出て、櫓の周りで踊りが舞われ、武が一冊のアルバムにまとめた。裕さんが、園長さんの丁寧な言葉をもらった。


武の山仕事は、朝、七時に親方の家に向い、八時には現場に入る。チェンソーや燃料、鳶やワイヤーや、チェンブロックを、それぞれが背負い篭に入れて斜面を登り現場に入る。息が切れ、先に立つ人との間隔が空く。どこを走っていても枯れた松が目に入る。松食い虫対策は、枯れた松を伐採して、幹や枝や葉をビニールシートで覆い、薬剤を注入して燻蒸する。「一〇年ほど前までは、松食い虫は長野には来ないと言われていたのに、温暖化の影響もあるのか、北上してくるのは早かった」と言っていた。

予防として、羽化したカミキリ虫を退治するために、薬剤の空中散布をしている。また線虫の繁殖を防ぐために健全な松の幹に薬剤を注入している。でも、この燻蒸は、「もう、カミキリ虫は出ていった後なんだよ」と、燻蒸作業しながら言っている。後追いなのだ。今では、松だけでなく、ナラも、ナラ喰い虫で日本からなくなるといわれている。その「ナラ枯れ」も、昆虫が病原菌を運ぶ伝染病だといわれている。日本の山は、どこもかしこも伐倒された木が放置され腐り、荒れ果てている。マツタケが採れなくなり、里山が消えた。山の荒廃と腐敗が病原菌の繁殖の根源だと説く人がいる。珊瑚礁の白骨化にも共通する、自然破壊という人災の結果だといわれている。

自然破壊は、外の生存環境だけではない。人間にとっての内なる自然、その身体や意識の働きも危険にさらしている。命をつなぐ食べ物が、身体に破壊的作用をおよぼしている。「種なし野菜（Ｆ１）」のように食材が自然の作物でなくなっている。添加物や防腐剤など化学物質まみれなっている。

濃い味付けに慣れていく味覚異常。家畜に使う抗生物質で人間の免疫力が弱くなっている。腸内細菌の悪玉が優勢になり、交感神経や自律神経が正常に働らかなくなっている。小麦アレルギーによって腸内の有害物が血液の中に入るリーキーガット。自然との共生感、大地に根ざした安定性を失い、精神的よりどころ、故郷を喪失し、アイデンティティ・クライシスといわれるまでに、精神をフレッシュしてくれる自然とのつながりを失っている。しかし、コンビニの出来合いに依存した暮らしを変えることは簡単にできない。

・森の百年

大丸家具店の不思議な女性、峰さんが自分の産土をいとおしむように山の再生を語り、「カラモリ会」を組織して山へ薪木を取りに行く活動を店長の喜長さんに説いた。武も裕さんも、相木や小海の薪取りに参加した。峰さんは、、ベジタリアンで、山の荒廃を憂い、熊など山の動物と人間の共生を願い、心身の病に悩む人を手当てして救っている。人類の救済を信じている霊能力者であり、森の精のような人なのだ。腸に穴の開くリーキーガットの原因である小麦粉の危険性を炭鉱のカナリアのように身をもって教えてくれた。武も醤油を小麦の入らないものにした。

店長と峰さんがはじめたカラモリ会の会員は、二〇一四年で四百人くらいになっている。薪取りは、月三回行われている。一回の薪取りに、一〇台から一五台くらいの軽トラ、中には乗用車で来る人もいて、二〇人くらい参加している。午前中大いに汗を流してお昼をとり、午後からかたづけをして引き上げる。二〇一七年の八月、北相木の隣、東馬流のある小海町の山で「森の百年コンサート　山の再生を願って」と横断幕を張ってライブコンサートが行われた。「今年は、六〇数人の人が参加して楽しいときを過ごしました。四年半近くかけて山の木をかたづけ整備することができたところなので、思いは〝ひとしお〟です。これからも、つづけていければと心から願っています」と店長のあいさつ。武も何度も通った思い入れのある広大な斜面のつづく山だ。子だくさんの家族や、保育園の子どもたちが遊んだ。キレイになった山を、山主が喜んでくれた。山を覆った間伐で倒された木を、四年余りかかかって運び出した。山が明るく息をして、ステージが山の穏やかなエネルギーに包まれている。

「森の百年」というのは、山に係わる人たちは「山は、百年の計で木を育て、三代後に家を建て直すときに使う」、「この三本のカラマツで、家の骨組みは十分だね」などという。こうして、「百年の計」ということばを伝えてきた。今の日本では山の木が人びとの暮らしを支えるものでなくなっている。二〇一七年九月、長野の県当局は、森林税の徴収をつづけるかどうか考え直すといっている。長野県は、山の再生や保全のために県民から一世帯五〇〇円の森林税を集めている。武も県民になって、介護保険料は納めていないが、森林税は払っていた。ところが、県議会で、森林組合が請けた仕事をやりもしないで金だけ受け取っていたことが追求された。県は依頼した山仕事がちゃんとやられているのかどうか、視もしないで支払っていたらしい。県には森林税として集めた金が、五〇〇億円残っているという。長野の山も、荒れている。長野にいて、この森林税に対する住民の不満を聞いたことがない。毎日見ている山の荒れた姿に心をふさがれ、だれもが山が生き返るならと納めていた。だが、県にも、森林組合にも、山への愛情がないことが暴露された。山はますます荒廃しているのに、特別税の徴収を継続するかどうかを考えるというのだ。自分たちが不始末したのに、山の再生を投げ出すかも知れないのだ。山をどうしたいのか、どうやって再生するか、確固とした想いがないことがわかる。

日本の林野行政従事者の七〇％は管理職だという。ドイツの森林官は、たった一人で受けもつ地区を任されている。相当な財政の執行権を持ち、森林政策に責任を持っている。個人の山の木でも取引価格に介入する権限が与えられているという。そのドイツの森林行政思想がわかるのが、森林官が家族とともにその管轄地区に住んでいることだ。失敗もあるが、結局五～六年で地元の人びとの信頼を得て、自然と人の暮らしが共存できているという。森林利用率一〇〇％と、信じられないような自然と人間の循環をつくりだしている。山の再生は、豊かな成長する経済の対象にしていたら不可能だ。国民の総意で、なんていっていたら、七〇％が森林である日本の国土の再生は永遠におぼつかない。国家「百年の計」をほんとうに実行しようとするなら難しいことはない。

カラモリ会は、小さな、小さな一歩だけど、すべて自前でやれることをやっている。自分たちが修理できないような大型機械は使わない。電気がないと使えないような道具も使わない。アフガンで数百万の農民を救った中村哲氏がやっていたような、灌漑工事を「蛇籠」でやるような手法なのだ。この県議会の審議がニュースになったとき、千葉で子どもに詩吟を教え長野市へ帰る六〇代の男性が、武と新幹線で席が隣になった。彼は唐突に「山の再生は、蛇籠の手法でやらないとだめですよ」といった。長野には、そういう人がいる。名も告げぬ人の「蛇籠で山の再生をしなければならぬ」ということばに心底感動した。

武は、これまでにサニーの佐々木さんが紹介してくれたベーシックインカムは社会問題の解決にならないと思っていた。今は、『隷属なき道　AIとの競争に勝つ　ベーシックインカムと一日三時間労働』の提起を、国は、制度として採用したらいいと思っている。そして、ベーシックインカムと自然の再生を結合すべきだと思っている。北朝鮮を相手に核戦争をやるために国民を戦争に動員する道ではなく、ベーシックインカムを導入して、国民の半日を山や森や海の、自然環境の再生のために国家的な協同労働をすすめたらいいと思う。

「働き方改革」や「裁量労働制」で、ますます格差を広げ、憎悪とテロを呼び込み、人間の自然性を破壊するグローバル経済や政治にしがみつくのではなく、社会を変えることはひとまずおいて、まずベーシックインカムを導入したらいい。未来を、商品経済と競争のなかで社会をカオスの中に貶めていくのではなく、また他国と殺し合う戦争に向うのではなく、能力ある人のための自由や個の解放をすすめるのではなく、普通の人や弱者が安心して生きていける社会にしたらいいと思う。くりかえすけど、人類が破滅する競争や戦争ではなく、ベーシックインカム導入に統治のエネルギーを向けたらいいと思う。

ベーシックインカムと自然の再生で、人間を破壊するＡＩ文明にも役割を与え、成長や豊かさではなく定常的な社会をよしとして、生きていくために「体を動かして暮らし」ていけるようにするべきだと思う。汗をかく地に足着いた暮らしを送るなら、ＡＩに時間や意識や心を奪われることなく、生きる力を生みだしていくことができる。汗をかき、自然と格闘し、生きて、暮らすことが「生きる力」をもらうことになり、子どもをきちんと育てることができて、生きる意味を取り戻していける。与えられた寿命を健康に過ごせ、国の社会保障費を半減させられる。自然と調和して生きられ、人間関係に絆を取り戻し、信頼や敬意や道義的秩序をコミュニティに再生することができる。ひと言でいうと、現代文明が失いつつある家族の大切さと、命のつながりと、心のつながりと、人と人のつながりを、つまり「生きがい」を取り戻していくことができる。くどいけど、自由と個、個のゆきつくところは「個人責任論」になり、弱者が「助けてくれ」と言えなくなる社会なのだ。統治は、統治者のためにあるのではなく、国民のためにあるものなのだ。この原点に立つことがベーシックインカムの導入の精神になる。そして、為政者は、国民を戦争ではなく山へ導けばいい。山へ行くところから先は、カラモリ会がはじめていることだ。裕と武の二人は、信州の山に来て、薪ストーブと、山と、カラモリ会の人びとに出会って、人間が生きる意味を、ほんとうに知ることができた。

二　この世の終わりか

世界の終わり。これが、仙台市霞の目荒浜に立って最初に浮かんだ言葉だ。二〇一一年三月一一日、東北地方に太平洋沖地震と津波が襲った。五月二日から、武と川浦さんと尾形さんの三人で霞の目に住む妹のところに泊めてもらい、名取川の閖上（ゆりあげ）大橋から荒浜を歩き、塩釜の七ヶ浜あたりまで見て歩いた。黙示録というと、キリスト教における神による最後の審判と終末ということになるが、それが自然そのものの律動であるにせよ、抗えないものによる人間への警告という意味を感じないわけにはいかなかった。荒いゴミはすでに片付いていて、目に入るのは、人間の暮らしの痕跡だけ。家の基礎だったり、外付けの蛇口だったり、残っている家も瓦礫でしかなかった。浜から国道四号線へ七キロほどの道のりがあり、そのほぼ中間を仙台東部道路が海岸線に並行している。この仙台東部道路の土塁が津波をさえぎる役割を果たし、山側の被害を小さくした。仙台東部自動車道路の土塁をところどころ一般道が抜けている。そこから吹き出るように津波が運んだ家屋の残骸や、農耕器具やらが、田や畑のなかに固まっていた。塩釜の七ヶ浜の近くでは、建物の上に大きな船が乗っかっていた。墓石がならび、その先の高台に寺が残っている。周りには人家の跡型は残っていない。

妹の家は、仙台東部道路から三キロくらい山手にあって、わずか手前で津波が止まっていた。妹の家の近くに「波分神社」がある。妹は「神社の所で波が分かれたんだって。村人が神社を建てて教訓を残そうとしたのに」という。一八〇〇年くらい前の三陸津波のときのことだという。それより、さらに一三〇〇年も前の一七〇五年の元禄一六年には、海岸から五キロくらいの所まで波が来ていたという。歴史の記録に二度も大きな津波が残っていることになる。海岸を歩いてくると、海岸線のほんの少し前まで、家の跡が残っている。新しく家を建てる人たちは、神社に関心を持つこともない。二〇一四年に七〇人を超える死者を出した広島の安佐南区八木を襲った洪水による土砂災害でも、「蛇が落ちてくるような水害の多いところ」という言い伝えが残っているという。昔からいる人たちは住まないところなのに、近代文明は、歴史をふり返らないし、言い伝えに耳をかさず、経済の損得だけで動く。あの津波が引いた爪痕に立って、どこまでも、どこまでもつづく廃墟を見ていると、前のめりの生産力主義のジレンマを感じないわけにはいかない。人間の営みのはかなさを感じつつ三日後、帰路についた三人は、口数が少なかった。

武が仙台から戻るのを待っていたように裕さんは、ひどい貧血に悩まされていた。腹痛をおさえながら日赤病院へ診てもらいにいった（五月二六日）。お腹が大きくなり、貧血も激しく、浅間病院へ診察を求め、婦人科から癌科へ回され、貧血やマーカー検査、アルブミンの低下から「がん」と診断され、手術しかないといわれた（五月三一日）。

・裕さんが、ガンを発病

二〇一一年

日赤川西病院

五月二六日、貧血がひどく、日赤川西病院で診察、レントゲン検査
五月二八日、二九日、たてしなホームへ出勤
五月三〇日、お腹が大きくなり、激しい腹痛

浅間病院

五月三一日、初診、浅間病院、産婦人科、青木敬宏先生
　血液、エコー。卵巣ガンの疑い（泌尿科で内視鏡も）
六月一日、CT検査と、膀胱をX線検査
六月六日、「家族同伴説明」。腹膜癌と判断。
六月九日、脇腹、背中に痛み、寝返り打てず、うなされている
六月一〇日、腰、腹の痛み増す
　武「入院しよう。輸血不可避、手術しよう」
　裕「化学薬品投与やる」

浅間病院へ緊急入院

六月一一日、CT、オペ不可避
六月一三日、腹水抜く、二・二リットル（腹回り八三センチ）
六月一七日、手術。体重五三・四キロ、腹回り八一・五センチ
腹膜ガン（腹膜ガン肉腫）。一二センチ直径、ダグラス窩に七センチ直径、直腸表面に二カ所、輸血
二〇〇cc、卵巣、子宮は全摘。とりきれない病巣あり。病理検査待つ（ガン研へ）
六月二二日、「腹水、減ってきた」青木先生
六月二三日、抗がん剤（化学療法）投与開始。白血球五六〇〇、タキソール＋カルボプラチン
六月二七日、体重四七・四キロ、一〇日で六キロ減。ドレーン抜き、縫う
七月二日、退院。三回目化学療法、六クール了。四回、中止。CT（八／五）
（六月二三日〜一二月二〇日、予定通り、化学療法終了）

二〇一二年
一月六日、診察、順調
二月一〇日、診察、順調、腹水なし。CTを六カ月でなく、三カ月で撮ろうと（三月五日に撮る）
三月五日、CT
三月一六日、診断、腹水少し／とりきれなかった腫瘍、少し
四月一三日、診断（下痢）。六日ころからお腹が膨れてくる。すぐ、化学療法再開（胸水）
四月一六日、第二期四クール／一クール開始

二度目の入院

四月二〇日に、入院して腹腔穿刺、三・五リットル
五月一日、通院扱いで投薬。一緒に、四・五リットル（毎日、〇・四リットル）
第二期四クール／三クール
五月二八日、腹水、四リットル弱。入院して抗がん剤投与も
五月二九日、退院
五月三一日、腹水が「腹から胸へ」、苦しむ。
「テラトーマ（肉腫）」、水を抜く漢方薬を、食事が取れる。リンパ。受傷細胞、癌ワクチン療法、自助細胞、しびれ、クロフェステロン、免疫抑制細胞をとる、鍼と灸、米にレモンと野菜ジュースを入れて炊く、背中にシャワー、手首と足首を温める。
六月一日、腹水、二六〇〇ｃｃ
第三期（第三段階、月一回、五泊の入院、六・七・八月と行う予定
第二段階の抗がん剤「イホマイド、タキソール」（肉腫に効く）
イホマイド三割、単体で。タキソールを使う
膀胱ダメージ受けている。たんぱく低く、尿少ない。尿を多くする点滴を、目標三リットル、普通二リットルが、七〇〇ｃｃしか出ていない
シスプラチンの服内投与しない。アルダミンの効果小さい
第一段階では、カルボプラチンとタキソールを使った。
六月四日、診察と腹水、三三〇〇ｃｃ
①貧血。腹水を抜くことでアルブミンが低下し、血液の運搬能力が落ちる。ヘモグロビン不足、ヘマ

トクリット不足しているので、血球における赤血球の割合が小さくなり貧血に。
②クレアチリン（酵素がじん障害で血液中に増加、尿素窒素も増えるので、おしっこが出にくくなる）
③ＬＤＨが高い（肝臓機能検査。一〇〇～二〇〇なのに一三〇〇。乳酸がたまりすぎている状態。酵素が損害を受け、血液中に流れ高い値を示す。肝機能が弱まっていて、疲れやすい）

裕さんは、浅間病院で「お腹のガン」だということがわかり、入院を重ね抗がん治療を行い、余命一カ月だとわかって、「鹿曲双で最後を迎えたい」と、退院した。

彼女の癌とのたたかいは、発病からほんの一年だった。傍で看ている癌とのたたかいは、痛みと腹水とのたたかいだった。お腹に三リットルもの腹水が幾日かごとに溜まり、それをぬかなければ耐えられない。腹水は、生きていくための大切な体液だ。それが、何リットルも、何リットルも、抜いていかねばならない。人は死を免れることはできないが、彼女の痛みとのたたかいは、武が知る人の終末として、ことばにできない苦しみだった。

□**裕さんの病床記録ノート**（二〇一二年四月から）

（ノートの見開きに、高橋真梨子の「フレンズ」の歌詞が、書き写されている。「煌めいてた　そして　戸惑う青春だった」とはじまり、「長い時間（とき）を君に聞いてほしい」と歌い終わる。「たけし」とか「ゆうこ」と表記されているので、裕さんのノートの「ママ」にしてある。毎日つけてある血圧と体温、尿や便の記録、起床や食事、消灯もほとんど省略する）。

四月一二日（木）　たけし山へ（女神湖）、ゆうこ託児の仕事へ。
〇二：三〇、一二〇／八一（血圧）、三六・六℃（体温）、左足がつる朝食、少し食べる。
一一：二〇、排便（託児中）。七カ月の女の子の見守り（ミルク、オムツ替え）
一三：三〇、帰宅、食欲なし（ヨーグルト、大豆、マドレーヌ、茶）
一五：〇〇、活字見ていると眠くなり、二階へ。咳、タン、腹張る
一七：三〇、たけし帰宅。サニーの風呂へ、伊藤さんと会う。
四月一三日（金）　たけし山へ、ゆうこ病院へ
なくしたミサンガ、ゴミ入れの中から見つかる。診断、すぐに化学療法を再開する、一六日（月）から。前回と同じ、タキソールとカルボプラチン。癌肉腫はしつこい。腹水が胸水まで。胸のXrayとくに異常なし。
一七：〇〇、たけし帰宅。サニーの風呂へ。落としたと思っていたパワーストン湯袋の中から、見つかる。四九kg。
二〇：五〇、二階へ。咳、ふたたびはげしい。
四月一四日（土）
〇五：〇〇、雨のためたけし山仕事なし
〇七：三〇、起床。朝食後、リンデロン服用再開。洗濯二回。
二一：三〇、温熱器、足の裏も。おならよく出る。横向くとウエストくびれる。
〇二〜〇四：〇〇、よく眠ったようだ。夢見た。
四月一五日（日）、たけし、山へひでおさんの手伝い、ゆうこ出勤（たてしなホーム）
二一：五〇、三六・九℃
四月一六日（月）、五：〇〇、たけし山（女神湖）へ、ゆうこ、化学治療再開
浅間病院、待合室で卵巣ガンの人、再発して第二回化学治療を先月からはじめたと。私の帽子が気に

入って、どこで買ったのか?とたずねられた。
青木先生：入院↓オペの間に腹水を注射針で抜いた。内容物を調べるため一・二リットル。腹水は急に抜きすぎるとタンパク質のバランスが崩れたり、低血圧になったり、体力消耗するので要注意と。直腸への浸潤はまずない（例をきかない）

レッド・アーカイヴズのためのメモ

四月二二日（月）
トイレ、三時半〜五時半、ほとんど眠れず（隣の人もトイレに四回）
咳、タンはげしい。汗もかく。暑かったのか?
ビバ合唱　シュトラウス（後期ロマン派）
♪ドイツ・モテット♪下のド〜上のレ（一六声）
○六：三〇、三周散歩、息切れる
○八：〇〇、朝食。排便、微か
アーカイヴズの川口さんへ
・しゃべれば、自己弁護になる
・他の誰かを責めることにもなる
・一兵卒といえども、相応の責任はある
・政治と軍事の逆転がとりかえしのつかない道へ
（戦前の陸軍省と参謀本部・軍中央と関東軍…）
（参謀本部、対ソ戦派（中国への深入り消極的））

退院の迎え

四月二三日（月）

一三：〇〇、たけしに迎えにきてもらう。会計保留

まっすぐ帰宅。ジムニーのエンジン快調

フロはパスして、夕食はパスタ。けっこう食べた方。

たけし、山の仕事入る。電話

・二人の人生は…　武は泣くだけ泣いて

四月二五日（水）

〇四：〇〇、目覚しセット、三時一〇分にトイレにおきてから、寝られず、結局深夜便をリアルタイムで、二人で聞く。垣添忠生のインタビュー二回目。

そのあと、五時近くまで、何回目かの二人の人生の総括を語り合う。パートナーを失って、残された者の再生とは？

革命家としての人生を歩んだから、二人は、死について、若い頃から考えつづけてきた。二人の出会いは、革命運動なしにはない。

思いきり泣くこと＝浄化する。

仏教における七日間×倍数の形式＝人類の智慧。生きている者にとってのけじめ。政治的に生きてきて、個として死ぬことを、腑に落ちるものとして納得し、受け止める。生きものである人間が、太古から引き継いできた、本能や感性（ハート・マインド・精神）や遺伝子を存分に働かせて、縦、子孫、継続の循環のうちに生きてきたこと。でも、人間として未来に残すべきもの、海に囲まれた島国独特の風土や四季のうつろいを受け止める情緒、家族という命の営みとつながり、家族

で生きて暮らす文化を体験できず、引き継げない。「自由と個」の思想で、横のつながりを失っていく社会。

頭で立って、生きてきた。

ゆうの手術入院で、ターは泣くだけ泣いた。まだ頭の中だけのことだが、ゆうを失うことを考えたから。

革命運動なしには、たけしに出会えなかった。自分の意志で、時代の求めに応えて、革命運動をやってきた。そして、はじき出された。

四月二七日（金）

〇五：〇〇、右肩、痛い。

たけし、山へ。ゆうこ出勤

事務所の連絡の行き違いで帰宅。病人の私が帰った方がきれいだった、と。いやーな、半日！

青木先生に身の上話と治療の相談。つれあい七三歳、私六二歳の老夫婦、二人暮らし。子どもなし。生まれはちがうが、長いこと東京、神奈川に住み、反体制的な生き方をしてきて、年金なし。都会では定収がないと公営住宅にも住めない。やむなく、老後は山でと思って、終の棲家として四年前、佐久へ（〇八年八月）。

望月サニーヴィレッジ（別荘地）の小さな山小屋を知人の紹介で入手。

一一〇〇メートルの森の中だから、冬はきびしいが、薪ストーブのお陰で快適。空気も水もおいしい、環境はバツグン。病気療養にも最適な場所。療養とはいえ、仕事を辞めるわけにはいかない。つれあいは、この年で、ときどき山の仕事の手伝い。私は〇九年四月から、障害者施設たてしなホームで生活支援パート職員として働く。せんたくとそうじだが、より軽い作業としてせんたく物のたたみ、整理のみにしてもらっている。配慮のいきとどいた働きやすい職場で、福祉の仕事なのでやりがいがある。

周三日（日・火・金）、午前中のみ三時間の勤務。治療代もかせげないが、収入ゼロよりまし。多くの友人の善意のお陰で生きている。

具体案

火、午前中仕事、午後化学治療（毎週）。隔週に、一日入院して腹水抜く。

水、休み、

木、休み、

金、午前中仕事、

土、休み、

日、午前中仕事、

月、休み、

・頭髪が抜けだす

五月八日（火）

○四：○○、トイレ。

○六：三○、一一一／七四、三六・一℃。

ゆうこ、出勤。たけし、小郷宅のお祓い。解体工事二週間予定。

小郷さんが出火して家が焼けてしまい和歌山に帰り、焼け家の解体工事の見届けをたのまれて。店長にお願いして、神主さんを紹介してもらい、解体業者が工事に入った。

職場、尿三回、一時間おき。頭髪、抜け出す。

・最高だった真楽寺

五月九日（水）

〇一：三〇、トイレ、そばパスタはずす。

〇六：〇〇、発汗、こきざみ（二時間位）に目がさめる。

小林オートによって車検代払い、集合場所へ。

一〇時、はじめてづくし、――高速、真楽寺、鐘の音、最高！今までで一番か。三重塔、神代杉、龍神の池、――天狗の茶屋でそば食す。スコール・雷雨待ちで、抹茶アイス。すべて店長のおごりで、もったいない。

一四：〇〇、帰宅。たけし、薪割り場のテント張り。

久しぶりにサニーへ。

二〇：〇〇、二階へ。少々疲れ夕食抜き。

だが、良い休日に。「大丸家具店社員旅行だ！」と言った峰さん、俊智さん、友理恵さん。店長に、たけしと私。

足裏シート、そばパスタ。

・出勤もつらくなって

五月一三日（日）

よくねたみたい。二人とも、気分はいい。

ゆうこ、出勤。ちょっとつらかった、息切れ。一〇時、職場で軟便。

息切れはげしい。スタミナ、がくぜんとおちている。

彩門さんが、写真とらせてくれと、コーヒーでもどうぞと。

たけし、薪取り休んで、木の皮剥ぎ
一二：四五、帰宅、昼食。小郷さんの焼け跡の解体状況、はじめてみる。

また一段とやせた気がする。抗がん剤に耐えられない体になっているのか？

新・旧館を行き来するのがしんどかった。腹水を抜けば少しは楽になると思うが。

一七：三〇、病院に電話、限界！一八時、たけしに送ってもらう。

一九：〇〇～二二：一五、樋口先生（ヒゲ）に抜いてもらう。五・二L！

看護士、菊地さん、掛川さん、ガマンしないで早めに来て、と。

かなりすっきり。帰り、ＳＥＩＹＵに寄ってサンドイッチ食べる。呼吸が楽。四六kg着衣。

〇〇：三〇、就寝。

点滴のために入院

五月二四日（木）
〇五：一五、バイタルはいいが、むかつきはげしい。胃や腸が痛い。不快。
おならはふつうのときと、便が出そうなときと。
リンゴ、ヨーグルト、みそ汁（ジャガイモ）。下痢。
〇九：〇〇、病院へ電話。点滴入院の手配。
たけし、あちこちに電話連絡。野中、望月、大成、橘高、比田井、……
〇九：四〇、コープの託児、完全に忘れていた（小岩井さんから電話）
一一：〇〇、入院、病院着、受け持ち看護士木内さん夜勤、松本さん。

たてしなホーム・飯島所長さん、柳沢さんへ連絡

一二・二〇、たけし、家へ。

二一：三〇、下痢、夜中二回下痢。胃腸、おだやかになる。

二三：〇〇、痛み止め（下痢のあと）〜二時、ほとんどねむれず

仕事ができなくなったと手紙を

六月六日（水）

〇五：一五、九五／六五、八八。三五・二℃。

〇六：〇〇、九三／六二、八八。三六・〇℃。

〇七：〇〇、軟排便。七三／七六、九〇。三六・〇℃。

飯島さんにレター書く（「たてしなホーム」所長へ、仕事ができなくなったこととお礼）。

・腹水抜けぬ苦しみ、三度目の入院

六月八日（金）入院

〇四：三〇、排便（軟）。

一三：一五、入院受付。青木先生、当直明けでいない。

腹水抜けない、とがっかり！土・日はさんで、月になる。ポータブルおいてくれる。

六月一二日（火）

〇五：〇〇、「尿、一〇〇〇位」と看護士。

少し、ねむい、おなかもすいた。

「先に逝く　最後のわがまま　許してね　待つのは慣れっこ　ゆっくりおいで」

……一句できた

さっちゃん（注、さっちゃんは、妹の幸子さんのこと）
びっくりさせるメールになります。
来るときが来たようです。やることはやっての、入院治療のゆきづまりです。

両親、きょうだい、しんせき、友人、等々、たくさんの人達に迷惑をかけてきました。申し訳なく思っています。


デモ、あの時代、私にはあの生き方以外、別の人生はなかったと思います。わがままに好き勝手に生き逝った姉を笑ってやって下さい。

両親の生きた歳まで生きられないのがせめてもの罰かもしれません。延命措置はしません。葬式もしたくありません。でも、武がどこかでお別れのけじめはつけると思います。最後までわがままを許して下さい。

たまには、たけしのこと気遣ってやってね。

六月に行こうか、と言っていたけど、どうなのでしょう？まだ少し元気なうちに一度会えるといいなあと思います。基本的に在宅で腹水を抜きに通院できるか、という段階なので、家に来てもらうのがいいかなと思います。一泊してもらうのがベストです。ゴルフ場の小さなロッジですが、一五〇〇円（素泊まり）で泊まれます。予約しますから、連絡下さい。

・幸っちゃんが来てくれて

六月一三日
一三：一五、幸子が来てくれた！〜一六：四五。

わたしがレター書いている同じ時間帯にたけしがメールをしてくれた！おなじことを考えていた！ふうふ、だね！

大分、つかれたけど、幸子とおしゃべりできて、本当によかった！またくるからと、握手して別れる。

一七：三〇、
孟子「人間すべて、忍びざるの心を持っている」「他人の悲しみや不幸は、そのまま見るに忍びない」

左手指むくみ、足もむくみ、サポーターつけてもらう。

浅間山のりょうせん見えだした。下はくもの中。

二一：三〇、たけし、やまへ。

ベンザリン二Tもらう。

たべものばかり。
しんばし、あたごの昼ごはん、なにたべた？
大井町のスシ、
たけしにとってもらったおまえざきの写真
つるみ、ゆうこちゃんみつといけ、うた、おかっぱあたま、
げた、白い半そで、スカート
こっちからかいたんだよ、思いだし順
あさま、たてしな、いいづな、とがくし、ピラタス、ばんだい、但馬、いいだ、なす、ほうけん、北
アルプス、にゅうかさ、いわき、いわて、あずま、北岳、かいこま、きんぷ、

●武のメモ
六月一三日
・着替えや寝間着、長袖のシャツなど
・希望でレモンティー、リンゴとお寿司を
・幸子さんお見舞い、稗田さん腹水のコピー、お花やイチゴのお見舞い
・裕さん、お墓のことで希望
「高田の墓に半分のお骨、高田と一緒の樹木葬に半分のお骨」

「ノートに戻って」

「ぴーと、ますいして、ストーンと、死にたいのに」

きおくはぼける〇（すぐまえの）、あたまは……あしのしびれ……どきどき、こめかみの、ひきどき……しんぞうのどうきが……きこえる。だからねむれないのか、ノートおとすから、ねむいのだが、くるってしぬしかない、ぴーとちゅうしゃして、ますいして、ストーンと、しにたいのに、いしきうしなって、じょじょに、おだやかに、かんぜんに、そういう手がつかいたくなったよ、ドクター青木はいまのままだと、一カ月といったけど、もっと短いと感じる。サバよんでいる。半分か。

ドクター、患者だけが知っていて、家族以下知らない。本当にたけしは知らないのか?なんてめずらしいガン。

たけしは、昨夜一睡もしていない!だから、吉田さんに車を出してもらった、と。正確だったよね。

六月一五日、退院。終末期ケアを自宅で

ブドウ畑に突っ込んだ

六月二一日（木）
三時すぎに出かけたたけし。一七時半前に、セイユーにいると電話連絡。その後なし。
たけし、和田さんのヤマブドウ畑につっこむ！！ブレーキあとなし、完全にいねむり。
（注武、畑の中で、和田さんに電話して、状況を確認してもらう。ヤマブドウの棚がメチャクチャに。ソニー損保に連絡して、事故の現状確認してもらう。翌二二日、ロードサービスのレッカーで畑から道へ出してもらう。吉田さんに、来てもらって車で送ってもらう。困ったときの神頼み吉田さん。畑と反対側に落ちたら、崖下へ転落。この日は、水嶋クリニックへ薬をもらいに行った。帰り、道の駅で一五分ほどねむった。はたけの手前の四つ角まで、後続車が来ているのを確認して右折し、後ろに付いていないことを確認したあとは覚えていない。なぜ、自分は木琴のような楽器の中にいるのかと思ったら、ブドウ棚のパイプをなぎ倒していたのだ）
一六：〇〇、おふみさん（仙台の武の妹）、突然来てくれた！！
一九：〇〇、尿、計四一〇ｃｃパット取替え
一九：三〇、二人、夕食はじめる。ゆうこ三〇分かけた。ゆっくり。

六月二二日（金）

〇四：三〇、一晩中、ものすごい大雨。大地がとけるかと思う。

尿意あり、自力で、……ｃｃ。九四／六五、九六。

〇五：二〇～、弾き語り、フォーユー。バッハ、平均律№七（グノーのアベマリア）

和田さんに、わびる言葉もない。「まだ、おれの畑でよかった」といってくれた、という和田さん。

「もう、運転はだめだね」と、なんどもおふみさん。

うん、とは言わない、言えないたけし。現実問題そうだから。

しかし、「生きていて、ありがとう」と、つい、言ってしまった私。

・「本人の前で葬儀の打ち合わせは、初めてです」と葬儀屋さん

一五：〇〇、川西セレモニーとの打ち合わせ

・納棺というセレモニー

燃えるもの「スニーカー、メガネ、タオル、ビール、柿ピー、バターピー、おにぎり」

・神封じ（神棚）一旦、葬儀に集中してもらうため。仏壇は扉を閉じる

・ＣＤ、本は、入れられない。

・ＢＧＭ選曲、自由に

・高峯霊園で

・一時一五分発、～四時上がり、～五時半着

・縁者の運送、会員になる一万円、マイクロバス代も含む

・霊柩車、バンタイプ

・写真、自分で用意

・お返し、（個数はだいたいで）半返しが、紅茶やジャムなど

・会葬御礼、一枚、四二円

・たびじたく

「ショパン、ノクターン、第八番」

①ずた袋②ピンクのチェックのエディバウアーのシャツ③えんじ色のガーゼ寝間着④ぼうし、富田さんからのピンク⑤クロとベージュの、クロを上にして⑥ズボンはジーパン最細い⑦靴下はこのまま⑧美保ちゃんの茶の古スニーカー⑨タオル（満美ちゃん）、メガネ黒、マフラー（石川さん、小さいの）。真楽寺の写真を入れて

乳酸菌で口内がさっぱりしてきた。すみこさん、ありがとう。

おしっこ、海の中、……でた。

ガスもよくでる。あくびもでる。だすもの、みな、すっきりしていこう。

六月二六日が、おわろうとしている。

日曜日までがんばれるか？

真知子さんへ

昨夕の豪雨がウソのように初夏の陽差しが照りつけてきました。午後、昼下がり、一段とみどりの色を濃くしたサニーの森は、ベッドに寝たきりの私の心とからだに出ておいでと、呼びかけているようです。

お手紙を頂いてから、いろいろ考えました。

人は多かれ少なかれ、何らかの悩みを背負って生きるものです。

今、私が元気ならすぐにも飛んでいって手を握りながらお話をしたい。

真知子さんの気持ちを唯一平安にするには、今を泣きながらも受け入れ、自らの運命を従容として受け入れること。今を許すことでしょう。

これ以外にないと思います。

私自身、自分の癌という病気とその行方を受け入れるしかなかったように。

いつまでも抗ったり、なんとしてもたたかって克服するぞ、と意気込んでみても、疲れるだけでした。

人はどんな一生を送ろうと、それは、その人のかけがえのない人生です。それぞれかけがいのないものであって、それが終わるとき、いろいろあったけれども、いい人生だったと、最後に言えれば幸せです。

そのためには、許すことは許す、です。生起する事実を抗いがたきものとして受け入れる。明日のことはわからないが、今日やるべきことは精一杯やって生きていく。特別なことではなくて、平凡で、何気ない、日々の暮らしの中に「真の幸せ」があるのだと思います。今風の社会の基準でなく、真知子さんが詳しい自然の作風を自分の中に取り入れて暮らしていけたらいいと思います。

真知子さんが気持ちを変えて、現実を受け入れ、心身の安らぎを得られるようになることを念願し、ご家族の皆さんの健やかな日々をお祈り申し上げております。

ベッドの上で、舌足らずに語ることを、彼にパソコンで打ってもらいます。いつでも、気が向いたときに、お手紙下さい。

では、ご機嫌よろしく。

二〇一二年七月八日　高田裕子

（注、この手紙が裕さんが出した最後の手紙になった）

青いノートの裏表紙のメモ

おもちゃのピストル
あつめて
自己満足。
彼らは、本物を手にしていたのに。
誤爆は、びっくりした。
理科系はいないんだ。
不自然で、ゆがむ。
ベトナム、ユーゴなら……
ゆたかで、高度経済成長のなかでは、ムリがある。

精神主義で、観念的だった。
ロータリー、公園、
ただ、こねた
ピークだった。
怖い、じゃない
何人、脱していったか。
一度目、中区、九段上、七四年
スト権スト、小多さんが迎えに来てくれた。
二度目、板橋で、七四年のガサ

鶴見時代

・横須賀、七五年の誤爆
・赤坂離宮
・相模湖で、二人で脚、その後、散せよ（注：「脚」とは、書類や作戦に関わる物品を処分すること。散は、解散することだが、アジトの撤去とかも意味する）

しかばね、犠牲、
稚拙すぎた
岩手は、元帥の責任
資料すべてのこしていた
感情的な大言壮語のアジ（注：アジテーション）ばかりで

すこしずつ、燃やしていれば、よかったのに
冷静に考えれば、軍なんて、チャンチャラおかしい

サミットは、プロが居たから、任せられたから、気持ちよかった。
ダイさんも、素人、
A君（早大）
B君（電気）
C君、米へ

（武注：「本物を手にしていた」「彼ら」とは、連赤のこと。
「理科系の女性がいなかった」ということ。
「サミット」とは、迎賓館ロケット弾攻撃のこと）

・四人へ！
四人へ
本当にごめんね。
私は、もうこの世にいません。あの世で会おうね、またみんなで。
世に抗い、負けて、（でも権力にごめんなさいはしないよ。いろいろ助けてくれた人にごめん、ということ）
世を捨てて、山に死に場所をきめたの。
そうしきしない、って。

（「四人」武注：岩国さん、大岡さん、藤川さん、有田さんの四人、
革共同神奈川委員会の元メンバー）

一九七一年、二二歳のとき、「いのちあずけてくれ」っていわれ、一日考えさせてといったら、即答をせまられ、オーケーした。

二五歳のときの同志の女性が、ごばくし（注：誤爆死）した。よこすかで。

みんな、わたしだと思ったって。

私は、それ以来、のこりの人生、おまけと思ったし、
三〇代と四〇代の人生はないと思ってきたんです。

ターちゃんへ

七月四日、夜中、満月の日に
たけし　ターちゃん　ありがとう。
出会えてしあわせでした。
またかならずあおうね。
ＰＳ　あさまやまはってるユーを　みつけてね　ゆうこ
またかならずあおうね。
今度はどこの定食屋にしようか?
あとさ、おいしい定食屋をさがしておいてね。
年二回、ふたりの命日くらいは、行こうよ。
ふだんは、たけしのにぎりの方がうまいと思うからさ。
欲言えば、もうちょっと、生きていっしょに、おにぎりもって山を歩きたかったね。
でも、これも運命だから、タンタンと、受け入れることにした。

季節もまさに緑陰のころ、最高だよ。

「冬までがんばれ！」、「雪、もう一回、見てからに！」と、言ってくれたのに、ごめんよ。

それから、みんなにもお願いしておいて、人は死ぬとみんないい人になっちゃう、されちゃうけど、私は好きでない。私は欠点もある人間だったことをハッキリ自覚しているから、とにかく持ち上げないでね、って。

おねがいね。

このレター、橘高さん（独酌の会）にいただいた〝ｐｏｌｉｃｅ〟のＬＥＤの灯りをたよりに書いている。

なんか、笑えるねえ。

二階から、たけしの静かな寝息がきこえてくる。

つかれたでしょう。

よく看護してくれたよ。

ときどき、アタマにきたことあったけど、知らない、なれないことだらけだからね。怒るわたしがわるいね。

ま、
たーちゃんと一緒に、生きてきた人生、ほんとうに楽しかった、よ。

二一歳と三二歳で出会って、六二歳と七三歳まで、四一年間、長かったけど、一緒にくらした時間は、最初の二～三年と最近の一二年間のみだからね。
車から抱きかかえられて、広い庭を通って、地上から二階分、一気に抱かれてベッドへ入った。
こんなこと、七三歳の老人にはできないよ…。
どんなことでも逃げない、たけし。

予定では、七月一四日、パリ祭の日らしいが、ほんとうにそうなら、なんかできすぎだよ。六・一四
に帰ってきて、七・一四に逝く。
たけしに抱かれて、冷たい紅茶（ウェディング）で死水をとってもらおう。
ちょっと、おしゃれじゃん。

幸せになってもらいたい
幸せにしたい

裕さんの記録はここで終わっている。

「ターちゃん、助けてー。どうして、こう苦しむの」

最後の時を過ごす二人。

ゆ「なぜ、こんなに苦しむの？！」
た「癌って、こんなにつらいものなのか？緩和医療って、こんなものなのか？」
ゆ「がんだから、ね」

た「痛いのは、それでも身体ががんとむきあって生きる力を振り絞っているんだよ。オプソ飲む?」

ゆ「いや……」

二二：四五、下痢は収まったようだが、吐き気がつづく。吐く。

二三：〇〇、パット交換。

二三：五〇、くりかえし、くりかえし、嘔吐に見舞われている。

ゆ「ターちゃん、助けてー。どうして、こう苦しむの」

二三：五五、今度は、下痢っぽい。

裕さん
〝痛い、痛い、
お尻も、
おなかも、
胃も、
あ、あ、痛い、痛い…

オプソ、飲むよ〟

二四：〇〇、オプソ服用、発作。

裕さんがたけしの腕に抱かれて、オプソを飲む。

一瞬で息が止まる。

たけしは、ただ、ただ、名を呼んで、語りかけた。

いつまでも…。

○三：一五、ローソクの炎が揺れて、揺れて、立つ。
　食器と衣類を洗い、花を剪定して、オーデコロンをふった。
○四：一〇、冷たくなった
○四：三二、大きな地震がよせた。
大地も、この喪失に呼応しているのか。

七月一六日夜半、裕子逝去

三　思い出すままに

たくさんの友人、知人が見舞いに来てくれた。通夜にも声と灯りが絶えることがなかった。川浦さんが十日余りも滞在して喪の流れをととのへてくれた。腑抜けた武は、サニーの風、かとうさんに支えられた。たびたび、大丸の店長と峰さんが声をかけに来てくれた。久留間さんが料理を持っていたわりに来てくれた。カラモリ会の人たちが、テラスを作りに来てくれた。サニー薪割り機仲間の佐々木さん、花井さん、吉田さん、富宇加さん、かとうさんが「めげる武を励ます会」を開いてくれた。

八月一〇日、五時起きに。ぬか漬けをつけたり、野菜と豚肉を炒める工夫をする。顕さん、リンゴのスイートと冷凍のカステラを持ってきてくれる。

ホームの大島さん、小春さん、千春さんが、野菜を沢山持って、お焼香に。

八月一一日、ケイトのお母さん、「恵斗」と「運」を書く。しっかりした字に、うっとり。たいした人だ。夜、映画『フェノミナン』をみた。「女性はみな、なにかに情熱を注いで生きる」と、ジョン・トラボルタがいう。相手のキーラ・セジウィックが応える「あらゆるものは、いつか旅立つ……どんな死を望むの?」と。日本で公開するときのキャッチコピーは、「人生には説明のできない不思議がある」だと。裕さんは、望んだように旅立てたように思うけど。

八月一七日、顕さん夫妻、キュウリをもってきて、昨日の残りのピザでいいというので、持っていってもらう。サニーの清水社長が近況を話していく。

多恵子さん、手紙につけて、長袖のポロシャツを送ってくれた。「裕子さんは、周りを生かす人だった、と思っています」と書いてくれた。

九月一日、お昼大丸へ、カラモリ会、高原キャンプファイア。

この日、高原キャンプ場でシンガーソングライターの俊智さんが裕さんのために自作の「西方浄土」を歌ってくれた。

虫の音が　優しく包み込む
花の色　風の香り
あなたを愛してよかったと
誇りを持っていきられたと

沈む夕日に君が祈れり
あの歌はどこへ消えたのだろう

あの声はどこへ消えたのだろう

沈む夕日に君が祈れり
あの歌はどこへ消えたのだろう
あの声はどこへ消えたのだろう

沈む夕日に君が呟いた
あの歌はどこへ消えたのだろう
あの声はどこへ消えたの

沈む夕日に君が祈れり
あの歌はどこへ消えたのでしょう
あの西の空の方へと飛んでゆく
飛んでゆく

虫の音が　優しく伝う
花の色　風の便り
あなたを愛してよかったと
誇りを持って生きられたと

九月六日、午後、遺品整理キーパーズ社長吉田さんを田中駅へ迎えに行く。夜中〇二時まで、話す。「左翼、職業革命家と話すのは、初めての体験だ」と。話のテーマは、生活力を失うのは避けられず、そのときは自殺するしかなく、残った家財などの処理を依頼するとしたら、どうなるか？ということ。

吉田氏の話の要点

・関係者の遺産相続放棄の手続きをしておく

・居宅の処理は、第三者への譲渡でも、遺産相続税を払うことになる。有償売却なら相続税はかからない。

・遺言を残す。遺言の執行者を親族に決めておく。

・散骨は、浅間山にはできない。散骨でない形を考える。

・家財道具すべての処理費を、四トンとみて、三〇万円から四〇万円みておくこと。

吉田氏は、孤独死した人たちのさまざまな姿を見てきた。ものに埋もれ、匂い立ち、縁者に連絡もつかぬ、時代が作り出している死。「この時代は、大切なものを失っている。これまでの人びとの営みで、家族が果たしていたもの、社会では解決できないもの、それを失っている」と言った、著書やさまざまなメディアでも、語っている。

・生活のための仕事

九月七日、吉田氏を佐久平に送る。ののとうかおりさんから電話。一五日〜一八日に来ると。昼から、顕さんの風呂釜小屋づくりの土台を。立ちくらみがあり、腹も減った。京都へ行っている大成夫妻と橘高夫妻から、「武が、『節子さん、愛しているよ』と冗談を言えるようになってよかった」と電話あり。

九月二一日、顕さん、風呂釜小屋の柱建て手伝い。幸子さんからお彼岸のお花届く。

九月二二日、眠れぬ夜がつづいていたが、朝の四時まで、眠れず。小林道夫さんの稲刈りを手伝い。ジムニー修理できた、と。かとうさんに、入眠剤を分けてくれと、メール。分けてもらう。いよいよ、薬にたよるのだ。

九月二四日、顕さんの風呂釜小屋、屋根張り。かとうさんの床下のスズメバチをハチミツでおびき寄せたが、徒労に。岡田医院へ、入眠剤、二週間分。

一〇月一日、親方の和田さんから、頼んでいた「薪小屋作り」を断られた。独酌愛好会をもやめる、ともいっていた。その前にたけしは、和田さんから山仕事の「師弟関係」も終わりにすると、いわれていた。和田さんとの関係が終わった。サニーの前史が終わった。このことについての、かとうさんのメールは、「今まで以上に、あるがままの自分を大切にして下さい」だった。この「あるがままの自分を大切に……」という言葉、マルクス主義とは一八〇度ちがう価値観が、ここから二年間、たけしをして、生きる意味を考えることになった。

一〇月二二日、中野清一さん、佐久病院で亡くなる。Aさんらと五人で看取った。身近から、裕さん、佐々木さんの奥さん、そして清一さん、志摩さんが去った。なにか、ものすごい喪失感。八王子マンションの管理人を退職して茨城の大洗に住んでいる丸さんから、近況を伝える『大洋村通信』(No.三)送られてくる。

大成さんから電話、「殿が、霊能者を連れてきた」と。殿も霊能者も、かつて望月宿があった時代からの、望月性の末裔で独酌愛好会会長大成さんのファン。大成さんに、霊能者で神職の龍泉さんの話しを聞いてくれと頼まれ、男にまといつかれる話しを二日にわたって聞いた。龍泉さんは、かとうさんのところに泊めてもらう。

清一さんの告別式が二五日だと、宏さんから知らされた。

一〇月二三日、革共同中央が二五日の告別式にくるということが分り、顔も見たくないので、今日中にお焼香させてほしいと、お母さんにお願いして焼香をやらせてもらった。

一一月一二日、杣仕事。裕さんの六三歳の誕生日。お花、チョコ、紅茶を。幸子さんからメール。

一二月五日、われ、七四歳になれり。眠れない。交通事故か、山仕事で、死に神につかまるのか。井上タエコさんから電話。弟さんに、まだ権力がつきまとっている、と。かとうさんから、誕生日のメール。すみこ、贈り物。

一二月六日～九日、追いつめられている。昨日、免許の更新からかえると嘔吐。胃の中のものの、濃い酸味と塩味をはじめて感じた。九時前から雪が激しく、午後の伐採をやるかどうか、宏さんからの連絡待ち。

二〇一三年一月一二日、裕さんの源泉徴収票が送付される。

二月三日、岡山駅へ。横須賀に戻る大岡さんを送る。午後、横浜から岡山へ移住しているののとうかおりさん宅へ。かおりさん母子、裕さんが三渓園マンションで上の子を預かり、無事に二人目の子を産むことができた。かおりさんの夕食を馳走になり、「新左翼とは、どんな位置にあるものなの？」などの、素朴な質問を受ける。武さんの話、分りやすくて面白いと、喜んでくれる。

四日から岡山で、教職を終えた大岡さんが商う古書店の、店舗改装工事を手伝う。大工さんが内部の改装工事に入る。たけしは、二階の内壁はがしから手始めに。朝食は、東横インで。お昼は、隣の食堂「アミー」が多い。夜は近所の食堂へ行く。ときどき、かおりさんの夕食に呼ばれる。革命と労働運動との関係、労働者と革命党の関係、資本主義と社会主義革命と民衆の未来は、などの質問攻めに。〝裕子さんが、一歳半の祥馬を預かってくれたので助かった。帝王切開をすることになり、途方に暮れていたとき、裕子さんに、祥馬を預かってもらうことができて、やっと予約ができて、安心して生めた。そのあと、横浜の託児サポーターの間で、裕子さんのようにやらなければならないのかと話題になったという。決りとか、規則とかから、はみ出る課題は自分の責任で引き受けるだけだと裕子さんは言っていた。だから、何も難しいことではないと。祥馬が何をどれだけ食べたとか、何をたずね、どんな会話をしたとか、その生きている姿を記録してくれたノートは、私の宝物です。よくものを識っていて、賢い人だった〟と語ってくれた。日曜には、ののとう母子と岡山城へ行ったり、大きなショッピングセンターで食事をしたりした。レッド・アーカイヴズ聞き書きの校正のために、電子辞書があるかって聞いたら、買いに行くって。祥馬君と仁大君が使うので買うのだと。それをたけしに回すという。広島の馬笑さんが、会いたいといっていると、おすみからメール。

大工さんは、一一日から、工事に取りかかった。大岡さんが使うガスレンジとかの買い物に、かおりさんがつきあってくれた。佐久から、大雪で動けなくなったよとか、脱出できないでいるとか、メールが入ったりして、賑やか。大岡さんの希望で、立て付けの家具類は、柿渋を塗ることになり、甲府の間ちゃんに柿渋の資料を送ってもらう。陽子さんから、「いた・つく」（いたれり・つくせり）が送られてくる。漢方薬から風邪薬、プロポリスや靴下までの。「いた、つく」を。大岡さん、おすみ、来岡。おすみが、「心をねぎらうもの。ゆかしく咲く花。何の花か、ひっそり咲いている。足を止めてみる人なくとも、ひそやかに咲くことが大切に思えた。それが、〝天の眼〟というものか」と、話す。名もなき人びとの、しかし、人にとってその人はかけがいのない存在になる、そんなことがよぎる。かとうさんからメール、サニー雪多し。

二二日になり、疲れた、体の動きが止まった。二階の珪藻土塗り終わる。畳が入り、二四日から、二階へ泊まる。おすみから、赤外線ストーブと温熱マットが送られる。

家族というもの。今日の社会問題である「自然破壊、限界集落、地方消滅、餓死、孤（個）独死、介護問題、育児放棄や虐待、貧困母子家庭」の根底には、家族の崩壊がある。ここまできている文明社会を進歩、前進と評価し、すすめる流れは止まらない。家族的きずなの解体は、無縁社会であり、ハートを失った、支え合いのない寂しい孤独な社会になる。人間の能力で待遇が決まる「格差社会」が世界を覆う。「その」能力がある人は「生きがい」をもてて、多数の普通の人びとは、不安につつまれる。縁のない関係では、「喰うものがなく飢えているときでも、誰かに飯を食わせてくれ、なんてことは、なかなか言えるもんじゃない」（松井計、「無縁社会について」）。この話を、ののとうかおりさんとした。翌日、望月に戻った。驚き、胸が熱くなる。かとうさんが留守中の雪かきをしてくれていた。

三月四日、望月のサニーで迎えた雪の中。今日は、ホッとする暖かさになった。大丸には、七日に行くと連絡。ぬか床をととのえ、生協へ、注文再開の連絡。ＩＴさん、ＭＲさんへ、手紙。大丸で、小林夫妻、畠山さん、サラさんに会う。宏さんに、仕事の予定を確認。家計簿の整理。三月一三日、固定電話の「休止」を申し込む。ケイタイだけ。タナックから電話。都立大に入学した姪が登戸のタナックのところから通うことになった。向井夫人みどりさんとの共通の友人で、タナックとみどりさんの三人で会うことになっていた人が、脳梗塞になったこと。アトムの集まりを六月にすることになった。真っ白な世界、マイナス四～五℃の暮らしがつづく。裕さんと武が、係わった運動の「年表」をつくる。

裕さんの入退院や録音した声も整理する。つづく雪、くる日も、くる日も、机に向っている。かおりさんが送ってくれた土佐の分担がうまい。よく食べた。考えごとをしていると寂しくなる。裸木だけが連なっている。かおりさんへ、元気？メールする。

向井さんが来訪（三・一七）。馬笑さんから送られて来た、土佐のウインナーの燻製を、二人でソバとともにいただく。話は多岐に。録音する。翌朝、五時に、彼は「向井の森」に向う。

四月に入ってサニーがフロを開始したが、居住者が入れないようにロックしていた。サニーの、奇妙な、了見の狭さが、なさけなくも話題になった。武はもう、サニーのフロへ行くのをやめることにした。

有田さんの「いた・つく」、薬やコーヒー落着。まだ、入眠剤は飲みつづけている。四月七日のノートに「虚しさとつきあう。ただ、目の前にあることをやる。ルーティーン。それが生きること。手からものが落ちる老衰。硬いものは、ゆっくり噛まねばならない。新しいメガネは合わない」と。この日、薪割り機の刃が取れる。大成さん、佐々木さんと、サニーの食堂でお昼を一緒にしながら、春の親睦会（五月四日）の、事務局の打ち合わせをやる。料理がみすぼらしい。午後、薪割り機をホクタンへ修理に。サニーへ、親睦会の会場などの交渉に。顕さん、恵の平に。干物を土産にいただき、うまかった。

北海道の姪みきちゃんから、「青月のおじさま、元気かしら？」と、ハガキを。お礼を書く。

荒川さんが、中核派の本部、江戸川の前進社に拘束されたとの知らせが入る。「革共同が、荒川は、公安のスパイだとデッチあげている」と。呆れたマルクス主義だ。荒川さんにスパイのレッテルを貼ったのは、彼が持っているカネを奪うためだ。親から相続したカネをどう奪うか、ゲスなスパイ話をデッチあげたものでしかない。ここまで、浅ましいことができるんだ、人間は。辻潤（後述）じゃないけど、汗を流して働いたことのない頭で立っている人間が、コミュニズム政治を詐欺師まがいの世界に辱めている。どぶ泥のような世界だ。

四　二人の物語だけがのこった

一周忌がきて、変わらぬ山の暮らしが、つづいていく。

山仕事が元気をくれる。サニーの住人たち、かとうさん、神津一家、佐々木さん、花井さん、吉田さん、富宇加さん、岩淵さん、長瀬さんたちと、カラモリ会の人たちが、かとうさんのピザ釜の前で、裕さんの一周忌を偲んでくれた。そして、独酌愛好会の人たちと大成さんは、親睦会で、黙祷と追悼をしてくれた。さらに、中野清一さんが作ったポテクラの稗田さん夫妻、蘇我夫妻と森さんたちとの畑作りがつづく。ときどき、昔の仲間もやってくる。

山の再生を願うカラモリ会の活動。その運動をすすめる人たちとの薪取りや、さまざまなイベント、俊智さんの「ＦＭさくだいら」の水曜日の生放送と毎週月曜日に大丸で行われているライブコンサート。裕さんの一周忌を迎えて、それでも、サニーの暮らしが、淡々と織りなされていく。

・出会いは、裕さんが決めた

二人が出会った。その後、なぜ、裕さんが連れ添う相手をＰではなく武にしたのか、二人で話題にしたことはないね。裕さんは、ガン克服の最後の手立てがないことが分ったら、強く望んで家に帰ったね。テラスを「天空の城」と呼んでベッドを置き、人生の総括をはじめたよね。事情を知る人にも、興味を持つ人にも、「私、Ｐをすてて、武を選んだの」、「お嬢さんが貧乏人の武と一緒になったの」と。二人の出会いは、裕さんの大胆な行動だったんだ。裕さんは、武と出会う前に、大胆というか、驚くべき行動を取っている。学生運動から、職業として運動をやること、すなわち生き方、人生を多数者の幸福のために捧げることを選択している。これが一つ。

次が恋愛で、許婚をすてて、武を選んだ。これは、これに、一番おどろいたのは武だ。武が裕さんの前に立った時は、嫁さんに三行半を突きつけられた子連れの中年男だったのだから。「お昼、レストランへ行こうか?」と、武がいった時の、裕さんの輝いた顔を忘れない。でも、これは、武が一歩前に出たんではないんだよ。裕さんが、デモから慈恵の「青医連」の事務室に帰るとき、神谷町の歩道橋を独り、ターちゃんの後をつけてきたことへの、武のお礼だったんだ。この歩道橋を独りで渡る裕さんへの、武の思い。本当にびっくりしたことは、話題にしていないよね。無垢な女の子と、オオカミおじさんみたいな場面だから、あれは。

三つめには、六つ又ロータリーの「前進社」前で、裕さんが涙をためて帰った直後、裕さんが革命軍へ移行を選択したことだ。ロータリーの涙のあと、武は二人の関係は終わったものだと思った。だから、裕さんが革命軍へ移籍し、婚姻届をだしたことに、衝撃を受けた。それを武は、裕さんからの熱烈なメッセージとして受け取った。革命運動一般の、そのもう一つ先へ、いや、直接いのちを捨てる次元に向っていく。それでも武と離れないよ、という意志として。このことは、話しておきたかったのに、惜しいね、話していないよね。裕さん、武がそれを飲み込むのは、きつかったよ。二人のことよりも、一人の女性の運命を思った。裕さんの一途さ、素朴な純粋さは、わかったけど、自分の知る素直な若い女性が革命運動にいのちを投げだすのが、痛々しいと思った。そして、二人の運命が、悲劇の幕で覆われていくように思えたのだ。二人が離れないで生きていくことができたのは、まちがいなく、このとき裕さんが革命軍に移籍したことによって可能になった。裕さんの判断と行動が、二人の運命を決めた。まさに、この裕さんの三つの選択が、二人の人生の序奏になっている。

革命運動も、すべての物事と同じく、やるべきことをやっていく運動だ。そして、どんな犠牲を払っても、やるべきことをやっていく人間が主導権を握っていく。革命運動は、政治なんだけど軍事の比重が大きいところが特殊なのかもしれない。でも、ここが鬼門だ。

妹おすみに言わせると、「高田家の家訓は、第一に生き残ることであり、第二に勝たないこと」なのだそうだ。なぜ、そんなことが家訓になっているのか、なぜ、それを母が語るのか知らないのだが、この母のセンスを武は好ましいと思う。妹が語るところによると、母が父と結婚したのは父への「同情」なのだそうだ。招集で中国大陸へ渡った父は、なぜ母に同情されたのだろう。あの戦争で骨を折られ魂を抜かれたのだろうか。四二歳で逝った父とは、きちんとはなしをする機会はなかった。少年時代も、説教めいたことは、一度も言われたことがない。結局、武の生き方は、母のいう家訓のとおりなのだと思う。生き延びる、だが、相手を倒さないという。「倒さない」、これは、「争わない」ということになる。本州の北端縄文の蝦夷（えぞ）津軽が、弥生と混合する歴史の流れをうけ、中央に対して蝦夷（えみし）として生き残る精神文化が「争わない」だというのだ。蝦夷として中央からの征伐を迎え、その蝦夷征伐の抑圧と差別を腹に飲み込んで黙って従う。倒さない、死なないで生きる、弥生に対する縄文の精神、弥生以降の文化に対比される古層の精神文化、それが母の精神文化なのだという。古層文化の意義を語る人が、弥生以降の文化は天の思想で、縄文の産土の文化と違い、「共に生きる」ではなく、「たたかう」という欧米的な文化に立っていて、日本の保守は「たたかう弥生の文化からものを語る」と、縄文と弥生の違いを説明している。母の意識構造をみると、日本の保守思想とちがう古層の気配を感じる。武の精神構造も、わかるような気がする。深読みすれば、「和やあわれみ」は、安倍総理にはなく、武の方が身につけているようだ。だから「あの革共同とも争わなかった」。そして、武は、裕さんの同情・優しさを存分に受けた。母に同情された父と同じなのかも。

革命のために我慢せねば……。世間でセクハラは糾弾されているが、革共同のなかでは告発されない。「どんな犠牲をはらっても革命の利益を守る」これが組織指導の基準だ。この基準を客観的にみれば、個人の問題としては、逆立ちがハッキリ見える。だが、政治の世界では見えにくい。テロと同じように、「やむを得ない暴力」とか、「必要悪」というようなくくり方をして、勝利のためには毒も飲み込むとなり、非道も、暴力も、犠牲も、やむをえないものとなる。自分に起こったことも「やむを得ない」ことにされ、悩むことになる。「暴露することじゃない、墓場まで持っていくんだ」と言われ、組織的にはなにごともなかったことにされて、涙をのんだという話しがたくさんあるらしい。裕さんも、悩んだ。

武には、気になっていることがあって、告白された四カ月後の家族面会のとき、裕さんに「あれは、オレに責任があるんだ」といったことがあった。でも、その中身をちゃんと裕さんに話したことはなかった。裕さんは、テラスのベッドに横たわるようになって、「ターちゃんは、『オレに責任がある』って、言ったことがあったよね」と言った。武は「うん、……」といったが、裕さんは、その話しを求めなかった。話さなかったが、武が気になっていたのは、上に立つものがどんなレターも点検していたからだ。武のレポートは発信する時に微妙な言葉遣いまでチェックされ削除された。組織がやることはどのキャップもやる。武が裕さんへ書いたレターも、裕さんのキャップは、読んでいた。武が、『四季の歌』を、官能的な詩に読み替えてラブレターに入れて送ったからだ。裕さんから話を聞いたとき、「Tを刺激した」と直感した。ターの遊びが、Tに火をつけたにちがいない。ターが甘かったんだ。ターの責任さ、ゴメンナサイ、裕さん。

武の記憶のなかでは、武が二〇〇〇年に浮上して横浜に出てきたとき、その直前まで裕さんが一緒に住んでいた雪音さんが、大蔵の欲望のはけ口にされた女性だった。大蔵は、この問題で女性から告発され、前進社で査問をうけ、脱走した。大蔵の処理がやっかいだから、あえて逃亡の隙を与えたのかもしれない。武が、裕さんからこの査問と脱走にまつわる話を聞いたのは、浮上する一年ほど前の最後の家族面会のときだ。この話を聞いたとき武は、ため息ばかり出て朝までまったく眠れず、裕さんを心配させた。革命的人間とはなにか、革命的組織とはなにか、欲望とは、理性とは、何か、一般論としては、答えのない問を、自問自答していた。最後的に人間の理性というものへの信頼、革共同というものへの確信が崩れていったのか。そして、一五年後、岸と水谷によって、秋山が組織のカネを数億とつぎ込み、女性の下へ、飛行機で通っていたことが暴露された。革命軍のボス秋山、その番頭大蔵。武の中では、なにも、おどろくものはなかった。

・「彼女は、玉の輿を逃した」

岸と水谷の名前を出したので、つけ加えておくと、この二人が武に二〇〇一年の末に、「白井問題について文章を書け」、と言ってきたとき、武は知らなかったのだが、彼らは政治局員だったらしい。その政治局員が、「いいよ。書くよ。それを『前進』に載せてよ。載せれば書くよ！」と、武に言われたら、「載せるから、書け！」とは言えなかった。逆説的だが、「高田に白井について文書を書かせ証拠にして、組織から追放する」と、筋立てしていた人間が、それも最高部署にいた人間が、良し悪しは別にして「いいよ、載せるから書け」と言えなかった。なさけない。「目的に責任をとれない」のだ。政治的対処ができないのだ。そこまで、個人も、組織も、政治的能力を失っていた。

岸は、二〇一七年の春、雪山で遭難したという。武は、悲しみも、哀れみの感情も湧かなかった。岸は、失踪する前に裕さんのことを顕さんに話している。裕さんの婚約者だったPさんがある専門業種の東京都の会長をしていると話して、「彼女は、玉の輿を逃した」と言ったという。裕さんにとって「優雅な暮らし」は棄ててきた世界だ。革命運動の指導部だった人間が、メンバーたちに革命に命を捧げよと要求した人間が、その戦いの対象であり、否定する生き方を、「手に入れ損なった！」と言う感性。たぶん岸は、あとさき考えないで本音を言ってしまったのだろう。しかも、自分が何を言ってしまったか、自分のナニをさらしてしまったかも、分っていないだろう。「玉の輿＝優雅な暮らし」を否定して戦い、革命運動にいのちをかけ、死んでいったものたちへの侮辱としては、これ以上のものはないにちがいない。岸にとって本音の、「よき結婚」は優雅なくらしなのだ。彼も、革共同中央も、貧富に関わりなく、この世に、愛とか、人を信頼したり、思いやったりするということがあることを決して信じていない。もっと言えば、人間というものも知らないし、人間らしく生きるということも、生きていくための力がどこから湧いてくるかということも知らないのだ。貧しくても、いや貧富に関わりなく、生きていく力を生みだしていく「もの」があることを知らないのだ。その岸と水谷が出した本で、彼らは「自分たちこそ、革共同の正統な政治局指導部」だと言っている。「玉の輿」という、これほど、みっともない思想を語る左翼男を見たことがない。

裕さんが革命運動を選択しなかったら、望めば玉の輿のような人生を送くれていたことはハッキリしている。裕さんは、人間らしく生きる道として、「玉の輿」ではなく革命運動を選んだのだ。彼女は、自分が選択した現実を前に、あり得たかも知れない別な人生、「棄てた玉の輿」とか、プロのピアニストになろうとしたとか、そんなことを話題にしたことがない。二人の生きた現実は、「働けるうちは生きていけるよ」とか、「汗かくことは、生きる力をもらうことだ」という世界だ。裕さんが生きた主な旋律は「おもいやり」であった。裕さんが最後に言った「わが人生に悔いなし、幸せであった」という言葉には悔恨の気配もない。とくに、武が「破綻していた一五年の潜伏生活」を凌げたのは、裕さんに悲しみや悩みの気配もなかったからだ。革命運動について、なにか、確信を持って言えることはないが、二人の四一年間の生き方のことならいえる。裕さんの生き方、その姿は、秋山の数億単位の放蕩や岸や水谷やが「心に玉の輿を秘めている」虚しき人生とは対局だ。「玉の輿」を棄て「人間解放」と言いなした、たたかいを自分の生き方として、幸せだったといえるまでに、肯定していた。そこでの辛苦は辛苦ではなかった。辛苦を凌ぐこと、もっといえば、辛苦からの解放でもない、その辛さと葛藤していくことが、「幸せだったと言える生き方」だった。玉の輿は、「逃がした」のではなく、「棄てた」のだ。岸がろくに考えもしないでいっていることだから、逆に、そこに人間の素が、業のようなものが表れ、思想の化けの皮がはがれる。彼に命を預けたメンバーはみな、革命運動を選択し人生を賭けていたのだ。その運動を仕切る人間が、メンバーの人生にも、運動の帰趨にも、まるで責任を持っていないことを吐露したのだ。こんな奴が、革命を、か。ちょっと、力んでしまったね、裕さん。

いきなり殴りつけた、岸という男。面白いのか、おかしいのか、人間関係というものは、意味あるものだ。限られた人間関係の世界にいながら、岸とは、個人的に話したことはない。初めての遭遇は、例の社防が始まったときの、「いきなりの殴打」だ。二度目は、三〇年近くたってからの、追放の口実にする「白井のことを書け」だった。本社に足を踏み入れた最初と、本社から追われる最後の、わずか二回の関わりになる。その間、すれ違っても、目を合わせることがない。武が浮上したとき反軍の責任者だった小多さんは、岸が、運転手付きの乗用車で三里塚闘争の現地に入り、あらかじめ仕入れていた雨具を闘争参加者に高く売りつけてサヤ稼ぎをしていたと、「岸という男の尊大さ」「岸という人間の金銭感覚」を話してくれた。武と岸の感性の違いが、磁石のように反発していたのだ。

岸は、雪山で失踪する前に、顕さんに武のことも話している。「あいつは、危ない奴だ」と言ったという。「曲者」ってことになるか。政治という世界で生きてきた武には、彼の言う「危ない奴」という言葉の雰囲気が分る。でも、武にそんな「何かを、なせる」才覚はないから、これは不相応な「褒め言葉」でしかないのだが。だが、それにしても、岸も、水谷も、秋山も、大蔵も、Tも、善意でコミュニズムに関わった人間だ。そうでないという説もあるけど、それは置いておいて。それが、運動のなかで、なぜ、人間性を失うのだろう。なぜ、欲望と理性のバランスを失うのか。権力というものの、組織という閉鎖した上下関係のなかでの、権力の美味しさと魔力に足をすくわれている。そんな革命家も、セクハラ官僚も、五歳の子を餓死させる父親も、同じようなものだ。

・戦いに負けて、生き残って

裕さん。

ベトナム戦争とパリ五月革命のなかで、ビートルズを聴き日比谷を抜ける学生デモを見ながら、どんな人生を生きるか考えていたあなたの高校時代。学生運動に飛び込み、そして共産主義社会の実現をもとめて反戦派労働運動の中へ。さらに、激しくなる党派闘争の中で、好いた男と生きるために武装闘争へ。その非公然組織のなかでのおぞましい性暴力。そして、岩手爆取りでの逮捕と八年間の拘置所ぐらし、一五年間の裁判闘争。

一九六二年、武は、横浜大桟橋の大型貨物船の荷役作業のなかにいた。武と同じ一九三八年生まれの堀江謙一がヨットで太平洋を単独で横断したニュースを、甲板の上で聞いていた。その時武の頭をかすめたのは、なにをするのか、どう生きるかを決める、堀江と武の境遇のちがいのことだ。「境遇」のちがい。これこそ、今も憎悪と抗争を生む社会が抱える根底的なテーマにちがいない。古代の人間たちの集落は、その構成員が一五〇人程度になると分裂するらしいが、蓄えができて、暮らしに「安定」がもたらされるようになると、集団の規模が増大する。それでも、境遇のちがいが出てくるまでは、ゆっくりとした時が必要であったにちがいない。「安定と境遇の差異」とは絡み合って織りなされ「憎悪と抗争」を生みだしながら、文明が進んでいく。武の運動も堀江の冒険も、やっていることは、「命がけの冒険」のような面があるのだが、堀江は誰に何に想いをつなげているのか、武は誰に何に想いをつなげているのか。つなげる世界がまるで違っていく。

裕さんは、あちらの境遇からやってきて、堀江とはまるでちがうものに想いをつなげて生きてきた。裕さんも武も、運動のなかで四〇年余り生きてきて、人への想いを社会的に実現することはできなかった。二十世紀を刻んだ戦争と革命の歴史のなかで、社会主義という人類の叡智が潰えたように見える。でも人間の「憎悪と抗争」の溝はますます深まり、ごく普通に暮らしている人がいきなりテロの犠牲になる。グローバル経済が第三ステージに入ったといわれるなかで、難民となった、とくに年端もいかない子どもたちは、自分の運命をどう受け止めればいいのか、誰にも答えられなくなった。納得できない苦悩と悲劇がつづいている。

人間の運命に関わろうとした二人の個人史の幕切れは、革命組織からの追放だった。堀江は、自己に想いをつなげていたのかも知れない。武も、自分に想いをつなげるものを持っている。人類史のなかで社会主義運動がどう位置づくかはしらないが、二人の中では、「運動は敗北した」。そして、二人とも、運動に関わった多くの人と同じように関わったことを後悔していない。すべてがきれいに決められていたわけではないが、紆余曲折しながらも自分を失わずにやってこられたことを「よし」とすることができる。「よし」の核心は、革共同という組織とのあつれきがあっても、自分を失わず、「自分の感性」を貫けていて、そこに二人とも肯定感を持てているからだろう。でも、悲しいかな、自分というものを持てなくなった人間がいる。

前進社の水谷の部屋で、彼が「いや、革共同は絶対に正しい。革共同は無謬だ」と言うので、武は「無謬、無謬って、お前は、バカじゃないか、人間のやっていることに絶対なんてあるもんか」と言って、彼の部屋を出た。革共同にいた四〇年間、封印した「バカ」という言葉を政治局員にたいして使うことになる哀しさ。意に従わない者を「白井主義」と言って排除するということでいえばスターリンの大粛正と変わらない。人間ならそこまではやらないだろうという道義を越えることでいえば、ヒトラーと変わらないし、自分のことだけを考え人の道を踏みにじるトランプやポピュリズムと変わらない。ただ、革共同の影響範囲が世界に及ぶことなく、立ち回るステージが限られたものだったのでなによりなのだ。だが、個々の人間が受けたキズは、強制収容所（ラーゲリ）であろうと、ガス室であろうと、前進社であろうと、変わらない。

政治というものの暴力性。スターリンだろうと、ヒトラーだろうと、前進社だろうと、ケネディを殺すアメリカ政治であろうと、共通するのは、すなわち「変わらない」のは、政治というものの暴力性だ。そんな「変わらない暴力」を振るう人間たちが相手だったからか、その関わりから「追放」されても、悲しみも、憎しみも、湧いてこない。自分に返ってくるのは、信頼を踏みにじる「感性」、それを正当化する「理性や理念」というものへの嫌悪、「科学的」という名のつくものへの、情けなさだ。そういう意味では、「男女を産み分ける」に至っているような、最先端技術を切り開いている学者たちへの、情けなさも同じものだ。こうして語ってくると、「自由」をかたる「者」ほど情けないヤツは居ない。愛にも、生きることにも、生きる力を生みだすものがある。だから、愛にも生命にも自由はない。人間がつくりだしていく観念というものへの「情けなさ」がつのってくるのだが、裕さんは、「情けない」なんて一度も口にしなかった。「わが人生に悔いなし」。幸せだった」と、ひと言で締めくくっている。武も、「情けない」と思えば思うのだが、まあ、それも、言葉を交わしたことのある政治的人間たちへの「あいさつ」のようなもの。人間の因果や宿命を考え、「悔いなし！」でいいのさ。そして、難民の子どもたちや親に殺される子どもたちには「うしろめたさ」を抱いて生きていく。なぜって、オレは、今、ちゃんとめしを食えているから。それも、「いま、ここにある食材で、薪火と発酵食材を使う素朴な味で、縄文の人たちが食べていたような食べ物に魂が重なるような」超贅沢な手作り料理を食べているから。

裕さん、二人が隠棲して信州に来たのは、大正解だったと思うよ。ここで、汗かく楽しみを知ったことは、人生最高の収穫であり、二人の人生の中で三度目の大きな感動だったと思っている。一度目は、裕さんと出会だ。裕さんは夏になると北アルプスの山の中で過ごし、武は、北海道の自然の中でのびのびと過ごしていた。これが二人の魂のよりどころなんだと思う。裕さんと出会い、いろんなことがあって、それでも二人がなんとか生きていることが、いつも不思議だったよね。そして、二度目の感動。それは、お互いに生きて再開を果たしたこと。一九八六年から二〇〇〇年までの間、いつも、明日のことは分らなかった。もう一度会えるという保障はどこにもなかったから。そして、三度目、組織から追放されてからの婆婆暮らしは、二人の人生の付録みたいな感じだけど、生きる楽しみを知った。地方で暮らすしかすべがないことが分って、信州暮らしになった。それが感動になるとは、……。それが、かとうさんのような山暮らしの先輩もいて、新しいページが開かれ、生きることが楽しみになり、「あるがままの自分を大切に!」という魔法のような言葉をもらって、二人の人生を総括するキーワードになった。昔なら「刹那主義」って言って、即座に否定してきた言葉だ。

・家族か、個か

「孫といるときが、一番幸せだ」。書いたものを読んだのではなく、誰かから聞いたことだと思うが、岸が「孫といるときが、一番幸せだ」といって運動会の写真を撮って持っていたという。この話を知ったのは、彼が遭難して消息不明になる半年か、一年ほど前のことだった。『家族という病』を書いた下重暁子という人は、世のじいさんばあさんが「孫と一緒にいるときが一番幸せだ」なんて、嘆かわしいことを言うような生き方をするな、といっている。岸は、無防備にも本音を言ったのだ。いろんな意味で岸のこの「幸せ感」は、本物だと思う。だが、よく言えたものだ。彼の指導下にあったメンバーたちが、結婚にも、家族にも、市民生活にも無縁にさせられて、時に命を失い、また奪われるような活動をさせられていた。それが「われわれの歴史」であって、まだ過去のことになっていない。総括もされていないし、終わっていないのだ。この「われわれの歴史」を見れば、それを命じた者として、口が裂けても言ってはならないことだとは、彼は思いもよらないことなのだ。

　岸が、「玉の輿」と同じように自覚もせずに、無意識に言ったことであっても、そして下重氏がいくら嘆こうが、その家族のつながりに「人間の幸せ」ということの、ひとつの真実があることに変わりない。ノーベル賞をもらうことが、一〇〇メートルを最速で走ることが、巨万の富を築くことが、美女美男の冒険ロマンとか、それが幸せだと思う人もいる。下重氏なら、書いた本がたくさん売れて才能が評価されることが幸せなのかも知れない。下重氏は、「仲の良い家族と思われたいというのは、悲しい生き方だ。やっと手に入れた『個』を大切にしなきゃいけない。そのために経済力を身につけなきゃいけない」といっている。「個に生きること」が最高の幸せだという。能力のある人は羨ましい。また、「連れ合いを『連れ合い』と言い、『主人』とは言わない。お互いに独立採算制で、買い物は分担し、自分の将来は自分でペイし、自分で自分を養い、連れ合いをあてにしない。経済力がなければ自由はないから」と言っている。彼女のように、才能があって、経済力をもち、誰にも拘束されず自由に生きられることが、幸せだと思う人もいる。この社会は、能力ある人が、学問でも経済でも政治でも軍事でも力を得るようにできている。能力のある人が、やりたいことができるようになっている。「自由」と「個の実現」という時代の価値観が、この能力の実現、社会的成功に、お墨付をあたえている。

　このような下重氏の観点に立てば、夫を支え、家事を賄い、子どもを一人前に育ててきたかつての「主婦」たちには、「真の幸福」なんてなかったことになる。だから、彼女は、彼女のお母さんが医者や学者になった兄弟よりも頭が良くて、その希な才能を生かさなかった生き方を、自分は母のようには生きないと否定し、のりこえる対象としている。下重氏と彼女のお母さんの「生き方」のちがいは、お母さんが家族という身内のために生きて幸せを感じているのに対して、彼女は自分のために生きていることに幸せを感じている。今でも「孫といるときが幸せだ」という人は、おおざっぱにいって七割位いるそうだ。今のじいさん、ばあさんが、そう思える最後の世代になるでしょう。身内という無償のきずなに生きがいを見いださず、自分のために生きることが「生きがい」だという時代になっているから。自分のために、自分の何かのために「だけ」生きていく時代になった。良い仕事をするとか、社会から高く評価されるとかという目に見えるもので自己肯定感を持つことになる。それでは、武のような「その他大勢」の凡庸な人間からみれば、自己肯定感も幸せも遠くなり、「輝けないのも、自己責任」と切り捨てられる。最近のことで、ラジオで語っていた女性作家が、「自己肯定なんか、なんの意味もない」と、ビジネス頭をつくる勝間和世風に語っていたけど。

・「非戦」の論理

ここを書いている二〇一八年三月二五日、森友、忖度、公文書改ざんに、潔さの気配も見せない安倍首相が逆に自民党大会で「憲法論議に決着つける」と改憲の攻勢。みたび戦争の道に踏み込むと宣言した。「戦わなければ命は守れない」という切迫状況をつくり、北朝鮮が身をかわしてみせたら、今度は中国が正面の的だという論理を学者たちがたてている。戦争の論理は自分を「守る（自衛）ために他人を殺す」ことだ。世界の自衛論を否定する「戦わないことが命を守ることになる」という非戦の道は、どこからも、誰からも示されていない。この「守るために戦う」という戦争の論理に立てば、非戦の立場はでてこない。世界はここで立ち止まっている。自民党はもとより、すべての野党も、国連も、みな、「自衛権」を御旗にしている。「守るために戦う」というところに立つ限り、三二〇〇万人の犠牲者があっても、被爆の悲しみがあっても、九条の非戦があっても、人類の破滅が予想されても、人類は永遠に戦いつづけ、非戦とは無縁になる。非戦の憲法をもった日本人が、なぜ、非戦のためにどうするかという手はずを、深めてこられなかったのだろう。

守るために殺さない、という道は。「国や民族や家族を守る」ために「敵を殺す」という戦争を、一人ひとりの個人が自分に引き寄せて考えたら、「他者を殺す」という「国が掲げた政治課題」を自分が引き受けることになる。他者を殺すことを自分の手で行うことになり、勇者になるか、戦犯になるか、PTSDになるか、戦死するかだ。「守るために殺す」のか、「守るために殺さない」のか。「守るために殺す」は、動物的自衛本能の次元にあるように思う。動物学の世界では、利己をこえて、利他と互恵の関係を作れるのは、人間だけらしい。ヒトの「考える力、理性」は、どちらで働くのか。この倫理的問題から国も政治家も学者も宗教者も、逃げている。

安倍総理の改憲論の先にあるのは、例えば「報復」ということにでもなれば、戦争への道を、国が音頭をとり、「民意」が後押し、それに全体が引きずられていくことになる。その瞬間、自衛権を前提にした反戦の論理は無力になり、被爆体験も非戦の憲法も意味を失う。

しかし、「報復」という大義のために戦争をするとなれば、自分は人を殺せるかという突きつけを受けることになる。国がやることだからといっても、悔恨は先に立たない。「人を殺すのか、殺さないのか」ということを、われわれは「一人ひとりの意志」として深めてこられなかった。「反戦・平和」という、もう戦争はしないということで、止まっていた。でも、「反戦・平和」は、一発のミサイルで吹き飛ぶ。戦争一般も、原理主義のテロも、新左翼の内ゲバも、人びとは意識で否定している。しかし、戦争や暴力を否定する「人びとの意識」は、一発のミサイルで吹き飛ぶ。国と国民をあげて「報復を」となったとき、すなわち個を超えて大義が掲げられるとき、抽象的な国や民族が頭をもたげ反戦は崩れる。あらためて問われていることは、一発のミサイルで吹き飛ぶ「民意一般」に自分の意志を委ねるのではないところで、人びと一人ひとりが「人を殺して生きるのか」という自問ではないだろうか。「世界が変わらなくても、国や民族の大義とちがっても、自分は人を殺さない」。これを、どうしたら形にできるか、ではないだろうか。それはまた、八〇年前、一五年戦争の最中に吉野源三郎氏が『君たちは、どう生きるか』と問うたことではないだろうか。

最近の情報では、原人の誕生が三〇〇万年から五〇万年前で、現人類の誕生は、わずかに四万年前だという。縄文時代の始まりが一万四〇〇〇年前。縄文時代が一万年つづいたともいわれているが、農耕牧畜のはじまりが一万一〇〇〇年前だという。金属（青銅）の発明が八～五〇〇〇年前で、その間に六〇〇〇年前から文明都市国家がはじまり、国家間戦争が起こり、条約や法典もつくられ、文字も通貨もつくられ、今につづいているという。

暮らしの痕跡が残る一万五千年前に比べ、文明がひらけてからの八千年に比べ、ザンギリ頭になった維新で身分制から解放されてから、わずかに一五〇年しか経っていない。その中間が第二次世界戦争で日本が敗北した一九四五年だ。この、戦後からの、わずかに七〇数年の間に、核兵器だのAI兵器だの、環境破壊だのと、現代人は戦争と破壊以外の道を知らないかのようだ。そして今、地球上の生命が六回目の絶滅期に入り、しかも、その絶滅のテンポが急速に速まっているという。平凡な暮らしのなかで、身内のささやかな幸せを感じている人びとも、豊かになりたいとトランプを支持する人も、科学技術開発にしのぎを削る企業も学者も、人も、暮らしも、人間の社会は急速な終わりに近づいているという。畏れるものを知らないＡＩと核戦争と環境破壊で、その破滅が一挙に現実になるいわれている。破滅を速めているというなら、人間の考える力、知能とか、理性とかというものは何だったのか、知能が徒になっているという、大いなる矛盾なのか。だったらと、武は思う。あと一〇〇年持つかどうかわからない人類の未来を前に、もう一度戦争をやって日本民族の素晴らしさを取り戻すなんて考えるよりも、国民すべてにベーシックインカムを導入して、一世帯に一万円の拠出をしてもらい北朝鮮支援に全力で取り組んで、中国にも両手を広げた完全非武装、非戦の政治を展開して、世界に九条の意味を問うたらいい、と思う。「戦争か、一万円出すか」と国民投票をしてみたらいい。

レーニンと人間の理性。人間の考える力、知能が徒か、って書いたのは、二人が関わった「社会主義運動」についても「頭でやった運動」と考えているからだ。社会主義運動は「人間の自由と解放」を掲げて、一九世紀の後半から二〇世紀を通してたたかわれた「人類最高の理想」の運動であることは確かだ。武には、社会主義の理念には「人間の叡智」が結晶していると思っていた。その思いに、いまでも変わりはない。

これを書いている二〇一七年の暮れで、一九一七年のロシア「一〇月革命」から、一〇〇年経っている。天才的な政治指導者であったレーニンの存在なしにロシア革命の勝利はなかった。革命の生みの苦しみであった内戦期を皮切りに、戦時共産主義時代から新経済政策への転換とボルシェヴィキの一党独裁体制を確立していく時代は、旧政権とその勢力、対立する政敵との血みどろのたたかいであった。レーニンは、苛烈で冷徹な秘密指令による政敵への殺りくを徹底して展開した。レーニンが狙撃され執務ができなくなると、計画的にレーニンを政権から遠ざけたスターリンが書記長になった。スターリンは、革命以前からの古いボルシェヴィキ党員のほとんどを「粛正」し、中央委員などの組織の機関要員を次々と処分した。活動家や市民も、殺害や強制収容所へ送られていった。一九九一年にソビエト連邦共和国がゴルバチョフの幕引きによって崩壊するまでの七四年間、ソ連の誕生と体制の継続を支えたのは「暴力」だった。革命政権を誕生させる時は「生みの苦しみ」といい、また政敵を反革命として殺害していく時は革命を守る「やむを得ない暴力、犠牲」といって、暴力が「さけられないもの」とされ、「不可避な、必要悪」とされた。

・「やむを得ない暴力」なのか？

ロシア革命を「私の革命」と謳った詩人マヤコフスキーが「ブルジョア的腐敗だ」と批判されてピストル自殺した。『巨匠とマルガリータ』を書いたブルガーコフはスターリンの六〇歳を祝う戯曲を頼まれて書いたのに、スターリンの若いころにふれ、否応なしに彼の二重スパイ問題の暗部が織り込まれることになることから、上演禁止になった。彼はそのショックで死んでいる。スターリンの二重スパイ問題は、絶対的なタブーであり、スターリンの大粛正の隠れた理由が、そのことを知っているオールドボルシェヴィキを一掃することにあったといわれている。映画『イワン雷帝』をつくったエイゼンシュテインは、スターリンの絶賛をあびて、二部目を制作した。だが、この二部で、イワン雷帝を悩める人間として描いたことがスターリンの逆鱗に触れることになり上映されなかった。スターリンは、イワン雷帝を師と仰いで心酔していて、政権に就くものはマキャベリの言葉「愛されるよりも恐れられる者」であらねばならないと信じていたらしく、ハムレットのような軟弱な悩めるイワン雷帝など許されなかったのだという。エイゼンシュテインは、その二年後、予定していた三部目は作れずに、わずか五〇歳で死んでいる。憤死というほかないように見える。

一九九七年にモスクワ放送が伝えた旧ソ連時代の政治的犠牲者の数がある。ソビエト体制時代に「六二〇〇万人が殺害され、四〇〇〇万人がラーゲリで死んだ」、その内訳になるのか、「レーニンは国内戦で四〇〇〇万人の、スターリンは一二六〇万人の命を奪った」と。「レーニンなしにロシア革命はありえなかった」ことは確かで、またその「革命が暴力によってしか維持されなかった」ことも確かなこと。敗戦時までの日本人の戦争犠牲者は三二〇万人、その二〇倍以上、日本の国民の約半数がロシア革命の犠牲者なのだ。「ロシア革命は暴力に彩られ、レーニンは『血塗られた神』であった」と言われてもしかたない。

イギリスのチャーチルは、「ロシアの最大の不幸は、レーニンが生まれたことだ。第二の不幸は、レーニンが死んだことだ」といったそうだ。レーニンは、革命の翌年一八年にエスエル左派の狙撃を受け、その身体的ダメージを引きずり一九二四年に死んでいる。チャーチルの言う「ロシアの不幸」について、亀井郁夫氏は「レーニンの優れた知能があってロシア革命が成し遂げられた。また、彼と彼の革命が生みだしたロシアの厄害に責任を取れるのは、レーニンにしかできないのに、そのチャンスが与えられなかったのはロシアの不幸だ」と語っている。

レーニンがロシアに生まれた事実は変えられない。レーニンとロシア民衆が、貧困と呪縛からの人間の解放をかけて遅れたロシア帝国の転覆に挑戦し、成就したのも事実である。レーニンの頭脳と卓越した指導なしにロシア革命はあり得なかったし、誕生した社会主義の維持のために六千万人を超える虐殺、犠牲者をだしたロシアの不幸も事実。その責任がレーニンにあるのも事実だ。社会主義革命という人類の理性をかけた二〇世紀の実験が、レーニンの早世によって、その理想と厄害の責任をとるチャンスをもてなかったことは、ソビエトロシアの不幸にとどまらず、人類の不幸でもあった、と武は受け止めている。

革命の原罪「夢想と暴力」。ドストエフスキーは、社会主義革命を「神なしに建てられるバベルの塔」のように、傲慢な試みだ、と批判していたという。理想社会の建設を試みたことは、傲慢不遜なことだというのだ。人間をその欲望から解き放つような、人間をその貧窮から解放するような挑戦は、無謀だというのか、しかも、社会革命は、政治的対立を暴力によって止揚することなしには、貫けない。「欲望の否定と無制約の暴力行使」という二重の原罪を犯しているというのか。

社会主義の政治も、北朝鮮のミサイルを巡る北朝鮮と日米の政治も、内にも外にも「目には目を」の政治である。政治の本質は、暴力による屈服の強制である。革命ロシアの成立とその維持は、血塗られた粛正や強制収容所送りなしには、あり得ない。資本主義的生産が欲望を解放し、欲望を原動力にして推進されているのに対して、社会主義は欲望を否認する体系だ。たぶん、これを社会に飲ませようとすると、いろんな問題が起こってきて難しくなる。能力だの、個性だの、創造だのと、ありとあらゆる問題が、そしてかつて神を否定したときのように「人間の自由」の欲求が噴出してくることになる。そんな人間の声を抑えて、体制を維持しようとするなら『１９８４』型の暴力の発動なしにはありえないのだろう。人類を後戻りさせることはできないし、人間を社会的に解脱させることもできないのだから。自由の蜜を知った人間に資本主義ほど居心地の良いものはない。

「レーニンによる暴力支配なしに、ソ連の存続はできなかった」。これは、真実だ。つまり「避けがたい罪・理性の罪・暴力という原罪」を犯すいがいにない、ということになる。社会主義革命とは、自らを神に高め、人間の業のようなものに挑戦する原罪なのか。中国の市場経済への回帰を見れば、そんなものだったのかもしれないと思う。ゴルバチョフは、その体制転換を「無血の革命」で終わらせた。暴力を発動すれば、あの体制を維持することもできたのに、ゴルバチョフはその道をとらなかった、といわれている。暴力を発動せず、体制が崩壊し、落ち着くように着地する流れに任せたゴルバチョフ。無血で市場経済に軟着陸させた「体制変革」なのに、奇跡のように誰も犠牲者がでなかった。理想社会、疎外労働と貧困なき平等社会、「真の自由」という夢の建設を放棄させたゴルバチョフ。彼は、なぜ、それでいいと判断し、それができたのか。政治改革と情報公開だ。ソ連の指導者のなかで、「スターリンの誤りの元凶はレーニンにある」と言い切って、神格化された偶像を引き下ろしレーニンのありのままを語ったのは彼だけである。革命を、神の領域、人間の在りようを犯す「原罪」であると認識し、だから、反暴力を、暴力の止揚＝「無血」を貫いた、とみることはできる。さらに、そこに人の道、「贖罪」をみるのは、武だけだろうか。武の世界では、理想のための革命、その実践である革命戦争＝内ゲバ、その「贖罪」としての暴力の止揚。すなわち、人道への原点回帰としての非戦＝非暴力として見える。非戦は、安倍戦争政治を前に、国にそれがなせずとも、とりあえず、個人ならできる。

理想社会の建設、それは、神でもない人間にはできないんだよ。無理矢理、理想の体制をつくろうとしても、地に足ついていない暴力をいくら振るっても、あるべきものにはならず、瓦解するんだよ、ということなのだろう。二〇世紀、「人間の理想」に挑戦したレーニンとロシア人民、暴力に血塗られた「社会主義革命」の幕を、ゴルバチョフが引いた。日本のわが新左翼運動も、一九六八年チェコに攻め込んだ「スターリン主義を、反革命をのりこえる」といいなして、そこに青雲の思いを投げ入れた。だが、わが革命的左翼の革命運動も、ソ連と同じように血の道を歩み、しかも、政治権力には遙かに遠かった。これが、腑に落ちる武の認識になっている。

・はじき出された二人の、物語が残った

裕さん。武が家族を棄てて上京したとき、漠然とだが、武の肩を押していた言葉は、「男、何ごとかを為さんとするなら、女、子どものことを考えるな」だった。そして四〇年、「何かを、為す」という思いの、世界史への挑戦は、多数の命を奪いながら「なにごと」もなしえなかった。ただ、それは、「女と男」の四二年間の物語となって残った。

日比谷時代の友人「ベルのメール」（一三・七・一二付）

高田さん、お手紙ありがとうございました。こんな風に私たちがお手紙で、メールで、やりとりをしていることを知ったら、オクちゃんはどんな顔をするでしょうか。なんて思ったらちょっと可笑しくなりました。一〇月の集まりは、心あたたまる会だったことでしょうね。隣家の加藤さまには車で迎えに来ていただき、ご馳走になりながら、ろくにお礼も言えていないままです。どうか、よろしくお伝え下さい。

来週は懐かしいお友達が集まってくださるのですね。オクちゃんにも、高田さんにもありがたいことですね。

オクちゃんとは多感な高校時代をともに過ごしたものの、その後の人生は全く違う道を歩みました。私がうらやむような才能と環境に恵まれた彼女は、それに甘んじることなく弱者のために立ち上がりました。どんどん過激な活動に身を投じるようになり、私との距離は大きくなる一方でした。でも、会えばすぐ昔

の友達関係に戻るのは不思議なほどでした。オクちゃんがどんな活動に走ろうと、そして私はその活動に批判的なはずなのに、友達でありつづけたいと思ったのは、彼女の原点が純粋に、弱者の力になりたいと考えていたからです。

闘病のあいだ、私は全く力になれなかった。これは悔やんでも悔やみきれません。最後に間に合ったことだけが救いです。

「自分はいつも、世のため人のために生きた。悔いはない！」って言い切れるのは、ホントに羨ましいかぎりです。

でも、私はまだまだ話したいことがいっぱいあった。一緒にのんびり歩きたいところもあった。

だから、一年たっても、今でも悲しくてたまらないです。

高田さんの方がもっとずっと辛いですよね。

ごめんなさい。

いつか訪ねるつもりですが、一周忌にあたる命日は、離れた地で、あらためて冥福をお祈りすることとします。

二〇一三年七月一二日　　今井　鈴子

今井さんや原田さんたち、男性と女性三人ずつの日比谷のクラスメート六人が、丁寧な連絡をとってくれて、二〇一七年三月にわざわざ西多摩霊園まで、裕さんの墓参をしてくれた。

・多恵子さんのメールと追悼

富田多恵子さんが、二〇一七年の裕さんの命日にメールをくれた。

「裕子さんが亡くなって五年になるでしょうか?引っ越ししてからの四年はあっという間だけど、裕子さんが亡くなってからの五年は長い……不思議です。実際に会ったり、話した時間は短いのですけれど、時が経っても、裕子さんという人が、私のなかで積み重なっていきます。これまで出会ったことのない不思議な人なんだろうと思います。五年前に川浦さんとサニーに行ったことを思い出しています。」と。

ついでにもう一つ。多恵子さんがカラモリ会のかわら版に裕さんのことを悼んでくれた。

森に生きる

彼女はどんな時も、どんな人にも、相手と同じ目の高さで話ができる人だった。彼は彼女のことを「ただただ、素直な人だった」と言う。

二〇〇八年、彼の母を看取った後、それまでの生活に区切りをつけて望月の森の中での暮らしを選んだ。彼は七〇を過ぎてから木こりになり、彼女も障害のある人を支援する仕事を始める。二人で隠棲生活をおくるつもりだったのが、二人の魅力や生き方に共感した人たちが増えていく。彼と彼女の周りには人が集まる。わたしもその一人だった。

わたしたちが退職後に佐久へ家を造ることを決めた時、彼女は自分のことのように喜んでくれた。わたしは彼女の近くに住み、これまで以上に彼女を知ることができることを楽しみにしていた。しかし、彼女は病気になる。

二〇一二年初夏、病院での治療をやめて彼女は自宅へ戻った。最後の時間を森の自然に守られながら、生涯をかけて愛した人の傍で過ごすために。そして、「浅間山で待っているよ、探しに来てね」という言葉を残して旅立った。彼は、「わたしを先に行かせてね」という彼女との約束を守った。

彼女の残したノートの中に「何も言えなくて……夏」という走り書きが、いくつもある。一九九〇年代のJ-WALKの歌。若い頃にプロのピアニストを目指していたという彼女が、ショパンやモーツアルト、そしてビートルズと共にこの歌が好きだった意味を考える。そこで語られる一組の男女の話は、まさに彼女と彼の物語であり、その頃離れて暮らさなければならなかった彼への、ありったけの想いを感じてしまう。

彼女の名は、高田裕子。享年六二歳。優しくて、温かくて、強い人だった。時々、無性に彼女に会いたくなる。

富田多恵子

うしろめたさと了見の狭さで。多恵子さんは、「武さんは、薪取りでも、人に『ああせい、こうせい』と言わない人なのね」と言った。これは、武にとっては望外の褒め言葉だった。あそこで、身についてしまった常任風を吹かす生き方が嫌いで、アレコレ人に指示しないで、生きたかったから。かとうさんから、「人を批判しない高田さんは、信用できない」といわれた。これも、うれしかった。人を批判しない生き方が隠棲だった。この世界に責任なんか取れないから、人を批判することなんてできないと、ただそれだけの了見の狭さと識見のなさなのだが。

そしたら、先日、札幌へみきちゃんを見舞ったとき、おすみと厚君に「兄ちゃんは、『お坊ちゃま』だったよ」と、言われた。これは、新しいショックだった。このショック、まだ受け止め切れていない。この「お坊ちゃま」は、今、朝晩のメシがちゃんと食えることに、しかも好きなように手作りした料理を食べられていることに、完全な受動態で生きていることに感動している。シリアやロヒンギャの、年端もいかない難民の子どもたちに、うしろめたさを感じながら……、ちゃんと、食えるということも、傷つくことなんだよ。

でも、国はこんな男でも放っておいてくれない。納入しない介護保険料を強制差し押さえした。決して介護保険の世話にはならないからと、また年金はもとより収入がないとも、裕さんが残してくれたカネで生きているだけの、なくなったら死ぬ覚悟をした男の首つりを早めるような、足を引っ張るようなことはしないでくれと、手紙を書いた。でも、銀行預金から強引に差し押さえていった。

・やっていないことをやった、という言う自供の心理

武の潜伏生活の勝利は、組織が財政的に支えていて、すべてはその上でのことだ。裕さんが居なかったら、逆に事件になっていたかもしれない。心理的には、事件を起してでも状況を変えるしかなかった。殺人のレッテルを貼られようが、官許の拘束による苦労なら苦労でないからだ。全人民の解放だの、精神の昇華だの、コミュニズム的人間性だのと言っている「革命家」が、非公然の隠れアジトで、テーブルの前に包丁を置いて、「どっちが刺すかだ。遣りたかったらやっていい！」とは、何をどう考えたら言えるのか、理解できなかった。支援者から集めた三億円を懐に入れて女性を囲う秋山のような大それた勇気もないし。包丁で刺し合う意味も分らない。何か、理由があるなら意味を考えもするが、「お前はスパイだろう」とか、「お前らは、なぜ別れないんだ」とか。そんなこと、いくら言われてもオレが応えることでないからだ。飲み込めないクソッタレをまえに、それが八年もつづいた。

そうだ、思いだした。目の前に置かれた包丁に、最後は「そうです。私はスパイです」と言ったんだ。だから、冤罪なのに「自供する」人の心理や、連赤の査問とかで自己批判する、その心理が分るんだ。神の前の審問とかでも同じだと思うけど、「暴力の恐怖から逃れたい」というときの心理が。自分でスパイである理由を真剣に探すんだ。自分が、これなら信じられるという、理由を必死で考える。ドラマで、刑

事が語るストーリーを認めるように。武は、「あの交番で巡査と目が合ったのは、そうだ、あれがスパイということだ」、ということを思いついた。そういう理由を準備して、「はい、私はスパイでした」って言った。そしたら、彼は、黙って、包丁を片付けてしまった。それで、茶番は終わった。彼は狂気なんかじゃなくて、一線の感覚を失っていなかった。武は、彼が過剰なくらいな防衛感覚を持っていることを知っていた。だから、彼は、何のためにか暴力をもてあそんだのか。でも一方的な暴力を受ける方は、心理的駆け引きにつきあう余裕など持てないのだ。だから、事件にもなる。それにしても、「はい、私はスパイでした」と武が言った時の、奴の心理は何だったんだろう。「人間なんて弱いものだ、ウソでも何でも、認めちゃう」と思ったのかしらん。

それでも彼の暴力は終わらなかった。最後は「守り、守られる関係」を暴力的に破壊するしかなかった。武の「一五年、惨事なし」は、表に出なかっただけだ。浮上後も、その話はできなかった。裕さんが先立ってからも、「つぐみ」の勉強会がつづいていた。議論しようとほのめかしたが、「アジトの暴力は、特殊例外だよ」という言葉が返ってきて、「つぐみ」も終わった。

・オレが殺すか、アンタが殺すかしかない

特殊例外なのだろうか。一九九九年から翌年にかけての話だ。川浦さんが政治局を見限った事件があった。川浦さんは、神奈川の県委員会に所属していたとき、よど号がらみの入管関係の闘争として「八尾さんの裁判闘争を支援」していた。その川浦さんに政治局は、「八尾さん支援活動」から手を引かせようとした。八尾さんの裁判闘争をどう闘うかではなく、赤軍派をめぐる党派の都合だけで、裁判支援運動から川浦さんを外そうとして、彼を「反革命分子」「排外主義者」と決めつけた。

当然、川浦さんは、自分を反革命分子、排外主義者と決めつけ、「八尾さん支援活動をやめさせようとする政治局の方針に納得がいかない。言いなりにならない川浦さんに、政治局は「全面的自己批判」を要求した。川浦さんに、「政治局を代表して全面的な自己批判を求める」といってきたのは、入管戦線の全国的責任者であった在日の高山だ。しかし、高山は、「自己批判するか、しないか」という話しかしない。自己批判せよと言われても、運動から手を引けといわれても、自分の、どこが間違っているのかの議論もない。高山の話しは、はじめから「自己批判をするか、しないか」という「服従の強要」でしかなかった。

自己批判はできないという川浦さんに、高山は「じゃあ、どちらかが相手を殺すことによってしか解決しない」といった。ことの正否を、ヤクザまがいの決闘で決めようというのだ。アジア人民への戦争責任に、自らの血で償うという「血債の思想」に革命の核心を見る川浦さんは、「在日である高山」を絶対に殺すことはできないと思う。そうである以上、自分が死ぬしかないと…。解決できない悩みのゾーンに入った。

そして彼は、真面目に、まともに「鬱病」になった。政治局も組織も、病気になった川浦さんに、ひと言の励ましも、一銭の支援もしなかった。それが、内ゲバで最初に一四年間も下獄し誇るべき獄中闘争に勝利し運動に戻ってきた革命家川浦さんに対する革共同政治局の「もてなし」だった。川浦さんが自分の病気と格闘するようになってもう、二〇一八年で一九年になる。この長期の苦痛に追い込んだのは、「オレがアンタを殺すか、アンタがオレを殺すか、どちらかによってしか解決しない」という高山であり、高山にかく言わせた革共同政治局だ。同じことが、潜伏中のアジトでも包丁を、武の目の前に置いて行われた。このアジトの包丁も、高山の論理も、内ゲバの論理も、安倍さんの外交も、変わらない。革共同の政治思想も、戦争の論理も変わらない。殺るか、殺られるか、ということがあるだけだ。

埴谷雄高がいうように「政治は、あいつは敵だ、あいつを殺せ！」にゆきつく。政治とか、統治とかの暴力性の前には、理性も、革命的思想も、なにも役にたたない。

川浦さんは、自分を偽っていない。政治局の川浦批判の文書は、批判になっていない。正義も真実もない。「殺すか、殺されるかだ」なんて笑わせるわ。でも、川浦さんは笑わなかった。それが、信じるべき党から言われたからだ。こういうことは誰にでも降りかかる。信ずるべきオウムの麻原が「サリンをまけ」といった。ヒトラーがアイヒマンに「ユダヤ人をガス室へおくれ」といった。統治者安倍総理が「戦場へ行け」というとき、そのとき自分は、大義のために殺しをやるのか、という問題と同じなのだ。

なぜ、自分のことを他人（政治局）が決めるのか？信じるものから否定されるほど「辛い」ことはない。革共同は「なびかないヤツ」「使えないヤツ」となったら切り捨てる。ここが核心だと思う。考えるべきことは、次のことではないのか。「誤った」党の批判を「受け入れない自分」は、ダメなのか。いや、「受け入れない自分」でいいのか。これを、誰が決めるのか、ということ。「お前はダメだ」という党に、自分の肯定・否定を決めさせるのか。その党に、自分の運命を委ねるのか。「どっちが殺すかだ」といったときに、人の信念をもてあそぶ腐敗した党になったのだ。そんな党の判断を受け入れねばならぬ理由も、義理もない。自分の人生を委ねなくてもいい。偽らず、信じられる自分でいい。自分を必要とし、自分を信じてくれるところで生きていけばいい。理想の国、あるべき国のことはしらないけど、いま、そこで、自分を求めている人のなかで生きていけばいい。川浦さんは、ウツになりながらも、それでも、人に大切にされ、信頼され、多くの人たちを支えている。

・あの子とともに生きて

あの子が男と女の物語を立ち上げ、一緒に生きてきた。「いい女を見つけて、一生、離さずに暮らせよ」と映画「ミニミニ大作戦」の中のセリフ、この上なく率直に男の本音が語られる。「女、子どものことは考えるな」といわれても、生きることから異性が消えるわけではない。その「考えてはいけない、女」に救われることになった。何ごとかを為さんとして、なにごとも為しえなくて、為すべきところから追放されて。そんな人生に、男と女の物語が編まれていった。あれやこれやの、想いもよらない展開があって、自分の人生には予想もできない、自分の人生とは思えない、二人の物語になった。そんな二人の小さな物語は、現実ではなかったようにさえ思える。なにやら、おとぎ話のような、ファンタジーのような話なのだ。

四月の半ば、薪を割っていてトゲを刺す。トゲを抜こうにも延々三〇分、とげ抜きにも、針にもトゲの頭が引っかからない。指先で絞ると出るトゲの頭も指をはなして、とげ抜きをもつと、また頭が埋まってしまう。器用さだけでは手に負えない寂しさ。やむなく、岡田先生のところへ。先生も看護婦さんも、笑っている。

丸さんが『太平洋村通信』（一〇号）を送ってくれて、「辻潤が、〝働くことができない奴が、ああだの、こうだのと、別世界に逃げ込んでいくのだ〟と書いている」と。わざわざお見舞いに来てくれた僧侶の資格をとったお嬢さんに、「オレは、汗をかかない奴は嫌いなんだ」と言ってしまった。未熟な武。

かつて、男も女も、大地を耕し、大地の命と息吹を受けて辛さを忍んだ。いまや、どこでも、薪を割る風景は希なもの。「いいね、身も心も生き返るね」、散歩の人が声をかけ、武も手を休めてあいさつする。

集落の常会で、しめ縄を作り、蛍篭を作り、かの人の安否を気遣う。「コーヒーの粉は、小さじ軽く一杯でいいよ。みんな濃いのは飲めないから」と、支度を手伝わせてくれる。「新参者ですから…」「いいの。男なんじゃから前へ出なさい」と手招きされる。声あり「明日、忘年会だから、会社まで迎えに来て…」と頼まれる。「アンタは気兼ねのないひとだ。もうジャガイモ植えた？　五月になったらナスやキュウリ、トマトを植えるんだよ。よもぎ餅ついたら持っていくからね」。「丸太で薪小屋を作るの、手伝うよ。ピザ釜もつくろう。かがり火炊いて、皆で一緒にワイワイやろう」と言ってくれる。

「この薪ストーブ、くつろげますね」、配達に来て、集金に来て、みな、茶を飲んでいく。一〇年先は、目の前の田んぼが耕されているか、誰にもわからない。だが、みんな田がなくなると予感している。山あい、集落、古老たち、濃密なつながりを惜しむように、まなざしを交わしている。いま、ここに、あるがままで、着地していいといってもらえたようだ。

武は、八〇歳になった。

あとがき

二〇一一年の夏、川口顕さんが「われわれがやってきたことを、歴史の検証にかけよう。これから挑戦する人に、くみ取ってもらえるような、レッド・アーカイヴズをやろう」という。聞き取りをはじめたいという顕さんに問われて、二人が語りはじめた。しかし、まもなく、裕さんが他界した。他方で、大丸の店長依田さんに「なぜ隠棲なのか？　挫折って、どういうことか？」と問われていたし、富田多恵子さんにも「二人の人生は？」と聞かれていた。

顕さんから「『地下潜行／高田裕子のバラード』を、書いてよ」と言われた。彼女を悼む、彼女への感謝。わたしにとっての彼女の存在。それを思えば、書くのは「人の道」、「礼」かなと思えた。人に語るような人生でなかろうと、書く力がなかろうと、わたしは、裕さんに「ありがとう」というのがけじめのように思えた。

経たことを語っていくと、あいまいにしてきたことにも触れることになる。社会主義革命とは、自分たちの運動の成否は、人びとの未来は？　わたしの手に負えない領域ばかりだけど、何に関わり、何をやってきたのか、体験した事実なら話せる。なぜ、あんな風に上京したのか、なぜ、日共ではなく、新左翼だと思ったのか。なぜ、革命が勝利すると思ったか。どんな風に戦い、かつ、指名手配され、果ては、組織から追放されたのか？

書いていて、革命運動をやっていることと、「男と女のこと」が、並存している、いや一体のものになっていることに気がついた。ままごとみたいなものでも、二人の暮らしがあったのに、「男と女のこと」は自分には縁のないものにしていたし、生きることとは革命運動をやることであったのに、青かった四〇年に、二人の物語が寄り添ってくれている。世間の中に入り、普通に暮らしている人たちとふれ合った一〇年余り、彼女が先立ち、わたしは独りになった。自分の死を準備することに取りかかると、普通に暮らしている人たちにとってはごく当たり前のことであっても、踏み入らぬ領域であった男と女と、家族と、幸せということが、ひとつながりの意味のあることとして自分の前に顕れた。

『マルクス主義と民族理論　社会主義の挫折と再生』（白井朗著、社会評論社）で、「家族は人類の本質であり、脳発達の原動力でもあり、さらに幸福感の源泉であり、人間結合の基本単位である」（六一ページ）と書き、また、歴史は人間が生活を営むことからはじまり、それが世界史に登場するのは、民族という結合した姿になってからだ、と指摘している。白井さんの問題意識を「生活すること」に引き寄せて見ると、それは、このような生活や家族や民族の意義をマルクス以後の社会主義運動は捉えてくることができず、どちらかというと、否定すべきものとして見ていたということにある。

文明がすすめる家族解体や女性解放、人間的感性の喪失＝自然性の喪失の流れは、大多数の女性や男性を孤独においこみ、とりわけ弱きものにとっては生きることが難しくなり、身の安らぐところがなくなり、魂を漂流させるしかなくなる。これからの人間の、「孤独」という恐るべき苦悩の深まりに、モダンや合理性、自由や個の実現などという思想が、棹を差していく。

わたしは自分の人生のなかで、生活や家族のことを、意識においても現実においても、ひどく軽々に扱っていた。ところが、ふたりの物語に向き合ってみると、諦めたはずの「男と女」のことが、二人の人生のなかに、ちゃんとあることに驚いた。それを気づかせてくれたのは、信州に移住してわずか三年の

「森の中の暮らし」であり、何より彼女の存在に負うている。彼女がいてはじめて、何ほどかの人間らしい喜びを知ることになり、隠棲の決断や挫折をかみしめるのにふさわしかった。

数日前、地元の小学五年生男女一五人と先生や校長さんと一緒に、わたしも付き添いを頼まれて、故郷に語り継がれる神話に登場する里山に登った。「おれ、八回も転んじゃった！」、「わたし、大丈夫。頑張れるよ」と、おれも、わたしも、六時間の行程を踏破した。最後の二〇分、夕立のみそぎを受けながら、女性教師が一人の女子生徒の体を支え、わたしがもう一人の女子生徒の手を取って下った。女の子が、握り返す指先に力がこもっていた。その指先に、歩きぬこうとする一途さを感じながら、裕さんが「あっちへ行ったら、ちゃんと子育てしようね」と言ったことを思い出した。ふたりには「家族」がない。その欠落を、彼女は最後に口にした。社会の葛藤や矛盾に向き合って生きていかねばならぬ世の中なら、なおさら、生きる力の源泉である家族があってこそ、「なにが美しく、なにが仕合わせで、なにが喜びなのか」ということを知ることができる。

読んでもらえるような原稿にと、手を取り足を取り本気でぶつかってくれた川口顕さん、出版を引き受け、本になるように原稿を整えてくださった松田健二さん、拙著を読んでくださるみなさん、心から感謝しています。ありがとうございました。

なお、削った原稿（京浜協同劇団騒動記、ちた介護奮闘記、裕子闘病記）を別刷りにした「私家版三分冊」は、社会評論社で販売を取り扱っていただけることになりました。購読を希望される方は、社会評論社にお問い合わせ下さい。

解題　橋の下をたくさんの水が流れて

川口　顕

一九六一年から始まる武の物語は四〇年間の活動生活をカバーするドキュメントである。

その中には十五年間の潜伏生活＝非公然活動の後、再び革共同において活動再開する。その戦い抜く胆力には瞠目すべきものがある。

ところが、浮上後の現実は、既にセクト自体が変質してしまっていて、かつての六〇年代の「自由」な組織内議論は成立しない状況となっていた。

武は、時代に遅れたとも言える。

だがしかし、頑固に、六〇年代的な革命志向の広がりと自由な議論の作風を持ち続けることによって革命運動の原則的な立場が、明らかになることもある。ここが、奥浩平の物語と通底しているところである。

この本は、多面的、多方向的に現在の反権力闘争を志す人々へ送られる。一つ一つの選択局面で何を軸に考え、生きていくのかの指針ともなるだろう。

この本が書かれたもっとも大きな動機は、破防法によるでっち上げ指名手配への十五年間の反撃は、完全に勝利したと言うことである。

　ご承知のように、破防法という内乱罪に準じる国事犯＝国家転覆の志を持つ人士を根こそぎ、根絶やしにしてしまおうという法律によって、無実の身でありながら自衛隊に在籍したというだけのことで指名された逮捕状が司法機関から発行されたのである。

　破防法という法律は、国体への危機をもたらす、あるいはもたらす惧れのある党・組織に対して向けられた反革命の法律である。

　かつて、七〇年代に政治・歴史学者羽仁五郎が言った。

「支配者は、未来についての政策を持たない。人民大衆がいずれ国家機構そのもの・「国体」の変更、すなわち革命的決起に及ぶことを予知し、恐れ、これを防止することに腐心している。つまりこの国は『反革命』しか考えることがないのである」

　リベラルな戦後政治学者の直言は的中している。独占資本と一体化した国家権力は、
①「すべて国民は、健康で文化的な最低限度の生活を営む権利を有する」
②「すべての生活部面について、社会保障及び公衆衛生の向上及び増進に努めなければならない」（憲法二五条）
を実行できないばかりか、国民からどこまで収奪・搾取・抑圧できるかを優秀な官僚の頭脳で計量しているとしか思われない。

　七〇～八〇年代にかけて、日本の革命運動のイメージはひどく悪いものになっていった。おぞましくも醜悪な所業としてマスメディアは公安情報だけを流布した。比喩的に大きさを比べれば「象とカマキリ」

の争いのような、争いようのない絶対的な体力差を承知で革命を唱えることは「信心」に等しいとまで言われた。

こういう国家への反逆的な行動が「狂信者」によってではなく、市民・労働者によって支持された組織・セクトが推進し、かつ拡大していくことの危険性を国体の側が悟った瞬間に破防法が適用されて、革命を「破壊活動」と彼らの言葉で命名し、国民の目から運動自体を隠蔽し、運動の目的を知らせず、すべてを「破壊活動」のカテゴリーの中に矮小化していく過程であった。

五〇年の歳月が流れ、運動は沈滞し、どの組織・セクトも弱小化した。ソビエト連邦が崩壊し、ロシアに祖先返りしてしまった、つまりロシア革命の自己崩壊の事実は左翼運動にとって衝撃的な歴史ではあるが、「ソ連＝スターリン主義」規定よって出自の時からその革命のゆがみを指摘し、新たな共産主義運動を目指していたはずの「反スターリン主義」の運動は「反スターリン主義」によって何をあらたに創造して行くのかの道を踏み外し、自らが「スターリン主義」的組織となり、党内暴力・粛清の泥沼に堕ち込んだのであった。

「はじめからこういうことになるだろう、と予想していた」としたり顔で語ることも、「敗北、敗北」と大げさにいうことも「挫折」と落ち沈むことも意味がない。ワレワレ（この言葉はなつかしい）に残された義務は、この国は腐りきっても自分で自分を始末できないのであるから、これを打倒し、自由の空気を吸って新しい世界を創出していくことである。そのために失敗の数々を、悲劇の数々を、そして胸のすくような快進撃の時を、それを担った活動家の人生によって記録しておきたい、これが「レッド・アーカイヴズ」の本意である。

高田武と高田裕子の物語は、はじめは別々に準備されていた。

二〇〇八年に彼らが信州のサニーヴィレッジへ移住したあと、一一年に私がつれあいのけい子のリハビリ用として小屋をしつらえた。この年の夏、けい子の介護の合間をぬって高田小屋を訪れ、レッド・アーカイヴズ刊行会の計画を話し、裕子さんの説得にかかったが、なかなか承知してはくれなかった。爆取の裁判が進行中であったことも口が重い理由の一つだった。しかも、癌が発症してもなお、介護系の施設にジムニーで通勤していた。時間がなかった。説得というか、活字化することの意味などのやりとりをテープで録音できたのはわずか二回、二時間程度だった。一二年になると入院して腹水を抜くような段階に進行したために、取材どころではなくなってしまった。

七月のはじめ、私達は山荘へ移動してきて、すぐに高田小屋を訪れた。一階の居間にベッドがおかれ、裕子さんは西側のカラ松林への見晴らしが良い位置に横たわっていた。

「医者に見放された」と吐き捨てるように武さんが言ったのを思いだした。

「そうか、それで帰宅できたんだ」と私は内心では恐ろしい予感をもっていた。話はできないかも……とも思った。お土産に大きな白桃を持って行ったので、彼女に見せると「もう、何も食べられないの」と案外に元気な声で返事が返ってきた。

「このとろけるような香りを楽しんでもいいんじゃない」と私は白桃の産毛をぬぐって、手に持たせた。彼女は両手で桃を包むようにもって、顔のほうへ持っていき「いーい香り」とほほえんだ。

私は未練いっぱいで、「いろんな苦しかったことや、楽しかったことをもっと聞きたい」とつぶやくと、「もういいの、いい人生だったわ」とうっすらと笑みを浮かべた。

三日後に高田小屋をたずねると、彼女はもう骨壺に入っていた。

レッド・アーカイヴズ刊行の計画は「四巻シリーズ企画書」の形になるまでこれから三年かかった。武さんは裕子さんを失った痛手からなかなか回復できなかった。「薬を飲まないと眠れない」とも言っていた。私の方はひと夏かけて、テラスを二間×三間で自作してけい子の歩行リハビリ場にした。ところが、平衡感覚の衰えは進行していて、翌年の夏、歩行サークルごとテラスから落ちた。地面は厚い腐葉土なのでどこにも怪我はなかったが、恐怖心が残った。けい子は歩行サークルに触りもしなくなった。トイレに行くにも籐のイスに座ったままいざって行った。ここから急激に衰えた。

一方出版計画の実行段階に入ると、武さんは「聞き書き」ではなく自分で書くことに決めた。そうして、さらに三年かけて原稿を書き溜めていった。　第一草稿は一五〇〇枚になった。本にして二冊分の分量である。制作上の理由で半分にしなくてはならなかった。割愛した主な部分は、①劇団活動の中で生じた日共グループとのヘゲモニー争いであり、武さんを指導してきた脚本家、演出家たちとの葛藤の部分である。②八王子のマンション管理人時代に武さんの母親をひきとり、裕子さんが最後まで面倒を見た介護日記　③裕子さん自身が癌におかされ、最後まで「仕事をしなくちゃ」という一種の信念と癌の進行との苦闘の日々の記録である。

そのいずれもが彼らの生命力にあふれた営みを表現していた。しかし、いかにも長い。だが、惜しい。そこで、これらの文章を別刷りにして『私家版』として発行するとのことである。

二人の物語は、私小説風であるが、二人ともが革共同の職革であったから政治闘争の最前線に立って活動してきたことによって、運動のいろいろな局面で現在的な課題に直面していることがドキュメンタリーに記録されている。

裕子がレイプされた……雪音さんが凌辱された……

現代の革命運動はこういう卑俗な、男の性を自制させる倫理を持たなかった。かつて戦前の日本共産党は男性活動家にハウスキーパーと称して性的欲望の処理のための女性党員を配置した歴史があることは活動家ならだれでも知っており、それは「スターリン主義の非人間性」の要素として理解していたはずであった。彼らは不勉強だったからか、それもあるが、問題の本質は破防法によっていきりたっている公安警察、背後から襲いかかる革マル派という一種の極限状態のなかでの恐怖感をどこかで解決しなければならなくなった活動家の自暴的行為だった、とも見えるのである。「二度としません」と自己批判したところで彼女たちは許さないだろう。だが、活動家レイピストらの腹の底にたまった自己喪失感は、相手がどう思うかは関係なしに自分を自分として感じる性行為にしか生き延びる道がなかったのではないか、とも思うのである。従軍慰安婦問題で国体の側が率直に反省できないのも、この国が「兵士を絶望に追いやっている罪」をわかろうとしないからで、今はそういう共通項を感じる。

セクトの重要な活動のひとつは機関紙「前進」の購読者を拡大することである。実際はノルマを決め、達成できないリーダーは売れなかった紙代を自前で上納するという本末転倒の事態をこのドキュメントは記録する。裕子さんはその問題を、指導の問題として明らかにしている。

もっとも本質にせまる課題は「家族」である

「白井問題」は私にとっては離党後の事なので、何が問題になっているのかはよくわからなかった。時の革共同の党内闘争はスターリン粛清にも劣らぬ理不尽なものであったことは確かだった。清水丈夫と配下の岸・水谷が差配するテロチームは白井朗の手足を折り、執筆活動に必要な書籍、資料のすべてを奪ったのである。理由は出版禁止の論文をセクトの決定に従わず刊行した、ということであったらしい。清水革共同は白井論文が民族問題をテーマにレーニンの一九一七年直後の政策について民族抑圧的収奪と断じたことや家族を人間の社会活動の中心に置いたことなどが気に入らなかったらしいが、内容よりも出版禁止に反抗したことの方に重点があるようだった。だが私には「民族、家族問題」について指導部は定見を持たなかったというだけのことのように見える。この市民社会においても解の存在しない、卑近で、現代的で、難しい問題について指導するほどの見解や立場を持ってはいない、そのことを暴力的に糊塗したのではないだろうか。

「地下潜行／裕子のバラード」には指導部の組織内での生の姿が記録されている。醜悪である。

破防法体制下での「地下生活」の実態を著した『雲と火の柱』（高井戸正行著、上方文化研究所刊）という小品がちょうど一〇年前に出版されている。地下という文字の暗さとは逆に、生き生きとした仕事ぶりが記されている。組織を支えるための資金つくりを労働者として稼ぎ上納する、いわば縁の下の力持ちの任務をやりとげた、晴れ晴れとした空気が伝わってくる。上納金は五公五民か、六公四民か、いずれにしても自分は最低限の暮らしに甘んじ貢献する。主人公中井清は二〇年間に七つの職場を移動し、公安警察の追尾を断ち切って任務をやり遂げたのである。実に明るく、しぶとく、教訓に満ちている。それぞれの職場での同僚とのまじわり、二年とは続けられない友情、過酷な仕事、仲間への哀切に満ちたまなざしは彼の品格をにじませる。本著とあわせ一読をおすすめしたい。

高田武の地下生活の始まりは、そういうものではなかった。

武の振る舞いへの難癖からはじまり、顔面殴打、ついには包丁を持ち出しての「屈服の要求」……武は反撃すれば地下潜行の計画自体が崩壊することを知っているから、耐える。

この虐待ともいえる状況は、はたして、たまたま起こったことだったのか。それとも、指導部は学生活動家Oの病的状態を知りながら一緒にしたのか。応接した活動家医師は、武が「死んだ目をしていた」としか事態を認識しない。つまり、「逮捕状が出ている」という強迫観念にとりつかれ、どの部署においてであろうとも暴発し、暴力をふるう活動家Oを隔離すること、全国指名手配された武を潜伏させることを同時にやろうとしていたのではないか、と思える。経済的な問題もあったろうが、隔離、幽閉である。つまり厄介者の処理なのである。

この箇所の文を読むとき、私は座っていられなくなった。Oに対しての怒りもある。それ以上に、生死の与奪権を握っているセクトの指導部が党員医師を差し向けるだけで、事態を把握できず、いや、武が顔を腫れあがらせて、「死んだ目」をして耐えていることだけを確認して、何も改善策をとらない。

カフカ的不条理の世界である。「隷属と無限」（ボルヘス）の坩堝である。

人間疎外的現代社会に進行する終わりのない権力の強権化、フレームアップ、追手。政治的にも能力的にも極小勢力でありながら権力に恐怖感を与え、新しい地平を開いたが、セクト内部での錯誤、指導の混乱。「革命を名乗りつつ、反権力の闘う人々の背後から襲う」革マル派の執拗な攻撃。そうした不気味な恐怖感にエネルギーの大きな部分をそがれ、これまで誰も経験したことのない巨大なストレスが活動家すべてに覆いかぶさっていた。

地下生活者たちも当然のことながら、この重圧から自由ではない。

武の場合、これに加えて学生活動家にして精神障害の境界を行き来する男の虐待の日々に耐えていかなくてはならなかった。二重三重の不条理の檻に幽閉されていたのである。

だがしかし、なお、どうしても「カフカ的世界」の解釈では腑に落ちないものが残る。本文中の「裕さんと武が結婚したことも、二人が別れないことも革共同の七不思議だ」という活動家Oのつぶやきが一つの背後の構図をほのめかしている。

結婚のいきさつに個人的関心を持つこと自体が不自然であるばかりか、二人の「別れ」を言葉にしている。「別れ」にもっとも関心が深いのは、元婚約者C男であり、彼は慶応大学時代に岸と中核派として活動していた事実がある。ことの背景は、ゲバ部隊を自由にする岸がこの婚約者C男の恨みを忖度し、あるいは、受託しての「武つぶし」ではなかったか。そうでなければ、これほどの無体な「いじめ」を堂々と、七年半という長きにわたってやりとげられるものではなかろう。そう見れば、岸が社防の任務に就く武をものも言わず殴りつけてくる理由も分かるというものだ。

「私はスパイです」という強制された一言でこの茶番劇は終わる。茶番劇であったことは、武が除名も放逐もされず、組織の非公然活動に復帰していることで組織自体が認めている。

その後、実行指揮者、岸宏一は雪山に失踪した。活動家Oも連絡が途絶えた。もっとも動機を持つ元中核派活動家C男は社会的地位も得たが、武つぶしは不成功に終った。

武は、こういう俗な推量を嫌う。だがしかし、馬鹿馬鹿しいあて推量でもしなくては、ことの説明がつかないのである。

しかし、武はこの事実によってセクト指導部を批判したり、糾弾したりしようとはしていない。この本の「批判をしない」という独特なスタンスの取り方によって、文章は冷静であり、澄み切っている。

それは裕子さんの物語においても言える。

「仕事しなくちゃ」と彼女が言うとき、「働いたその手でごはんが食べられる」のような労働の初源的な喜びの響きが感じられるのはなぜなのだろう。それは、裕福な生家の何不自由ない生活から離れ、慶応大学時代にすでに婚約者がいて、卒業したなら「玉の輿」世界が待っていた、そうした市民社会での幸福の条件をすべて捨て、一労働者となってその視点から世界を変革するという志をもったこと。その決断、初心を死ぬまで持ちつづけたということによるものではないだろうか。

「ねえ、時給七五〇円よ、七五〇円！　信じられる？」と彼女が言っても、疎外労働だの搾取だのという理屈は関係ない。仕事が好きだったのである。そして仕事を通じて作られていく人間関係を愛したのである。

だから、この本のもっとも美しいところが「裕子のバラード」の中にある。

レッド・アーカイヴズシリーズはこの第四巻をもっていったん閉じる。

にもかかわらず、石牟礼道子が一九七五年に書いた次の問いに、私たちは答えていない、という慚愧の念はぬぐえないのである。

「ごく稀に人は生涯のある時期、自分自身を充填して爆《は》ぜねばならぬ時がある。それが発火したにもかかわらず、不発に終わった時はどうするか。そのようなとき、残余の生命が未だ死なない本能で僅かに何かを営むとする。その魂の内側と外側で、営みを促すのはなんであろうか。」（「西南役伝説」講談社）

高田　武（たかだ・たけし）

1938年12月、青森県青森市莨町（たばこまち）に生まれる。

敗戦の年、小学1年の7月、家族と北海道へ疎開し、中学2年のときに青森に戻り、浪岡に住む。写真屋に丁稚奉公し、自衛隊へ入隊したが、すぐ父の病気で除隊し写真屋を継ぐ。

61年に、川崎のプレス工業に就職し京浜協同劇団に入団する。

66年、慈恵医大労組の書記となり、革共同全国委員会に加盟する。69年11月決戦と、東京駅における革マルとの集団戦で、それぞれ1年余の未決勾留を受ける。

72年、奥村裕子と結婚し、裕子は革命軍へ、武は非公然活動を担う。86年に武が全国指名手配、裕子は岩手爆取りで逮捕され8年の未決勾留。2000年に武が浮上したが、2年後に2人とも組織を追放される。2人でマンションの住み込み管理人をやり、長野の山に世を忍ぶ。

2012年7月、裕子が病没。

地下潜行／高田裕子のバラード

2018年9月20日　初版第1刷発行

著　者：高田　武
装　幀：中野多恵子
発行人：松田健二
発行所：株式会社社会評論社
東京都文京区本郷2-3-10　☎ 03(3814)3861　FAX 03(3818)2808
http://www.shahyo.com
印刷・製本：倉敷印刷株式会社